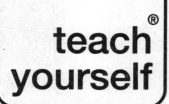

gaelic
boyd robertson and
iain taylor

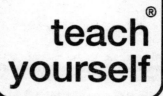

gaelic
boyd robertson and
iain taylor

For over 60 years, more than
40 million people have learnt over
750 subjects the **teach yourself**
way, with impressive results.

be where you want to be
with **teach yourself**

The authors would like to thank the following for their help and guidance in the preparation of this book: Catriona Campbell, Katie Kennedy, Ian MacDonald, Catriona Nicolson and Sheila Robertson.

For UK order enquiries: please contact Bookpoint Ltd, 130 Milton Park, Abingdon, Oxon OX14 4SB. Telephone: +44 (0) 1235 827720. Fax: +44 (0) 1235 400454. Lines are open 09.00–18.00, Monday to Saturday, with a 24-hour message answering service. Details about our titles and how to order are available at www.teachyourself.co.uk

For USA order enquiries: please contact McGraw-Hill Customer Services, PO Box 545, Blacklick, OH 43004-0545, USA. Telephone: 1-800-722-4726. Fax: 1-614-755-5645.

For Canada order enquiries: please contact McGraw-Hill Ryerson Ltd, 300 Water St, Whitby, Ontario L1N 9B6, Canada. Telephone: 905 430 5000. Fax: 905 430 5020.

Long renowned as the authoritative source for self-guided learning – with more than 40 million copies sold worldwide – the **teach yourself** series includes over 300 titles in the fields of languages, crafts, hobbies, business, computing and education.

British Library Cataloguing in Publication Data: a catalogue record for this title is available from the British Library.

Library of Congress Catalog Card Number: on file.

First published in UK 1993 by Hodder Education, 338 Euston Road, London, NW1 3BH.

First published in US 1993 by Contemporary Books, a Division of the McGraw-Hill Companies, 1 Prudential Plaza, 130 East Randolph Street, Chicago, IL 60601 USA.

This edition published 2003.

The **teach yourself** name is a registered trade mark of Hodder Headline.

Typeset by Hewer Text Composition Services, Edinburgh.

Printed in Great Britain for Hodder Education, a division of Hodder Headline, 338 Euston Road, London NW1 3BH, by Cox & Wyman Ltd, Reading, Berkshire.

Hodder Headline's policy is to use papers that are natural, renewable and recyclable products and made from wood grown in sustainable forests. The logging and manufacturing processes are expected to conform to the environmental regulations of the country of origin.

Impression number   10 9 8 7
Year   2007 2006 2005

CONTENTS

— INTRODUCTION —

Fàilte chun na Gàidhlig
Welcome to Gaelic

Scottish Gaelic is one of six modern Celtic languages. The Celtic languages fall into two groups: Gaelic and British. Scottish Gaelic, Irish and Manx belong to the Gaelic group and Welsh, Breton and Cornish to the British group. Cornish and Manx have, however, come close to extinction this century. Like most other European languages including English, French and Russian, the Celtic languages belong to the Indo-European family of languages, and older versions of the modern Celtic languages were spoken in a large part of Europe at the height of Celtic civilisation.

Who is the course for?

This course is designed for the absolute beginner, working alone or as part of a group, who wishes to communicate with other speakers of the language in everyday situations using functional, practical language. You will learn, among other things, how to give information about yourself and ask for similar information about others, carry out a transaction in a shop or restaurant, ask for directions, express likes and dislikes, make requests or suggestions, express agreement or disagreement, report what someone said and so on. Background information about the language and culture of Gaelic-speaking areas is also provided.

There are many reasons for wishing to learn Gaelic. It may be that you want to learn the language out of a general interest in languages. Perhaps you already speak a Celtic language and want to learn another. Your reasons might be to do with family background: you may have been born and brought up overseas but have family roots in Scotland. In some cases, Gaelic might have been in your immediate family background, spoken by parents or grandparents or other close relatives and you may have a desire to regain your ancestral language. On the other hand, you may be aware of the importance of the Gaelic element in Scottish history and life and may want to get an insight into the language and its background.

Some will have special interests such as music, literature, hill-walking and sailing and be aware that a knowledge of Gaelic would enhance their appreciation of these experiences. The recent growth in Gaelic-speaking television programmes may have aroused your interest and your desire to gain more immediate access to the language rather than rely on sub-titles. Or you may have a more practical purpose if you have moved to a Gaelic-speaking area, have a Gaelic-speaking partner or a job in which knowledge of the language would be an advantage.

Whatever your reason for learning Gaelic, this course will equip you with the skills you need to become proficient in the language.

How to use this course

Start with a careful study of the alphabet and pronunciation. Gaelic is very different from English both in terms of sounds and the written word. It is, therefore, important to devote some time to studying the guidance offered in this section.

Each unit of the course follows the same pattern and has the following elements:

- A summary of what you will learn in the unit.
- **Còmhradh** *(Dialogue)*: These are based on realistic, everyday situations and introduce the main expressions and language structures that you are going to use.

- **Faclair** *(Vocabulary)*: This gives you all the new words and phrases that occur in the **Còmhradh**.

- **Mìneachadh** *(Explanation)*: Certain linguistic points which are featured in the **Còmhradh** are explained in this section. This does not appear in every unit.

- **Obair** *(Exercises)*: Two or three exercises appear in this section. The exercises are usually of the true/false and question/answer variety and are based on the **Còmhradh**. The exercises are designed to help you find out if you have understood the **Còmhradh**.

- **Abairtean cudromach** *(Key expressions)*: The language points listed at the beginning of each unit are expanded on in this section which highlights the key expressions arising in the unit.

- **Gràmar** *(Grammar)*: Using real examples, this section explains the main grammatical structures used in the **Còmhradh**. Grammatical terms, although kept to a minimum, are used and explained as clearly and as simply as possible.

- **Obair eile** *(Further exercises)*: These exercises help you practise the vocabulary and grammar of the unit. In this way you can test your own progress and see how to use the words, phrases and language patterns you have learnt. The exercises are a selection of gap-filling, matching, true/false, multiple choice, question/answer, rearranging text and other reading and writing tasks. The correct answers are given in **Na Freagairtean** *(Key to the exercises)* at the end of the book.

- **Fiosrachadh** *(Background information)*: This section (included in Units 1-12 only) provides information about Gaelic language and culture, and about life in the Gaelic-speaking areas. Some new vocabulary is introduced in these sections.

—— Working through each unit ——

- Read the list of language points to find out the purpose of the unit.
- Study the **Còmhradh** and the vocabulary in the **Faclair**.
- Read the explanations given in the **Mìneachadh** section, where such a section is included.

- Read the **Còmhradh** again and try to make sure you understand it.

- Test your understanding of the **Còmhradh** by completing **Obair**. (Check your answers in **Na Freagairtean** at the back of the book).

- Study the key phrases and expressions given in **Abairtean cudromach** and try to memorise them.

- Read through the points raised in the **Gràmar** section.

- Read the **Còmhradh** again and make sure you fully understand it.

- Do the exercises in **Obair eile**. Try to work out the meaning of new words from the context before consulting the vocabulary provided at the end of passages.

- Check your answers in **Na Freagairtean** and make sure you understand why they are correct.

- If you have difficulty with any of the exercises, consult the appropriate part of the **Gràmar** section and try the exercises again.

- Read the information given in the **Fiosrachadh** section and note any new vocabulary.

Using the cassette

Listening to the cassette, which is structured in parallel to the units, will help your pronunciation and understanding of spoken Gaelic. It contains recordings of the pronunciation guide, the **Còmhradh** *(Dialogue)* and some additional exercises.

Start the units by listening to the **Còmhradh** as you read it. When you have the general meaning, listen to it again without looking at the book. Note the pronunciation and intonation of the speakers and try to imitate them aloud sentence by sentence. When you have understood the gist of what is said, read the text and study the new language forms.

Use the cassette as much as possible. Imitating the voices is one of the best ways of developing your pronunciation.

How to learn Gaelic

The following are suggestions for making the most effective use of the course:

- Study new items of vocabulary carefully and make up your own personal dictionary. Arrange the vocabulary by topics such as travel, weather, food and the home.

- Say the new words and phrases aloud and try to use them in meaningful sentences.

- Try to memorise key expressions and constructions.

- Test your learning of new words and expressions repeatedly. You could make up slips of paper or card with each new word or expression on a white slip and its English equivalent (or an appropriate drawing) on a separate coloured slip. Place the slips face down and mix them up. Turn one white slip over and think of its equivalent in English. Then turn the coloured slips over until you find the correct one. Remove the matching pair and start again.

- Listen to the dialogues and extended passages on the cassette as often as possible, such as on a personal stereo, in the car or working around the house.

- Act out the dialogues taking on each role in an appropriate voice. If you know any Gaelic speakers, seek their assistance in this role play.

- Record your acting out of the dialogues and compare your pronunciation and intonation with that on the cassette.

- Try to memorise parts of the dialogues and make up similar ones.

- Concentrate on language constructions for everyday use rather than on rules and grammatical points.

- Do not be over-analytical and do not seek to translate Gaelic usage directly. Languages function in different ways.

- Try not to think in English, or your mother tongue, first and then translate into Gaelic. Think in Gaelic from the outset and express yourself with the vocabulary and constructions you have already learnt.

- Try to learn and use some Gaelic every day.

Try to extend and enhance your experience of the language at every opportunity and in a variety of ways. Where possible, talk to fluent speakers, join learners' classes, tune in to Gaelic radio and television programmes, read Gaelic items in the press and attend Gaelic services and social events.

Listening to the language, even if you do not immediately understand much of it, helps you assimilate its intonation, pronunciation and rhythms. Be content, at first, with identifying a few words and getting an overall impression of what is said. As your ear becomes more attuned to the language, you will be able to grasp more detailed and specific information. News broadcasts on radio and television are particularly helpful for learners in that many of the items will be featured in English news broadcasts and the context will thus be readily established. Many televised programmes are subtitled in English, further facilitating access to the language.

Comann an Luchd-Ionnsachaidh (CLI), an association for *Learners of Gaelic*, based at 62 High Street, Invergordon, Ross-shire, IV18 0DH, will provide you with information about the location of classes and short courses throughout Britain and in other parts of the world. CLI also offers a range of other services for learners.

Immersion is one of the most effective means of learning a language and advantage should be taken of any opportunity to spend some time in a Gaelic-speaking community, where you can steep yourself in the language and culture. Do not be put off if you find that some Gaelic speakers seem less than helpful initially. Many Gaels have a natural reserve and may not seem immediately welcoming and supportive but most Gaelic speakers will be impressed if you make an effort to learn a language they value and cherish.

——— Symbols and abbreviations ———

 = This indicates material included on the cassette.

 = This indicates dialogue.

= This indicates exercises – places where you can practise using the language.

🔑 = This indicates key words or phrases.

⚙️ = This indicates grammar or explanations – the nuts and bolts of the language.

(m) = masculine; (f) = feminine; (adj) = adjective; (pl) = plural; (vb) = verb; Lit. = literal translation

---

Gaelic websites

The websites listed below give information about various matters relating to the language and culture.

BBC Scotland	www.bbc.co.uk/scotland/alba
CLI	www.cli.org.uk
Comataidh Craolaidh Gàidhlig	www.ccg.org.uk
Comunn na Gàidhlig	www.cnag.org.uk
Comann nam Pàrant Nàiseanta	www.parant.org.uk
Comhairle nan Leabhraichean	www.gaelicbooks.net
Fèisean nan Gaidheal	www.feisean.org
Pròiseict nan Ealan	www.gaelic-arts.com
Sabhal Mòr Ostaig	www.smo.uhi.ac.uk
Stòrlann Nàiseanta na Gàidhlig	www.storlann.co.uk
An Comunn Gaidhealach Ameireaga	www.acgamerica.org
Comhairle na Gàidhlig, Alba Nuadh	www.gaelic.net/novascotia
The Gaelic College, Cape Breton	www.gaeliccollege.edu

SPELLING AND PRONUNCIATION

———— Litreachadh (*Spelling*) ————

At first Gaelic words may look strange and complicated to speakers of English or other languages. The words may not appear to represent the way they are pronounced. However, Gaelic has a sophisticated spelling system which accurately reflects the sound changes that can occur in words and sentences.

There are only 18 letters in the Gaelic alphabet, but the language has many more sounds than that. To overcome this problem Gaelic, like English, German and many other languages, uses combinations of letters to convey particular sounds not covered by single letters.

The five vowels **a, e, i, o, u** are short; when pronounced long they are written with a length mark (a grave accent) **à, è, ì, ò, ù**. The vowels are divided into two classes, **caol** (*slender*) comprising **e** and **i**, and **leathann** (*broad*) consisting of **a, o** and **u**. When a consonant is preceded and/or followed by a slender vowel it is pronounced differently from when it is combined with a broad vowel. (See **Fuaimneachadh** below.) In any word the class of vowel that precedes a consonant, or consonants, must also follow the consonant, or consonants. For example, in the word **litreachadh, tr** is preceded by **i** which is slender, therefore it has to be followed by a slender vowel, in this case **e**. In the same word **ch** is preceded by the broad vowel **a**, and must be followed by another broad vowel, in this case **a**. This basic spelling rule is called **caol ri caol agus leathann ri leathann** (*slender to slender and broad to broad*).

The 13 consonants are **b, c, d, f, g, h, l, m, n, p, r, s, t**. When followed by **h** a consonant is pronounced differently, as with the English words 'peasant' and 'pheasant'. This is called lenition. All consonants can be followed by **h** except **l, n, r**. The only letters which can be written double are **l, n, r** as in **dall** (*blind*), **donn** (*brown*) and **tòrr** (*a lot*).

Gaelic spelling has been regularised and modernised in recent years and the spelling used in this book follows the new guidelines. In older publications the letters **é** and **ó** may be found, but these are now written **è** and **ò**.

— Fuaimneachadh (*Pronunciation*) —

Not all letters have an equivalent sound in English, but the lists below attempt to give approximate equivalents. The equivalent examples given refer to Scottish English unless otherwise stated.

Fuaimreagan (*Vowels*)

Letter	English equivalent	Gaelic example
a	cat	bata
à	rather	bàta
ao	no equivalent, but between English **oo** and **ee**	caol
e	as in both get and gate	le and teth
è	long version of e	sèimh and fhèin
i	as in both tin and sweep	sin and ith
ì	long version of **i**, as in **evil**	sìn
o	as in both top and boat	poca and bog
ò	as in both jaw and door	pòcaid and mòr
u	brood	tur
ù	brewed	tùr

Connragan (*Consonants*)

As mentioned in **Litreachadh** (p. 8), consonants are pronounced differently according to the class of vowel with which they are combined, and if they are followed by **h**. In addition, certain consonants are pronounced differently depending on whether they are at the start of a word or elsewhere.

Connragan leathann *(Broad consonants)*: Consonants preceded or followed by **a**, **o** or **u**.

Letter	English equivalent	Gaelic example
b	at the start of a word, as in English	bata
	elsewhere in a word, as p in English captive	cab
bh	at the start of a word, as v in English vent	bha
	elsewhere in a word, as v or w	abhainn
c	at the start of a word, as c in English cup	cù
	elsewhere in a word, like chk in Loch Katrine	aca
ch	as ch in loch	loch
d	at the start of a word, as d in English drew	dubh
	elsewhere in a word, as t in English cattle	ad
dh	see gh	dhà
f	as in English	fada
fh	usually silent – has no sound	fhada
g	at the start of a word, as in English	gabh
	elsewhere in a word, as k in English ankle	adag
gh	a blurred version of g/voiced version of ch	ghabh
h	as in English	hama
l	similar to English pulled	latha
m	as in English	mòr
mh	as Gaelic bh or v in English	mhòr
n	similar to English kindred	a-nochd
p	at start of a word, as in English	pàigh
	elsewhere in a word, preceded by an h sound	ròpa
ph	as in English pheasant	phàigh
r	as in English	rùm
s	as in English	sona
sh	as in English hat	shona
t	at start of a word, as in English true	trì

	elsewhere in a word, preceded by an h	
	sound	cat
th	as in English **hat**	**th**a

Connragan caola *(Slender consonants)*: Consonants preceded or followed by **e** or **i**, where different from broad consonants.

Letter	English equivalent	Gaelic example
c	at start of a word, as in English **k**ilt	**c**eòl
	elsewhere in a word, as in German i**ch** kenne	ai**c**e
ch	as in German i**ch**	**ch**ì
d	as in English **j**et	**d**eiseil
dh	as in English **y**et	**dh**eth
g	at start of a word, like g followed by y	**g**eal
	elsewhere in a word, as in English ne**ck**	ai**g**e
gh	as in English **y**et	**gh**eal
l	as in English al**l**ure	**l**eabhar
n	as in English **n**ew	**n**ighean
s	as in English **sh**in	**s**in
t	as in English **ch**in	**t**eth
	elsewhere in a word, preceded by an h sound	cai**t**

1
CIAMAR A THA THU?
How are you?

In this unit you will learn how to

- introduce yourself and others
- ask how someone is and reply
- ask where someone is from and reply
- use some personal names and placenames
- use some forms of courtesy
- say thanks

Còmhradh (*Dialogue*)

Mairead NicRath meets her friend Tormod MacIomhair on the Uig-Tarbert Harris ferry one day. They are later joined by Mairead's cousin Iseabail NicLeòid, whom Tormod does not know.

Mairead   Hallo, a Thormoid.
Tormod   Hallo, a Mhairead. Ciamar a tha thu?
Mairead   Tha gu math, tapadh leat. Ciamar a tha thu fhèin?

Tormod	Tha gu math, tapadh leat. Tha i brèagha an-diugh.
Mairead	Tha gu dearbh.
	(*Iseabail joins them.*)
	A Thormoid, seo Iseabail.
Tormod	Hallo, Iseabail. 'S mise Tormod MacIomhair.
Iseabail	Hallo, a Thormoid. 'S mise Iseabail NicLeòid. Ciamar a tha sibh?
Tormod	Tha gu math, tapadh leibh. Ciamar a tha sibh fhèin?
Iseabail	Meadhanach math, tapadh leibh. Cò às a tha sibh, a Thormoid?
Tormod	Tha mi à Leòdhas. Cò às a tha sibh fhèin, Iseabail?
Iseabail	Tha mi às an Eilean Sgitheanach.

Hallo, a Thormoid. *Hallo, Norman.*
Hallo, a Mhairead. *Hallo, Margaret.*
Ciamar a tha thu? *How are you?*
  (familiar singular)
Tha gu math, tapadh leat. *Fine, thanks.* (familiar singular)
Ciamar a tha thu fhèin? *How are you yourself?*
Tha i brèagha an-diugh. *It's a lovely day today.*
Tha gu dearbh. *Yes indeed.*
A Thormoid, seo Iseabail. *Norman, this is Ishbel.* (. . . *here is Ishbel*)
Hallo, Iseabail. *Hallo, Ishbel.*
'S mise Tormod MacIomhair. *I'm Norman MacIver.*
'S mise Iseabail NicLeòid. *I'm Ishbel MacLeod.*

Ciamar a tha sibh? *How are you?*
  (plural and formal singular)
Tha gu math, tapadh leibh. *Fine, thanks.* (plural and formal singular)
Ciamar a tha sibh fhèin? *How are you yourself?*
Meadhanach math, tapadh leibh. *Reasonably well, thank you.*
Cò às a tha sibh, a Thormoid? *Where are you from, Norman?*
Tha mi à Leòdhas. *I'm from Lewis.*
Cò às a tha sibh fhèin, Iseabail? *Where are you from yourself, Ishbel?*
Tha mi às an Eilean Sgitheanach. *I'm from Skye.*

——— Mìneachadh *(Explanation)* ———

Surnames

Many Scottish surnames begin with the Gaelic word **Mac** meaning *son*, e.g.: MacDonald, MacInnes, MacAllister. These literally mean *Son of Donald*, *Son of Angus* and *Son of Alasdair*. In Gaelic, the form of such surnames changes when referring to a female. Murdo MacRae is **Murchadh MacRath**, but Margaret MacRae is **Mairead NicRath**.

Nic means *daughter* (*of*). A similar system operates in Iceland with the forms -son and -dottir at the end of surnames, e.g.: Magnusson and Magnusdottir. Other forms of Gaelic surnames also change when used of a female, as in the examples below:

Males	Females
Tormod Caimbeul	Iseabail Chaimbeul
Iain Camshron	Mairead Chamshron
Alasdair Grannd	Màiri Ghrannd

Familiar and formal forms

In Gaelic there are two ways of saying *you*. **Thu** is used in contexts of familiarity and informality, as when addressing someone you know well, or someone your own age. In less familiar, more formal settings, such as conducting business and when showing respect to older persons and to one's superior, the form **sibh** is used. **Sibh** is also the plural form of *you*. The same distinction is made between **tapadh leat** (familiar singular) and **tapadh leibh** (plural and formal singular).

Obair (*Exercises*)

1 **Lìon na beàrnan.** (*Fill the gaps.*) Fill in the gaps in the following sentences with the appropriate names from the box below.

  (*a*) 'S mise _____ NicLeòid.
  (*b*) 'S mise Alasdair _____ .
  (*c*) Seo Iseabail _____ .
  (*d*) Seo _____ Grannd.

MacIomhair   Sandra   Calum   Chaimbeul

2 **Cuir còmhla.** (*Match.*) Match the question with the answer.

  (*a*) Cò às a tha thu? (i) Tha gu math, tapadh leat.
  (*b*) Ciamar a tha sibh? (ii) Tha mi à Leòdhas.
  (*c*) Ciamar a tha thu? (iii) Meadhanach math, tapadh leibh.

Abairtean cudromach (*Key expressions*)

How to:

Introduce yourself
- 'S mise Tormod.

Introduce someone else
- Seo Iseabail.

Ask how someone is, and reply
- Ciamar a tha thu? or
  Ciamar a tha sibh?
- Tha gu math, tapadh leat. or
  Tha gu math, tapadh leibh.

Ask where someone is from, and reply
- Cò às a tha sibh?
- Tha mi à Leòdhas. or
- Tha mi às an Eilean Sgitheanach.

Say 'thanks'
- Tapadh leat, or
  Tapadh leibh.

Greet someone
- Hallo, a Thormoid.
- Hallo, a Mhairead.
- Hallo, Iseabail.

Say it's a fine day
- Tha i brèagha an-diugh.

Gràmar (*Grammar*)

1 Addressing people

Personal names often change form and are pronounced differently when someone is being addressed, e.g.: **Mairead** becomes **a Mhairead**, and **Tormod** becomes **a Thormoid**.

The names of males usually have an **h** added after the initial letter, which affects the sound of the letter, and an **i** inserted before the last consonant(s). Thus **Tormod** becomes **a Thormoid**, **Calum** (*Malcolm*) becomes **a Chaluim** and **Dòmhnall** (*Donald*) becomes **a Dhòmhnaill**.

Female names only have the **h** added after the initial letter, thus **Mairead** becomes **a Mhairead**, **Sìne** (*Jane*) becomes **a Shìne** and **Catrìona** (*Catherine*) becomes **a Chatrìona**.

Names which begin with a vowel or the letters **l**, **n** or **r** do not change their initial letter, e.g. **Iseabail** and **Alasdair** retain their usual form. The **a** is also dropped before names beginning in vowels.

2 I, you, he, she, etc.

Singular forms		Plural forms	
mi	*I*	sinn	*we*
thu	*you (familiar)*	sibh	*you*
sibh	*you (formal)*		
e	*he/it*	iad	*they*
i	*she/it*		

There is no direct equivalent of *it* in Gaelic, i.e.: There is no neuter pronoun. All objects are either masculine or feminine, and are referred to as **e** or **i**. (See **Aonad 5, Gràmar**/*Unit 5, Grammar.*)

3 Emphatic forms

Personal pronouns have emphatic forms, which have no equivalent in English. English emphasises pronouns by using italics or underlining, e.g.: 'I'm from Skye', but '*I*'m from Skye and *she*'s from Lewis.' Gaelic uses the forms below to give emphasis.

Singular forms		Plural forms	
mise	*I*	sinne	*we*
thusa	*you (familiar)*	sibhse	*you*
sibhse	*you (formal)*		
esan	*he/it*	iadsan	*they*
ise	*she/it*		

Emphasis can also be given to pronouns by adding **fhèin** (*self*):

Singular forms		Plural forms	
mi fhèin	*I myself*	sinn fhèin	*we ourselves*
thu fhèin	*you yourself (familiar)*	sibh fhèin	*you yourselves*
sibh fhèin	*you yourself (formal)*		
e fhèin	*he himself/it itself*	iad fhèin	*they themselves*
i fhèin	*she herself/it itself*		

4 Word order

In most sentences in Gaelic, the verb comes first:

Tha mi à Muile.	*I **am** from Mull.*
Cheannaich mi blobhsa.	*I **bought** a blouse.*

In questions, however, the question word(s) precedes the verb:

Ciamar a tha thu?	**How** *are you?*

5 The verb 'to be'

Tha is the most common form of the positive present tense of the verb 'to be'. In answer to questions it can mean *yes*. In statements, it can mean *is* or *there is*, *am*, *are* or *there are*, depending on the subject being referred to:

Tha mi sgìth.	*I'm tired.*
Tha Iseabail brèagha.	*Ishbel is beautiful.*
Tha iad a' tighinn.	*They are coming.*
A bheil sin ceart? Tha.	*Is that right? Yes.*

There is, however, another form of the present tense of the verb 'to be'. **Is** or its abbreviated form **'S** is used in statements which link two nouns or a noun and a pronoun:

Is mise Seumas.	*I'm James.*
'S ise Mòrag.	*She is Morag.*

6 A/As (from, out of)

There are two ways of saying *from* in Gaelic.

The usual form of the word *from* is **à**. It is the form used with most placenames:

Cò às a tha thu?	*Where are you from?*
Tha mi à Uibhist.	*I'm from Uist.*
Tha mi à Glaschu.	*I'm from Glasgow.*
Tha mi à Inbhir Nis.	*I'm from Inverness.*
Tha mi à Dùn Eideann.	*I'm from Edinburgh.*

When the Gaelic form of the placename includes *the* **às** is used.

Tha mi às an Eilean Sgitheanach.	*I'm from the Isle of Skye.*
Tha mi às an Oban.	*I'm from Oban.*
Tha mi às na Hearadh.	*I'm from Harris.*
Tha mi às a' Ghearasdan.	*I'm from Fort William.*

The basic forms of the names The Isle of Skye, Oban and Fort William are **An t-Eilean Sgitheanach**, **An t-Oban** and **An Gearasdan** respectively. Following **à/às** and other prepositions the word for *the* (in these examples **an t-** and **an**) can take another form. This will be covered in later units (see Aonad 8, Gràmar).

✅ — Obair eile (*Further exercises*) —

1 **Lìon na beàrnan.** You are being introduced by a friend to various people. Complete the introductions.

Friend	Seo Màiri.
You	Hallo, a Mhàiri.

Friend	Seo Pàdraig.
You	Hallo, _____ .

Friend	Seo Eilidh.
You	Hallo, _____ .

Friend	Seo _____ .
You	Hallo, Alasdair.

Friend	Seo _____ .
You	Hallo, a Chatrìona.

Friend	Seo Raonaid.
You	Hallo, _____ .

2 **Cuir ceart.** (*Correct.*) Change inappropriate uses, if any, in the questions and answers below.

Doctor	Ciamar a tha sibh?
Patient	Tha gu math, tapadh leat.

Friend 1	Ciamar a tha thu?
Friend 2	Meadhanach math, tapadh leat.

Boy	Ciamar a tha thu?
Grandmother	Tha gu math, tapadh leibh.

| **Official** | Ciamar a tha sibh? |
| **Member of public** | Tha gu math, tapadh leibh. Ciamar a tha thu fhèin? |

3 Leugh, sgrìobh agus can. (*Read, write and say.*)

Mòrag	Hallo. 'S mise Mòrag NicDhùghaill.
Alasdair	Hallo. 'S mise Alasdair MacPhàrlain.
Mòrag	Cò às a tha sibh, Alasdair?
Alasdair	Tha mi à Inbhir Nis. Cò às a tha sibh fhèin, a Mhòrag?
Mòrag	Tha mi às an Oban.

Now make up similar dialogues using the following names and places:

Ainmean (*names*)	**Aiteachan** (*places*)
(*a*) – Eòsaph MacNèill	Barraigh (Barra)
● Catrìona NicLeòid	Na Hearadh
(*b*) – Dòmhnall MacDhòmhnaill	Uibhist
● Iseabail NicRath	An Gearasdan
(*c*) – Seumas Caimbeul	Muile
● Eilidh Chamshron	Dùn Eideann

4 Cuir air dòigh. (*Arrange.*) Rearrange the words in this dialogue.

Màiri	Hallo. 'S mise Màiri NicAonghais.
Seumas	Hallo. Seumas/'s mise/MacNèill.
Màiri	Ciamar a tha thu, a Sheumais?
Seumas	tapadh leat/gu math/tha. Ciamar a tha thu fhèin?
Màiri	math/tapadh leat/meadhanach.
Seumas	brèagha/i/an-diugh/tha.
Màiri	Tha gu dearbh. Cò às a tha thu, a Sheumais?
Seumas	mi/Barraigh/à/tha. Cò às a tha thu fhèin, a Mhàiri?
Màiri	às/tha/mi/na Hearadh.

5 Leugh agus cuir ceart. (*Read and correct.*) On radio one evening you hear the start of a quiz programme featuring teams from colleges in Edinburgh and Glasgow. Soon after the start of the programme the team members introduce themselves.

| **Ceistear** | Seo sgioba Dhùn Eideann. |
| **Seòras** | Hallo. 'S mise Seòras MacLeòid à Leòdhas. |

Mòrag	Hallo. 'S mise Mòrag NicDhòmhnaill às an Eilean Sgitheanach.
Eilidh	Hallo. 'S mise Eilidh Chamshron às a' Ghearasdan.
Ceistear	Fàilte oirbh uile. Seo a-nis sgioba Ghlaschu.
Pòl	Hallo. 'S mise Pòl Mac an t-Saoir à Uibhist a Deas.
Iseabail	Hallo. 'S mise Iseabail NicIomhair à Leòdhas.
Iain	Hallo. 'S mise Iain Grannd à Inbhir Nis.

Ceart no ceàrr? (*True or false?*) Say whether the following statements are **ceart** or **ceàrr** and rewrite those which are false.

(*a*) Tha Pòl Mac an t-Saoir à Uibhist a Deas.
(*b*) Tha Seòras agus Mòrag à Leòdhas.
(*c*) Tha Iain Camshron às a' Ghearasdan.

ceistear *a questioner*	**Mac an t-Saoir** *Macintyre*
sgioba *a team*	**Uibhist a Deas** *South Uist*
a-nis *now*	**Seòras** *George*

6 Sgrìobh. (*Write.*) Write in Gaelic where each person comes from. The first one has been done for you.

(*a*) Malcolm,
Lewis
Tha Calum à Leòdhas.

(*b*) Catherine,
Fort William

(*c*) Jane,
Mull

(*d*) Norman,
Inverness

(*e*) Margaret,
Glasgow

(*f*) Donald,
Skye

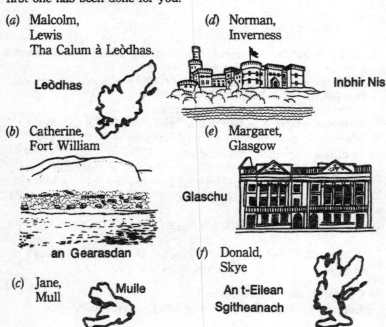

Leòdhas

Inbhir Nis

an Gearasdan

Glaschu

Muile

An t-Eilean
Sgitheanach

Fiosrachadh
(Background information)

A' Ghàidhlig an-diugh (Gaelic today)

Gaelic is spoken by around 70,000 of the 5 million inhabitants of Scotland (**Alba**) or, in percentage terms, by just more than one per cent of the population. In the Western Isles (**Na h-Eileanan an Iar**) and in some parts of the Highlands (**a' Ghaidhealtachd**), there are bilingual communities in which Gaelic is used as the everyday language.

The highest proportion of Gaelic speakers per head of population is to be found in the Outer Hebrides or the **Comhairle nan Eilean** area, as it is called for local government purposes. There are substantial numbers of Gaelic speakers in Highland and Strathclyde regions (**Roinn na Gaidhealtachd agus Roinn Srath Chluaidh**). Almost ten per cent of Gaelic speakers live in Glasgow (**Glaschu**) and there are smaller, but significant, concentrations in Edinburgh (**Dùn Eideann**) and Inverness (**Inbhir Nis**).

Gaelic was spoken in most parts of Scotland from the 9th to the 11th centuries. Evidence of its influence is still to be found all over the country in the names of places and people. Reference has already been made to the Gaelic form **Mac** in surnames, and placenames will be explored in later chapters.

The 18th and 19th centuries saw large numbers of Gaelic speakers removed from their land in the Highlands and Islands by landlords. Many were forced to emigrate and Gaelic communities were established in parts of North America such as North Carolina and Nova Scotia (**Alba Nuadh**). There is still a considerable number of Gaelic speakers in Cape Breton Island (**Eilean Cheap Breatainn**), but the language is largely confined to the older generation.

Enforced exile has given way this century to voluntary emigration, and expatriate Gaelic-speaking Scots are to be found all over the world, but especially in Canada and the United States (**Na Stàitean Aonaichte**). Many Gaels have also moved south to England (**Sasann**) for employment.

2
CAIT' A BHEIL SIBH A' DOL?

Where are you going?

In this unit you will learn how to

- start a conversation with someone by referring to the weather
- introduce your husband or wife
- ask where someone is going and say where you are going
- ask where someone works and say where you work
- ask where someone lives and say where you live
- ask and say what something is like
- point something out

 —————— **Còmhradh** ——————

Dòmhnall MacAsgaill and his wife Ealasaid are in the departure lounge of Stornoway Airport. Dòmhnall starts a conversation with a couple who are also awaiting their flight.

Dòmhnall Tha i fuar.

Alasdair	Tha i glè fhuar.,
Dòmhnall	Cò às a tha sibh fhèin?
Alasdair	Tha mi à Barraigh. Tha sinn a' dol a Bharraigh an-dràsda.
Dòmhnall	Tha sinne a' dol a Ghlaschu. Seo Ealasaid, mo bhean.
Ealasaid	Ciamar a tha sibh?
Alasdair	Tha gu math, tapadh leibh. Seo mo bhean, Seonag.
Seonag	Hallo. A bheil sibhse a' dol a Bharraigh?
Ealasaid	Chan eil. Tha sinn a' dol a Ghlaschu. Tha Dòmhnall ag obair ann an oifis ann an Glaschu agus tha e a' dol dhan oifis an-diugh.
Seonag	Tha mi fhèin agus mo chèile ag obair ann an taigh-òsda ann am Barraigh. Tha mise ag obair anns a' bhàr agus tha Alasdair ag obair anns a' chidsin. Tha an taigh-òsda anns a' Bhàgh a Tuath.
Ealasaid	Glè mhath, gu dearbh. Agus càit' a bheil sibh a' fuireach?
Seonag	Tha sinn a' fuireach anns an taigh-òsda. Càit' a bheil sibh fhèin a' fuireach? A bheil sibh a' fuireach ann an Glaschu fhèin?
Ealasaid	Chan eil. Tha sinn a' fuireach ann am Pàislig.
Seonag	A bheil e snog?
Ealasaid	Och tha. Tha e glè shnog.
Alasdair	A Sheonag! Sin am plèan a Bharraigh.
Ealasaid	Obh obh, a Sheonag. Tha e beag!
Seonag	Tha. Tha e glè bheag ach tha e math.

Dòmhnall MacAsgaill *Donald MacAskill*
Ealasaid *Elizabeth*
Tha i fuar. *It is cold.*
glè fhuar *very cold*
a' dol a Bharraigh *going to Barra*
an-dràsda *just now*
mo bhean *my wife*
A bheil sibhse a' dol a Bharraigh? *Are you going to Barra?*
Chan eil. *No (We are not).*
Tha Dòmhnall ag obair ann an oifis. *Donald works in an office.*
a' dol dhan oifis. *going to the office.*
mi fhèin agus mo chèile . . . *my spouse (husband) and I . . .*
ann an taigh-òsda *in a hotel*
ann am Barraigh *in Barra*

anns a' bhàr *in the bar*
anns a' chidsin *in the kitchen*
anns a' Bhàgh a Tuath *in Northbay*
glè mhath *very good*
Càit' a bheil sibh a' fuireach? *Where do you live?*
Tha sinn a' fuireach anns an taigh-òsda. *We live in the hotel.*
A bheil sibh a' fuireach ann an Glaschu? *Do you live in Glasgow?*
ann am Pàislig *in Paisley*
A bheil e snog? *Is it nice/pretty?*
Sin am plèan. *There/That is the plane.*
Obh obh! *Oh dear!*
Tha e beag. *It is small.*
ach tha e math *but it is good*

---------------- **Mìneachadh** ----------------

A common way of starting a conversation is to refer to the weather:

Tha i brèagha.	*It's beautiful/lovely.*
Tha i fliuch.	*It's wet.*
Tha i fuar.	*It's cold.*
Tha i garbh.	*It's wild/rough.*

The positive response to such a statement is **Tha** (*It is*) or **Tha gu dearbh** (*Indeed it is*).

 ---------------- **Obair** ----------------

1 **Cuir ceart.** Read the **Còmhradh** again. Say which of the statements below are true, then rewrite those which are false.

(*a*) Tha Seonag a' dol a Ghlaschu.
(*b*) Tha Dòmhnall ag obair ann an taigh-òsda.
(*c*) Tha Ealasaid a' fuireach ann am Pàislig.
(*d*) Tha am plèan glè shnog.

2 **Leugh agus sgrìobh.** *(Read and write.)*

(*a*) Cò às a tha Alasdair?
(*b*) Càit' a bheil Alasdair ag obair?
(*c*) A bheil Seonag a' dol a Bharraigh?
(*d*) Càit' a bheil Dòmhnall a' fuireach?

---------------- **Abairtean cudromach** ----------------

How to:

Start a conversation by referring to the weather	Introduce your husband/wife
• Tha i brèagha. **or** Tha i fliuch.	• Seo mo chèile.
• Tha. **or** Tha gu dearbh.	• Seo mo bhean.

Ask where someone is going, and reply
- Càit' a bheil thu/sibh a' dol?
- Tha mi a' dol a Bharraigh. or
- Tha mi a' dol dhan oifis.

Ask if someone is going somewhere particular, and reply
- A bheil thu/sibh a' dol a Ghlaschu?
- Tha. Tha mi a' dol a Ghlaschu. or
- Chan eil. Chan eil mi a' dol a Ghlaschu. or
- Chan eil. Tha mi a' dol a Bharraigh.

Ask where someone works, and reply
- Càit' a bheil thu/sibh ag obair?
- Tha mi ag obair ann am Pàislig. or
- Tha mi ag obair anns a' bhàr.

Ask what something is like, and describe it
- A bheil Pàislig snog?
- Tha. Tha e snog. or
- Chan eil. Chan eil e snog. or
- Chan eil. Tha e garbh.

Ask if someone works somewhere particular, and reply
- A bheil thu/sibh ag obair anns an taigh-òsda?
- Tha. Tha mi ag obair anns an taigh-òsda. or
- Chan eil. Chan eil mi ag obair anns an taigh-òsda. or
- Chan eil. Tha mi ag obair anns a' bhàr.

Ask where someone lives, and reply
- Càit' a bheil thu/sibh a' fuireach?
- Tha mi a' fuireach ann an Inbhir Nis.

Ask if someone lives somewhere particular, and reply
- A bheil thu/sibh a' fuireach ann am Muile?
- Tha. Tha mi a' fuireach ann am Muile. or
- Chan eil. Chan eil mi a' fuireach ann am Muile. or
- Chan eil. Tha mi a' fuireach anns an Oban.

Point something out
- Sin am plèan.
- Sin an taigh-òsda.

Gràmar

1 Lenition

In Gaelic, the consonants at the beginning of words change in sound under certain conditions. This is known as lenition. In writing, the change in sound is normally shown by inserting an **h** after the initial consonant. An **h** is never inserted after **l**, **n** or **r**, nor after the **s** in **sg**, **sm**, **sp** or **st**.

In this unit, lenition occurs in several situations:

(*a*) In adjectives following **glè** (*very*):
glè (*very*) + beag (*small*)   →   glè bheag (*very small*)
glè (*very*) + math (*good*)   →   glè mhath (*very good*)
glè (*very*) + snog (*nice*)   →   glè shnog (*very nice*)

(*b*) In words following **a** or **do** (*to*):
a (*to*) + Barraigh (*Barra*)   →   a Bharraigh (*to Barra*)
do (*to*) + Glaschu (*Glasgow*) →   do Ghlaschu (*to Glasgow*)
but a Leòdhas (*to Lewis*), because **l** never shows lenition.

(*c*) In nouns following **mo** (*my*):
mo (*my*) + bean (*wife*)   →   mo bhean (*my wife*)
mo (*my*) + cèile (*spouse*) →   mo chèile (*my spouse*)

(*d*) See sections 3 and 4 below.

2 The

The most common form of *the* in Gaelic is **an**, but you'll find other forms as you go along. A full explanation is given in **Aonad 8, Gràmar**.

3 A/Do (to)

A/Do lenites the following word:
a (*to*) + Barraigh (*Barra*)   →   a Bharraigh (*to Barra*).

If the following word begins with a vowel, **dh'** is inserted before the word:
a (*to*) + Inbhir Nis (*Inverness*) →   a dh'Inbhir Nis (*to Inverness*)

Often **a** is formally written as **do**:
   do Ghlaschu (*to Glasgow*)
   do dh'Ile (*to Islay*)

If the word following **a** or **do** is *the*, then **a** or **do** combine with *the* (**an**) in the word **dhan** (*to the*):
   dhan oifis   *to the office*

Sometimes the word after **dhan** is lenited:
  cidsin (*kitchen*)
  but **dhan** chidsin (*to the kitchen*)

This happens if the word begins with **b, c, f, g, m** or **p**.

4 Ann *(in)*

Ann am and **ann an** mean both *in* and *in a*:
  ann am bàr   *in a bar*
  ann an Ile   *in Islay*

Ann am is used if the following word begins with **b, f, m** or **p**:
  ann am Pàislig   *in Paisley*

Otherwise **ann an** is used:
  ann an oifis   *in an office*

To express *in the*, Gaelic uses **anns** followed by *the*:
  anns **an** taigh-òsda   *in the hotel*
  anns **an** oifis   *in the office*

If the noun starts with **f**, it is lenited:
  anns **an** fheur   *in the grass*

If the noun begins with **b, c, g, m** or **p**, *the* becomes **a'**, and the noun is lenited:
  anns **a'** bhàr   *in the bar*
  anns **a'** chidsin   *in the kitchen*

Anns is often reduced to **s**:
  san oifis   *in the office*
  sa' chidsin   *in the kitchen*

Where Gaelic placenames include the word for *the*, **anns** is used to express *in*:
  anns an Eilean Sgitheanach *in the Isle of Skye/in Skye*
  anns an Oban   *in Oban*

5 *The verb 'to be'*

In **Aonad 1**, **tha** was introduced as the positive form of the present tense of the verb 'to be':

Tha mi à Steòrnabhagh.   *I am from Stornoway.*

The negative form is **Chan eil**:
Chan eil mi à Bogha Mòr.   *I am not from Bowmore.*

The question form is **A bheil**:
A bheil sibh à Inbhir Narann?   *Are you from Nairn?*

The positive answer to a question beginning with **A bheil** is **Tha** (*Yes*).
The negative answer is **Chan eil** (*No*).

Obair eile

1 Lìon na beàrnan.

(a) A bheil Anna a' dol a _____ ?
(b) Tha Seumas ag obair anns a' _____ .
(c) Tha Mairead a' fuireach ann am _____ .
(d) A bheil Tòmas ag obair ann an _____ ?

> oifis   chidsin   **Barraigh**   **Phàislig**

2 Cuir air dòigh. Rearrange these sentences into the correct word order.

(a) cidsin/tha/an/anns/taigh-òsda
(b) ann/Pàislig/tha/an/Alba
(c) ag/tha/Pòl/oifis/an/obair/ann
(d) a/plèan/dol/a'/Bharraigh/tha/am

3 Cuir còmhla. Match the two halves of the sentences below

(a) Tha Seonag a' dol dhan . . .   (i) . . . Muile.
(b) Chan eil Iain ag obair ann an . . .   (ii) . . . Ghearasdan.
(c) A bheil Anna a' fuireach anns a' . . .   (iii) . . . dh'Ìle.
(d) Chan eil Niall ag obair ann am . . .   (iv) . . . Glaschu.
(e) Tha Pòl a' dol a . . .   (v) . . . oifis.

4 Leugh agus sgrìobh.
Tha Pòl agus Catrìona às na Hearadh, ach tha iad ann an
Steòrnabhagh an-diugh. Tha i fuar. Gu dearbh, tha i glè fhuar. Tha
Pòl agus Catrìona a' dol a dh'Inbhir Nis. Tha iad a' fuireach ann am

flat ann an Inbhir Nis, ach chan eil Pòl ag obair ann an Inbhir Nis. Tha e ag obair ann an oifis ann an Inbhir Narann. Tha Catrìona ag obair anns a' chidsin ann an taigh-òsda ann an Inbhir Nis. Tha an taigh-òsda glè shnog agus tha e glè mhath.

Now write a similar passage about yourself using placenames and places of work that you know in Gaelic.

5 **Leugh agus sgrìobh.** Read the following landing-cards and the short sentences which one traveller wrote about herself. Write similar sentences about each other person and yourself.

Ainm :	Seonag NicPhàil
Seòladh :	14 Rathad Ghlaschu
	Pàislig
Obair :	Taigh-òsda
Ceann-uidhe :	Steòrnabhagh

'S mise Seonag NicPhàil. Tha mi a' fuireach ann am Pàislig agus tha mi ag obair ann an taigh-òsda. Tha mi a' dol a Steòrnabhagh.

(a)

Ainm :	Mairead Ghrannd
Seòladh :	'Cabar Fèidh'
	Rathad an Locha
	Steòrnabhagh
Obair :	Port-adhair
Ceann-uidhe :	Glaschu

(b)

Ainm :	Iain MacIomhair
Seòladh :	3 Rathad Bharraigh
	Dùn Eideann
Obair :	Oifis
Ceann-uidhe :	Inbhir Nis

6 Leugh agus sgrìobh.

Iain	Tha i fliuch.
Catrìona	Tha. Tha i glè fhliuch.
Iain	'S mise Iain.
Catrìona	Hallo, Iain. 'S mise Catrìona. Ciamar a tha sibh?
Iain	Tha gu math, tapadh leibh, a Chatrìona. Ciamar a tha sibh fhèin?
Catrìona	Meadhanach math, tapadh leibh. Càit' a bheil sibh a' dol an-diugh?
Iain	Tha mi a' dol a Dhùn Eideann.
Catrìona	A bheil sibh a' fuireach ann an Dùn Eideann?
Iain	Chan eil, ach tha mi ag obair ann am bàr ann an Dùn Eideann. Càit' a bheil sibh fhèin a' dol?
Catrìona	Tha mise a' dol dhan Ghearasdan. Tha mi a' fuireach anns a' Ghearasdan agus tha mi ag obair ann an oifis.

Now change the conversation above by replacing Iain and Catrìona with the pairs of characters below.

	Ainm *(Name)*	**Ceann-uidhe** *(Destination)*	**Aite-còmhnaidh** *(Place of residence)*	**Aite-obrach** *(Place of work)*
(a)	– Tòmas ● Eilidh	Glaschu an t-Oban	Glaschu Muile	taigh-òsda bàr
(b)	– Anna ● Calum	Bogha Mòr an taigh-òsda	Ile an taigh-òsda	oifis an cidsin
(c)	– Seumas ● Seonag	Leòdhas Dùn Eideann	Steòrnabhagh Dùn Eideann	Steòrnabhagh taigh-òsda

▣ 7 Leugh agus freagair.

Answer *Yes* or *No* to the following questions, and give an extended answer relating to your own circumstances, or make them up.

(a) A bheil thu a' fuireach ann an Alba?
   Example: Tha. Tha mi a' fuireach ann an Alba.
(b) A bheil thu à Muile?
(c) A bheil thu gu math?
(d) A bheil thu ag obair ann an taigh-òsda?
(e) A bheil thu a' dol dhan Eilean Sgitheanach an-diugh?

Fiosrachadh

Dè 'n t-ainm a tha ort? *(What's your name?)*

Although surnames are used in formal situations in Gaelic, they tend to be replaced with by-names in Gaelic-speaking areas. One reason for this is that the same few surnames tended to predominate in certain localities, e.g. **MacNèill** in Barra, **MacGriogair** in parts of Perthshire, etc. The commonest by-names, which are used locally in everyday speech, are of a number of types:

Descriptive   The name describes the person, e.g.: **Catrìona Ruadh** (*Red-haired Catherine*), **Anna Mhòr** (*Big Anne*).

Patronymic   The name or by-name of the father (or occasionally the mother) follows the person's name and is in a possessive form, e.g.: **Màiri Sheumais** (*James's Mary/Mary of James*), **Calum Seonaig** (*Joan's Calum/Calum of Joan*).

Occupational   The person is designated by his/her job, e.g.: **Dòmhnall Cìobair** (*Donald the Shepherd*), **Calum Post** (*Calum the Postman*). Most often, however, it is by the occupation of the father that the person is known, e.g.: **Màiri a' Ghobha** (*Mary of the Blacksmith*), **Ailean a' Mhuilleir** (*Alan of the Miller*). Note that the name of the occupation is in a possessive form which will be dealt with in a later unit.

Residential   The person's name is followed by the name of the place where he/she lives (or comes from). The name of the place is in a possessive form, e.g.: **Raghnall a' Bhràighe** (*Ronald of/from Braes*), **Mòrag a' Ghlinne** (*Morag of/from the Glen*).

Local origin   An adjective deriving from someone's place of origin may be added to the name, e.g.: **Dòmhnall Hearach** (*Donald of/from Harris*), **Ruairidh Leòdhasach** (*Roderick of/from Lewis*). (This type of adjective is covered in **Aonad 8**/*Unit 8.*)

These different types of name can be amalgamated, e.g.: **Calum Dubh a' Chlachain** (*Black-haired Calum of/from Clachan*), whose formal Gaelic name might simply be **Calum MacLeòid** (*Malcolm MacLeod*).

3

DE 'N AOIS A THA THU?

How old are you?

In this unit you will learn how to

- ask someone's age and give your own age
- ask and say if someone is married
- talk about family
- give your address
- ask and say what someone is doing
- describe people
- say what you have
- ask someone's name, and reply
- use some numbers

 ——————— **Còmhradh** ———————

Seumas MacAmhlaigh is taking part in a phone-in programme on **Radio nan Gaidheal** (the Gaelic radio station). He is being interviewed by Sìne NicArtair, the programme presenter.

Sìne   Ceart ma tha, a Sheumais. An toiseach, dè 'n aois a tha thu?

Seumas	Uill, a Shìne, tha mi sia air fhichead.
Sìne	Sia air fhichead. Glè mhath. Agus a bheil thu pòsda, a Sheumais?
Seumas	Tha gu dearbh. Tha mi pòsda aig Catrìona.
Sìne	A bheil Catrìona ag èisdeachd?
Seumas	Tha. Tha mi 'n dòchas!
Sìne	Hallo, a Chatrìona! A bheil thu ag èisdeachd? A-nis, a Sheumais, a bheil teaghlach agaibh?
Seumas	Tha, a Shìne. Tha mac agus nighean againn.
Sìne	Dè 'n t-ainm a tha orra?
Seumas	Alasdair agus Sìne.
Sìne	Sìne? Ainm snog! Agus dè 'n aois a tha Alasdair agus Sìne?
Seumas	Tha Alasdair còig bliadhna a dh'aois agus tha Sìne trì.
Sìne	Còig agus trì. Math fhèin! Cò ris a tha iad coltach? Cò ris a tha Alasdair coltach?
Seumas	Uill, tha e beag, bàn agus tha e glè mhodhail.
Sìne	Agus Sìne? Cò ris a tha ise coltach?
Seumas	Uill, tha Sìne beag cuideachd, ach tha i dorcha. Tha i glè mhodhail cuideachd.
Sìne	Glè mhath, tha sin snog. A-nis, càit' a bheil sibh a' fuireach, a Sheumais?
Seumas	Tha sinn a' fuireach aig ceithir deug, Rathad na Mara, Rànaiseadar anns an Eilean Sgitheanach.
Sìne	Tapadh leat.

Seumas MacAmhlaigh *James MacAulay*
Sìne NicArtair *Jean MacArthur*
Ceart ma tha. *Right then.*
an toiseach *firstly, at first*
Dè 'n aois a tha thu? *How old are you?*
uill *well*
sia air fhichead *twenty-six*
A bheil thu pòsda? *Are you married?*
pòsda aig Catrìona *married to Catherine*
ag èisdeachd *listening*
tha mi 'n dòchas *I hope*
A bheil teaghlach agaibh? *Do you have a family?*
teaghlach *(a) family*
Tha mac agus nighean againn. *We have a son and a daughter.*
nighean *(a) daughter*
Dè 'n t-ainm a tha orra? *What are they called?*
ainm snog *(a) nice name*
còig bliadhna a dh'aois *five years old or five years of age*
trì *three*
còig agus trì *five and three*
math fhèin *excellent*
Cò ris a tha iad coltach? *What are they like?*
bàn *fair-haired*
modhail *well-behaved*
cuideachd *also*
dorcha *dark*
Aig ceithir deug, Rathad na Mara. *At fourteen Sea Road.*

———— **Obair** ————

1 Cuir ceart.

(*a*) Chan eil Seumas pòsda.
(*b*) Tha mac agus nighean aig Seumas.
(*c*) Tha Alasdair dorcha.
(*d*) Tha Seumas a' fuireach ann an Ile.

2 Leugh agus sgrìobh.

(*a*) Dè 'n aois a tha Seumas MacAmhlaigh?
(*b*) A bheil nighean aig Seumas?
(*c*) Dè 'n aois a tha Sìne NicAmhlaigh?
(*d*) Càit' a bheil Catrìona NicAmhlaigh a' fuireach?

———— **Abairtean cudromach** ————

How to:

Ask someone's age, and respond
● Dè 'n aois a tha thu/sibh?
– Tha mi còig bliadhna (a dh'aois).

Ask if someone is married, and reply
● A bheil thu/sibh pòsda?
– Tha. Tha mi pòsda.
– Chan eil. Chan eil mi pòsda.

Ask if someone is doing something, and reply
● A bheil thu ag èisdeachd?
– Tha. Tha mi ag èisdeachd.
– Chan eil. Tha mi ag obair. **or**
– Chan eil. Chan eil mi ag èisdeachd.

Ask if someone has something, and reply
● A bheil mac agaibh?
– Tha. Tha mac againn.
– Chan eil. Chan eil mac againn. **or**
– Chan eil. Tha nighean againn.

Ask someone's name, and reply
● Dè 'n t-ainm a tha orra?
– Alasdair agus Sìne.

Ask what someone is like, and reply
● Cò ris a tha Sìne coltach?
– Tha i beag, bàn.

Give your address
● Tha mi a' fuireach aig còig air fhichead Sràid an Locha, Pàislig.

Gràmar

1 Numbers

The numbers from one to ten are given below. Note also that **aon** lenites words starting with **b, c, f, g, m** and **p**. **Dà** lenites in the usual way (see **Aonad 2, Gràmar**).

1 aon	*6* sia
2 dà or dhà*	*7* seachd
3 trì	*8* ochd
4 ceithir	*9* naoi
5 còig	*10* deich

When counting, or stating these numbers in isolation, **a** is placed before them, i.e. **a h-aon, a dhà, a trì, a ceithir, a còig, a sia, a seachd, a h-ochd, a naoi, a deich**. Note that numbers beginning with a vowel are also preceded by **h-**, e.g. **a h-aon, a h-ochd**.

Numbers from 11 to 19 are formed by adding **deug** to the numbers in the list above. Note **dà/dhà dheug**, however.

11 aon deug	*16* sia deug
12 dà dheug or dhà dheug*	*17* seachd deug
13 trì deug	*18* ochd deug
14 ceithir deug	*19* naoi deug
15 còig deug	*20* fichead

* **Dà** and **dà dheug** are the forms used before a noun, e.g.:

Chan eil dà thaigh aige.   *He doesn't have two houses.*

* **Dhà** and **dhà dheug** are free-standing, e.g.:

Tha dhà dheug agam.   *I have twelve.*

Numbers from 21 to 39 are formed by adding **air fhichead** to the numbers in the lists above. Traditional Gaelic counting is based on twenties, so that 'thirty' is seen as 'twenty ten' in much the same way as 'twenty-nine' for instance.

21 aon air fhichead	31 aon deug air fhichead
22 dà/dhà air fhichead	32 dà/dhà dheug air fhichead
23 trì air fhichead	33 trì deug air fhichead
24 ceithir air fhichead	34 ceithir deug air fhichead
25 còig air fhichead	35 còig deug air fhichead
26 sia air fhichead	36 sia deug air fhichead
27 seachd air fhichead	37 seachd deug air fhichead
28 ochd air fhichead	38 ochd deug air fhichead
29 naoi air fhichead	39 naoi deug air fhichead
30 deich air fhichead	

A decimal system has been introduced. Using this system, the numbers in the above become:

20 fichead	30 trithead
21 fichead 's a h-aon	31 trithead 's a h-aon
22 fichead 's a dhà	32 trithead 's a dhà
23 fichead 's a trì	33 trithead 's a trì
24 fichead 's a ceithir	34 trithead 's a ceithir
25 fichead 's a còig	35 trithead 's a còig
26 fichead 's a sia	36 trithead 's a sia
27 fichead 's a seachd	37 trithead 's a seachd
28 fichead 's a h-ochd	38 trithead 's a h-ochd
29 fichead 's a naoi	39 trithead 's a naoi

The decimal system is **not** in common use in Gaelic communities.

2 Possession (using aig)

Possession or 'having' is shown by using **aig** ('at' or 'of') with the appropriate form of **tha**, e.g.:

Tha nighean aig Catrìona.	*Catherine has a daughter.*
	(Lit. There is a daughter at Catherine.)
Tha càr aig Dòmhnall.	*Donald has a car.*
Chan eil teaghlach aig Niall.	*Neil doesn't have a family.*

Aig can be followed by the word for 'the' and the noun, e.g.:

Tha taigh-òsda aig an teaghlach. *The family have a hotel.*

If the noun begins with **b, c, g, m** or **p**, 'the' becomes **a'** and the noun is lenited, e.g.:

Tha càr aig a' mhanaidsear.   *The manager has a car.*
Tha piseag aig a' chat.   *The cat has a kitten.*

If the noun begins with **f**, the word for 'the' is **an**, but the **f** is lenited, e.g.:

Chan eil Gàidhlig aig an fhear sin.   *That man doesn't speak Gaelic.*

When using pronouns such as **mi, thu, e**, etc. (*I, you, he*, etc.), the pronoun becomes amalgamated with the preposition **aig** to form a new word. You say **Tha càr agam**, not **Tha càr aig mi**:

A bheil càr agad?   *Do you have a car?*
Tha mac aice.   *She has a son.*

These are the amalgamated forms known as prepositional pronouns:

aig +	mi	becomes	agam
	thu		agad
	e		aige
	i		aice
	sinn		againn
	sibh		agaibh
	iad		aca

If you want to emphasise who has something, you can use emphatic forms:

Tha càr agamsa, agus tha bhan aigesan.

I have a car, and he has a van.

Here is a complete list of the emphatic forms of **aig**:

Basic	Emphatic
agam	agamsa
agad	agadsa
aige	aigesan
aice	aicese
againn	againne
agaibh	agaibhse
aca	acasan

3 Asking names

To ask someone's or something's name you say **Dè 'n t-ainm a tha air** followed by the person or thing you are talking about:

Dè 'n t-ainm a tha air an   *What is the hotel called?*
taigh-òsda?

As happens after **aig**, if the noun begins with **b, e, g, m** or **p**, the word for 'the' becomes **a'** and the noun is lenited:

Dè 'n t-ainm a tha air a' bhàr?   *What's the bar called?*

As in section **2** above, if the noun begins in **f**, the word for 'the' becomes **an**, and the **f** is lenited:

Dè 'n t-ainm a tha air an fhear sin?	*What's that man's name?*

When using pronouns such as **mi, thu, e**, etc. the pronoun becomes amalgamated with the preposition **air** to form a new word. You say **Dè 'n t-ainm a tha ort?** not **Dè 'n t-ainm a tha air thu?**:

Dè 'n t-ainm a tha ort?	*What's your name?/What are you called?*
Dè 'n t-ainm a tha oirre?	*What is she called?*
Dè 'n t-ainm a tha orra?	*What are they called?*

The amalgamated forms (the prepositional pronouns) of **air** are shown here:

air +		becomes	
	mi	becomes	orm
	thu		ort
	e		air
	i		oirre
	sinn		oirnn
	sibh		oirbh
	iad		orra

Orm, etc. also has emphatic forms:

Dè 'n t-ainm a tha airsan agus dè 'n t-ainm a tha oirrese?
*What's **he** called and what's **she** called?*

The emphatic forms are listed here:

Basic	Emphatic
orm	ormsa
ort	ortsa
air	airsan
oirre	oirrese
oirnn	oirnne
oirbh	oirbhse
orra	orrasan

Obair eile

1 **Lìon na beàrnan.** Replace the words inside the brackets with the correct form of the prepositional pronouns.

    (a) A bheil teaghlach (aig + sibh) _____ ?
    (b) Dè 'n t-ainm a tha (air + i) _____ ?
    (c) Tha nighean (aig + mi) _____ .
    (d) Chan eil teaghlach (aig + e) _____ .

2 **Cuir còmhla.**

(a)	A bheil mac agad?	(i)	Tha. Tha mac aice.
(b)	A bheil teaghlach aig Anna?	(ii)	Tha. Tha mac agam.

(c) A bheil teaghlach aig Iain? (iii) Chan eil. Tha mac aca.
(d) A bheil nighean aig Iain agus (iv) Chan eil. Chan eil teaghlach
     Sìne?   aige.

3 Leugh, sgrìobh agus can.

Mairead	A bheil teaghlach agaibh, a Raonaid?
Raonaid	Tha. Tha nighean agam.
Mairead	Dè 'n t-ainm a tha oirre?
Raonaid	Seònaid.
Mairead	Dè 'n aois a tha i?
Raonaid	Tha i naoi bliadhna a dh'aois.
Mairead	Cò ris a tha i coltach?
Raonaid	Tha i beag, dorcha.
Mairead	A bheil i modhail?
Raonaid	Tha. Tha mi 'n dòchas.

Substitute each of the characters below for Raonaid. Decide for
yourself what the children are like.

	Ainm	**Teaghlach**	**Ainmean**	**Aoisean**
(a)	Dòmhnall	Nighean	Ealasaid	10
(b)	Anndra	Dà mhac	Iain agus Ailean	8 agus 5
(c)	Flòraidh	Mac agus nighean	Cailean agus Sìne	20 agus 16
(d)	Seonag	Dà nighean	Anna agus Una	4 agus 7

4 Leugh an earrann seo.

Tha Oighrig Nic an t-Saoir à Uibhist a Deas. Tha i a' fuireach aig a
seachd Dalabrog agus tha i pòsda aig Cailean Bàn. Tha dà mhac agus
nighean aca – Calum Iain, Mìcheal agus Mòrag Anna. Tha Calum Iain
fichead bliadhna a dh'aois agus tha e bàn. Chan eil e a' fuireach ann
an Uibhist idir; tha e a' dol dhan cholaisde ann an Steòrnabhagh. Tha
Mìcheal bàn cuideachd, ach tha e beag. Tha Mòrag Anna beag
cuideachd, ach tha i dorcha! Tha i beag, snog agus glè mhodhail. Tha
Mìcheal còig deug agus tha Mòrag Anna trì deug. Tha Oighrig fhèin
ag obair ann am bùth ann an Dalabrog, ach chan eil Cailean ag obair
idir. Chan eil obair aige. Tha Mìcheal agus Mòrag Anna a' dol dhan
sgoil ann an Lìonacleit.

idir *at all*		**bùth** *shop*
colaisde *college*		**sgoil** *school*
cuideachd *also, too*		

Cuirt ceart. The following statements refer to the passage in exercise 4. Rewrite any which are false.

(a) Tha Oighrig Nic an t-Saoir a' fuireach ann an Leòdhas.
(b) Tha Cailean Bàn pòsda aice.
(c) Tha teaghlach aca.
(d) Tha an nighean a' dol dhan cholaisde ann an Steòrnabhagh.
(e) Tha Oighrig ag obair ann an sgoil.

5 **Leugh agus sgrìobh.** Read the passage in 4 again and answer the following questions in Gaelic.

(a) Cò às a tha Oighrig?
(b) Càit' a bheil i a' fuireach?
(c) A bheil teaghlach aice?
(d) Dè 'n t-ainm a tha orra?
(e) Cò ris a tha Mìcheal coltach?
(f) Dè 'n aois a tha Mòrag Anna?
(g) A bheil obair aig Cailean?

6 **Sgrìobh.** Now write a similar passage about someone you know.

7 **Sibh fhèin a-nis!** *Now it's your turn!* **Freagair na ceistean.**

(a) Dè 'n t-ainm a tha oirbh?
(b) Ciamar a tha sibh?
(c) Dè 'n aois a tha sibh?
(d) Cò às a tha sibh?
(e) Càit' a bheil sibh a' fuireach?
(f) A bheil obair agaibh? Càit'?
(g) A bheil sibh pòsda?
(h) A bheil teaghlach agaibh?
(i) Dè 'n t-ainm a tha orra?
(j) Cò ris a tha an teaghlach coltach?
(k) Dè 'n aois a tha iad?
(l) A bheil iad a' dol dhan sgoil?

Fiosrachadh

Ainmean àite *(Placenames)*

Many Scottish placenames come from Gaelic. From Stranraer and Dumfries in the south, to Reay and Kinlochbervie in the north, every county contains placenames of Gaelic origin. Names which originated in other languages, Pictish, British or Norse, usually have a Gaelic form also, such as **Barraigh** *(Barra)* or **Lìonacleit** *(Liniclete)*, which originally came from the Norse language.

Names containing the following Gaelic elements are common throughout most parts of Scotland:

Element	From Gaelic word	Example	Meaning
Ach/Auch	**achadh** *(a field)*	Achmore **An t-Achadh Mòr**	*the big field*
Bal	**baile** *(a village)*	Balerno **Baile Airneach**	*juniper village*
Ben	**beinn** *(a mountain)*	Benvane **A' Bheinn Bhàn**	*the fair mountain*
Dun/Dum	**dùn** *(a fort or hill)*	Dunbeg **An Dùn Beag**	*the small fort*
Glen	**gleann** *(a valley)*	Glendhu **An Gleann Dubh**	*the black valley*
Inch	**innis** *(an island)*	Inchcolm **Innis Choluim**	*Columba's Isle*
Inver	**inbhir** *(a river-mouth)*	Inverbeg **An t-Inbhir Beag**	*the little estuary*
Kil	**cill** *(a church or cell)*	Kilmarnock **Cill Mhearnaig**	*St M'Ernoc's Church*
Ken/Kin	**ceann** *(a head or end)*	Kinloch **Ceann Locha**	*loch end*
Loch	**loch** *(a lake)*	Lochdhu **An Loch Dubh**	*the black loch*
Strath	**srath** *(a wide valley)*	Strathmore **An Srath Mòr**	*the big valley*
Tay/Ty	**taigh** *(a house)*	Taynuilt **Taigh an Uillt**	*house of the stream*

Adjectives also feature strongly in Gaelic placenames:

Aird/ard from àrd *(high)*   **Buie** from buidhe *(yellow)*

Bane from bàn (*fair* or *white*)   **Dhu/duff** from dubh (*black*)
Beg from beag (*small*)   **Garve** from garbh (*rough*)
Breck from breac (*speckled*)   **More** from mòr (*large*)

Several maps in Gaelic, both local and national, are available, as are reliable books on placenames.

4

'S TOIL LEAM BIADH INNSEANACH

I like Indian food

In this unit you will learn how to

- express likes and dislikes
- talk about other people's likes and dislikes
- give reasons for likes or dislikes
- discuss times and pastimes

Còmhradh

Catriona, Una, Seonaidh and Calum are discussing what to do one evening. This is part of their conversation.

Catrìona Càit' a bheil thu a' dol a-nochd, Una?

Una Tha mi a' dol dhan chèilidh còmhla ri Raonaid. Tha sinn a' seinn aig a' chèilidh. Càit' a bheil thu fhèin a' dol?

Catrìona	Chan eil fhios 'am.
Una	Trobhad dhan chèilidh còmhla ruinn, ma tha.
Catrìona	Cha toil leam cèilidhean.
Seonaidh	An toil leat biadh Innseanach?
Catrìona	'S toil. Tha e uabhasach math.
Seonaidh	Tha mise agus Calum a' dol a-mach gu taigh-bìdh Innseanach a-nochd. Thugainn còmhla ruinn.
Catrìona	Ceart gu leòr. Cuin a tha sibh a' dol a-mach?
Calum	Aig ochd uairean.
Una	Tha dannsa ann as dèidh a' chèilidh.
Seonaidh	Cò tha a' cluich aig an dannsa?
Una	An còmhlan 'Turraman'. Tha iad math fhèin. An toil leatsa iad, a Sheonaidh?
Seonaidh	Chan eil iad dona. Cha toil le Calum idir iad.
Calum	Cha toil. Tha iad grod. 'S toil leam a bhith a' dannsadh, cia ta.
Seonaidh	Cuin a tha an dannsa a' tòiseachadh?
Una	Mu aon uair deug.

---

a-nochd tonight

a' dol dhan chèilidh going to the ceilidh

còmhla ri Raonald along with Rachel

Tha sinn a' seinn aig a' chèilidh. We are singing at the ceilidh.

Chan eil fhios 'am. or **Chan eil fhios agam.** I don't know.

Trobhad dhan chèilidh còmhla ruinn, ma tha. Come to the ceilidh with us then.

Cha toil leam cèilidhean. I don't like ceilidhs.

An toil leat biadh Innseanach, a Chatrìona? Do you like Indian food, Catriona?

biadh (m) food

'S toil Yes

Tha e uabhasach math. It's very/ awfully good.

a' dol a-mach gu taigh-bìdh Innseanach going out to an Indian restaurant

taigh-bìdh (m) (a) restaurant

Thugainn còmhla ruinn. Come with us.

ceart gu leòr OK

Cuin a tha sibh a' dol a-mach? When are you going out?

aig ochd uairean at eight o'clock

Tha dannsa ann as dèidh a' chèilidh. There is a dance after the ceilidh.

dannsa (m) (a) dance

Cò tha a' cluich aig an dannsa? Who is playing at the dance?

an còmhlan 'Turraman' the band 'Turraman'

An toil leatsa iad, a Sheonaidh? Do you like them, Johnny?

Chan eil iad dona. They're not bad.

Cha toil le Calum idir iad. Calum doesn't like them at all.

Cha toil No

grod rotten/lousy

'S toil leam a bhith a' dannsadh, cia ta. I like dancing though.

Cuin a tha an dannsa a' tòiseachadh? When does the dance start?

mu aon uair deug about eleven o'clock

Mìneachadh

Personal names

A number of Gaelic names have been adopted by English, and are now common Scottish names. Some such as Calum and Catriona retain their Gaelic form, while others such as Hamish and Innes are English representations of forms of the original Gaelic names Seumas and Aonghas.

Ceilidh

English has also adopted some other Gaelic words. One of these is **cèilidh**, which originally meant a house-gathering at which tales were told, songs were sung, and music was played. Nowadays a ceilidh usually means a concert of Highland music and song. It is also used in Gaelic as a term for visiting:

Chaidh mi a chèilidh air Donna   *I went to visit Donna and Norman*
agus Tormod a-raoir.   *last night.*

Dialect variations

Differences in pronunciation between areas are common in languages, and Gaelic is no exception. Dialectal variations in Gaelic extend to vocabulary. One example of this is the use in Lewis Gaelic of **'S caomh le . . .** for the **'S toil le . . .** (*. . . likes*) form used in most other areas.

Obair

1 **Cuir ceart.**

   (*a*) Tha Una a' dol dhan chèilidh.
   (*b*) Cha toil le Catrìona biadh Innseanach.
   (*c*) Tha Calum agus Seonaidh a' dol a-mach aig naoi uairean.
   (*d*) Tha an còmhlan 'Turraman' a' seinn aig an dannsa.
   (*e*) Tha an dannsa a' tòiseachadh mu aon uair deug.

2 **Leugh agus sgrìobh.**

   (*a*) Cò tha a' seinn aig a' chèilidh?
   (*b*) A bheil Catrìona a' dol dhan chèilidh?
   (*c*) An toil le Una an còmhlan 'Turraman'?
   (*d*) An toil le Calum a bhith a' dannsadh?

———— **Abairtean cudromach** ————

How to:

Ask where someone is going, and reply
- Càit' a bheil thu a' dol?
- Tha mi a' dol dhan chèilidh.

Say that you don't know
- Chan eil fhios 'am. or Chan eil fhios agam.

Urge someone to accompany you (pl)
- Trobhad còmhla ruinn. or
- Thugainn còmhla ruinn.

Say someone likes/does not like something
- 'S toil leam a bhith a' dannsadh.
- Cha toil leam cèilidhean.

Ask if someone likes something, and reply
- An toil leat biadh Innseanach?
- 'S toil. or Cha toil.

Say what you think of something
- Tha e uabhasach math.
- Chan eil iad dona.

Say 'OK'
- Ceart gu leòr.

Say there is something on
- Tha dannsa ann.

Ask who is playing, and reply
- Cò tha a' cluich?
- An còmhlan 'Turraman'.

Ask when something starts, and reply
- Cuin a tha an dannsa a' tòiseachadh?
- Aig naoi uairean. or
- Mu naoi uairean.

 ———— **Gràmar** ————

1 Likes and dislikes (using le)

To say that someone likes something, you use the form **'S** (or **Is**) **toil le** followed by the person's name and the thing being referred to:

'S toil le Anndra cèilidhean.   *Andrew likes cèilidhs.*

Cha replaces **'S** in the negative form:

Cha toil le Ealasaid cèilidhean.   *Elizabeth doesn't like cèilidhs.*

When a pronoun replaces a name as the subject of an expression of likes/dislikes, the amalgamated form of **le** and pronoun is used:

An toil leat Glaschu?   *Do you (singular) like Glasgow?*
An toil leibh Peairt?   *Do you (plural) like Perth?*
Cha toil leis cèilidhean.   *He doesn't like ceilidhs.*
'S toil leinn biadh Innseanach   *We like Indian food.*
    or Is toil leinn biadh Innseanach.

The prepositional pronouns of **le** are listed here:

le +		becomes	
	mi	becomes	leam
	thu		leat
	e		leis
	i		leatha
	sinn		leinn
	sibh		leibh
	iad		leotha

Leam, etc. also have emphatic forms:

Cha toil leathase am plèan.
    She doesn't like the plane.
Is toil leinne Dùn Eideann.
    We like Edinburgh.

The emphatic forms are listed here:

Basic	Emphatic
leam	leamsa
leat	leatsa
leis	leis-san
leatha	leathase
leinn	leinne
leibh	leibhse
leotha	leothasan

When the participle of a verb (the *-ing* part) is used in conjunction with any form of **'S toil le** (or **'S caomh le**) it must be preceded by **a bhith**, the infinitive form of the verb 'to be':

'S toil leam a bhith a' dannsadh.   *I like dancing.*
An toil leat a bhith a' seinn?   *Do you like singing?*

When **le** is used with 'the', it becomes **leis**:

'S toil leis an teaghlach a bhith   *The family likes dancing.*
    a' dannsadh.

2 Time

Uair, the Gaelic for '*an hour*', is also used to mean '*one o'clock*'. **Dà** takes the singular form of the following noun. Hence two o'clock is **dà uair** and twelve o'clock is **dà uair dheug** (or **dà reug** in its abbreviated form). The plural form **uairean** is used for three to ten o'clock. The hours in full are:

uair *one o'clock*	**naoi uairean** *nine o'clock*
dà uair *two o'clock*	**deich uairean** *ten o'clock*
trì uairean *three o'clock*	**aon uair deug** *eleven o'clock*
ceithir uairean *four o'clock*	**dà uair dheug** or **dà reug** *twelve*
còig uairean *five o'clock*	*o'clock*
sia uairean *six o'clock*	**meadhan latha** *midday*
seachd uairean *seven o'clock*	**meadhan oidhche** *midnight*
ochd uairean *eight o'clock*	

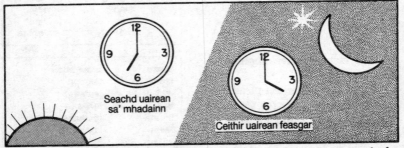

Seachd uairean
sa' mhadainn

Ceithir uairean feasgar

a.m. and p.m. are identified by **sa' mhadainn** and **feasgar** respectively.

3 Ri *(to, with)*

Ri is used as a simple preposition and also as part of the compound prepositions **còmhla ri** or **cuide ri** (*along with*).

Pronouns are amalgamated with **ri** as with **le, aig** and **air**:

Tha Donnchadh a' dol a Bharraigh còmhla rithe. — *Duncan is going to Barra along with her.*

Chan eil i a' seinn cuide ris. — *She isn't singing along with him.*

The prepositional pronouns of **ri** are as shown here:

ri +	mi	becomes	rium
	thu		riut
	e		ris
	i		rithe
	sinn		ruinn
	sibh		ruibh
	iad		riutha

Rium, etc. also have emphatic forms:

> Tha mise a' dol còmhla riuthasan.
> *I'm going along with **them**.*

The emphatic forms are listed here:

Basic	Emphatic
rium	riumsa
riut	riutsa
ris	ris-san
rithe	rithese
ruinn	ruinne
ruibh	ruibhse
riutha	riuthasan

When **ri** is used with the definite article, it becomes **ris**:

> Tha Ina a' seinn còmhla ris a' chòmhlan.
>
> *Ina is singing along with the band.*

4 There is/are (ann)

The preposition **ann** is used in conjunction with the appropriate part of the verb 'to be' to convey that something is/isn't there or on:

> Tha dannsa ann a-nochd.   *There is a dance [on] tonight.*
> Chan eil cèilidh ann idir.   *There's no ceilidh [on] at all.*
> A bheil Calum ann?   *Is Calum there?*

─────── Obair eile ───────

1 **Tagh an rud ceart.** Here are some statements with the pictures of the people who said them. Choose the appropriate word in each sentence.

(*a*) 'S toil **leam/leinn** Gàidhlig. (*b*) Cha toil **leotha/leis** cèilidhean.

(c) 'S toil **leatha/leotha** a bhith a' seinn.

(d) Cha toil **leatha/leis** an oifis.

(e) 'S toil **leam/leinn** am plèan.

2 Lìon na beàrnan.

(a) Tha cèilidh _____ a-nochd.
(b) Cò tha a' dol dhan dannsa _____ riut?
(c) A bheil thu a' dol a Ghlaschu cuide _____ ?
(d) Tha biadh Innseanach _____ math.
(e) _____ a tha sibh a' dol a Bharraigh?

riutha	uabhasach	cuin	ann	còmhla

3 Cuir air dòigh. Rearrange the sentences in the correct time sequence.

(a) Tha iad a' dol a Ghlaschu aig ceithir uairean.
(b) Tha Raonaid agus Ceit a' dol a-mach aig seachd uairean.
(c) Tha sinn a' dol gu biadh aig naoi uairean.
(d) Tha Una ag obair aig dà uair.
(e) Tha cèilidh ann aig ochd uairean.

4 Leugh agus sgrìobh. Read the plane and boat timetable below and rewrite any of the statements which are incorrect.

AITE (*Place*)	PLEAN	BATA
Barraigh	12.00	14.00
Ile	9.00	16.00
Uibhist	10.00	18.00
Leòdhas	15.00	17.00

(a) Tha plèan a' dol a dh'Ile aig naoi uairean sa' mhadainn.
(b) Tha bàta a' dol a dh'Uibhist aig ochd uairean feasgar.
(c) Tha sinn a' dol a Bharraigh air a' phlèan aig aon uair deug sa' mhadainn.
(d) Tha iad a' dol a Leòdhas air a' bhàta aig seachd uairean feasgar.

5 Leugh agus sgrìobh. Make up a bus and train timetable as above based on the information given below:

(a) Tha bus a' dol a dh'Inbhir Nis aig deich uairean sa' mhadainn agus tha trèan ann aig uair feasgar.
(b) Tha bus a' dol dhan Ghearasdan aig ceithir uairean feasgar agus tha trèan ann aig còig uairean feasgar.
(c) Tha trèan a' dol a Dhùn Eideann aig trì uairean feasgar agus tha bus ann aig dà uair feasgar.
(d) Tha trèan a' dol a Phàislig aig sia uairean feasgar agus tha bus ann aig aon uair deug sa' mhadainn.

6 Leugh agus sgrìobh. Read the information about each of the following people.

Seòras: 'S toil le Seòras a bhith a' snàmh agus ag iasgach. 'S toil leis cuideachd a bhith a' leughadh agus a' cluich ball-coise. Cha toil leis cèilidhean agus cha toil leis Glaschu.

Ealasaid: 'S toil le Ealasaid a bhith a' seinn agus a' dannsadh agus 's toil leatha bhith a' leughadh agus a' cluich badminton. Cha toil leatha ball-coise agus cha toil leatha biadh Innseanach.

Donnchadh: 'S toil le Donnchadh a bhith a' seinn agus a' cluich guitar. 'S toil leis cuideachd a bhith a' cluich iomain agus golf. Cha toil leis idir a bhith a' coimhead ball-coise.

Màiri Ceit: 'S toil le Màiri Ceit a bhith a' coimhead an telebhisein agus a bhith ag èisdeachd ri ceòl. 'S toil leatha cuideachd a bhith a' seinn agus a' snàmh. Cha toil leatha a bhith a' fuireach ann an Glaschu agus cha toil leatha biadh Innseanach.

a' snàmh *swimming*	**iomain** *shinty*
ag iasgach *fishing*	**a' coimhead** *watching*
a' leughadh *reading*	**Màiri Ceit** *Mary Kate*
ball-coise *football*	**ceòl** *music*

Complete the spaces in the sentences below.

(a) Cha toil le _____ agus _____ ball-coise.
(b) _____ toil le _____ agus Màiri Ceit biadh Innseanach.
(c) 'S toil le _____ a bhith _____ guitar.
(d) _____ toil le Seòras agus Màiri Ceit a bhith a' _____ .
(e) _____ toil le _____ agus Seòras Glaschu.

7 Sgrìobh. What do you like and dislike? Write a paragraph, like one of the above, about yourself.

Fiosrachadh

Ceòl (Music)

The instruments traditionally associated with Gaelic music are the great Highland bagpipe (**a' phìob mhòr**) and the **clàrsach** or harp. In the heyday of the clan, chiefs retained pipers and harpists. The Clan MacLeod (**Clann 'IcLeòid**) of Dunvegan, Skye, for instance, had several generations of one family, the MacCrimmons (**Clann 'IcCruimein**) as clan pipers.

There are two kinds of bagpipe music (**ceòl na pìoba**): pibroch (**ceòl mòr**) and light music (**ceòl beag**). Bagpipe music and harp music (**ceòl na clàrsaich**) have enjoyed increased popularity in recent times with more being done to promote both instruments. Other instruments which retain their popularity in the Highlands are the fiddle or violin (**an fhidheall**) and the accordion (**am bocsa**).

In times past, however, instruments were not so widespread in the Highlands and a form of singing was used to accompany dancing. This is known as mouth music or **puirt-a-beul** and it has a parallel in the *kan ha diskan* of Brittany. Unaccompanied singing is the most traditional form of Gaelic singing and the folk music revival has helped focus attention on it. One style of unaccompanied singing is that of the waulking songs (**òrain luaidh**), which were used by groups of women working together shrinking tweed. The range of song (**òran**) in Gaelic has been considerably extended in recent years with the introduction of idioms such as country and western, pop and rock.

A particularly distinctive form of Gaelic music is the psalm singing (**seinn nan salm**) practised in Gaelic services in Protestant churches. This involves a precentor (**fear togail an fhuinn**) giving out the line (**a' cur a-mach na loidhne**), as it is called, and the congregation then repeating the line with ornamentation.

5

DE THA THU AG IARRAIDH?

What do you want?

In this unit you will learn how to

- ask what someone wants
- say what you want and tell what others want
- carry out transactions involving prices and quantities
- say please
- say goodbye

 ──────────── **Còmhradh** ────────────

Murchadh MacNeacail has a food store in a Highland village. One of his regular customers is Oighrig Mhàrtainn. This is a conversation they have.

Oighrig　　Tha i fuar, a Mhurchaidh.
Murchadh　Tha gu dearbh. Dè tha dol?
Oighrig　　Chan eil mòran.
Murchadh　Dè tha sibh ag iarraidh an-diugh?
Oighrig　　Tha mi ag iarraidh aran agus càise co-dhiù.
Murchadh　A bheil sibh ag iarraidh aran donn no aran geal?
Oighrig　　Aran donn. Dà lof, ma 's e do thoil e.
Murchadh　Agus dè an seòrsa càise a tha sibh ag iarraidh?

Oighrig	Càise dearg. Leth-phunnd, ma 's e do thoil e. 'S toil leam càise dearg.
Murchadh	A bheil sibh ag iarraidh ìm?
Oighrig	Chan eil an-diugh, ach tha mi ag iarraidh tì agus cofaidh.
Murchadh	Crogan mòr no crogan beag cofaidh?
Oighrig	Crogan beag agus dà phacaid tì. . . . A bheil uighean ùra agaibh?
Murchadh	Tha gu leòr. Leth-dusan no dusan no . . .
Oighrig	Dìreach leth-dusan. O, agus buntàta cuideachd – còig puinnd.
Murchadh	Seo ma tha – còig puinnd buntàta.
Oighrig	Tha a' chlann ag iarraidh còc agus suiteis.
Murchadh	Botal no cana còc?
Oighrig	Botal, ma 's e do thoil e. Agus na suiteis seo. Tha iad uabhasach math. Dè a' phrìs a tha iad?
Murchadh	Fichead sgillinn an urra. A bheil sin ceart gu leòr?
Oighrig	Tha. Dè tha sin uile gu lèir?
Murchadh	Seachd notaichean agus còig sgillinn deug.
Oighrig	Sin deich notaichean ma tha.
Murchadh	Mòran taing. Agus seo dà not agus ceithir fichead sgillinn 's a còig air ais.
Oighrig	Tapadh leibh. Latha math an-dràsda.
Murchadh	Latha math.

Murchadh MacNeacall *Murdo Nicolson*
Oighrig Mhàrtainn *Effie Martin*
Dè tha dol? *What's doing?*
chan eil mòran *not/nothing much*
Dè tha sibh ag iarraidh an-diugh? *What do you want today?*
Tha mi ag iarraidh aran agus càise co-dhiù. *I want bread and cheese anyway.*
A bheil sibh ag iarraidh aran donn no aran geal? *Do you want brown bread or white bread?*
Dà lof ma 's e do thoil e. *Two loaves please.*
Agus dè an seòrsa càise a tha sibh ag iarraidh? *And what kind of cheese do you want?*

càise dearg *red cheese*
leth-phunnd *half a pound*
ìm *butter*
ach *but*
tì *tea*
cofaidh *coffee*
crogan *(a) jar*
dà phacaid tì *two packets of tea*
A bheil uighean ùra agaibh? *Do you have fresh eggs?*
ugh .(m) *(an) egg*
Tha gu leòr. *Yes, plenty.*
leth-dusan *half a dozen*
dusan *(a) dozen*
dìreach *just*

buntàta *potato(es)*	**Seachd notaichean agus còig sgillinn**
còig puinnd *five pounds*	**deug.** *Seven pounds and fifteen*
Seo ma tha. *Here you are then.*	*pence.*
a' chlann *the children*	**Sin deich notaichean ma tha.** *There's*
còc *(a) coke*	*ten pounds then.*
suiteis *sweets*	**Mòran taing.** *Many thanks.*
Dè a' phrìs a tha iad? *What price are*	**Agus seo dà not agus ceithir fichead**
they?	**sgillinn 's a còig air ais.** *And here's*
fichead sgillinn an urra *twenty pence*	*two pounds and eighty-five pence*
each	*back.*
A bheil sin ceart gu leòr? *Is that OK?*	**Latha math an-dràsda.** *Good-day*
Dè tha sin uile gu lèir? *How much is*	*then/Bye for now.*
that altogether?	

Mìneachadh

Quantities/weights and measures

Imperial weights and measures are still widely used in Gaelic. Forms
such as **punnd** (*a pound*), **leth-phunnd** (*half a pound*) and **clach** (*a
stone*) are particularly common and are used more often than metric
measures such as **cilo** (*a kilo*).

Obair

1 **Cuir ceart.** Read and rewrite the statements which are false or
   incorrect below.

   (a) Tha i fliuch.
   (b) Chan eil Oighrig ag iarraidh ìm.
   (c) Tha Oighrig ag iarraidh crogan mòr cofaidh.
   (d) Chan eil uighean ùra aig Murchadh idir.

2 **Leugh agus sgrìobh.**

   (a) A bheil Oighrig ag iarraidh aran geal?
   (b) An toil le Oighrig càise?
   (c) Cò tha ag iarraidh còc?
   (d) Dè a' phrìs a tha na suiteis?

——— Abairtean cudromach ———

How to:

Ask what's doing, and respond ● Dè tha dol? – Chan eil mòran.	**Ask what price something(s) is/are, and respond** ● Dè a' phrìs a tha e/i/iad? – Tha e sia notaichean. **or** – Fichead sgillinn an urra.
Ask what someone wants, and reply ● Dè tha thu/sibh ag iarraidh? – Tha mi ag iarraidh aran agus càise.	**Ask what the total cost is, and respond** ● Dè tha sin uile gu lèir? – Seachd notaichean agus còig sgillinn deug.
Ask if someone wants a particular thing, and respond ● A bheil thu ag iarraidh ìm? – Tha. Tha mi ag iarraidh ìm. **or** – Chan eil. Chan eil mi ag iarraidh ìm.	**Say 'many thanks'** ● Mòran taing. **Say 'good day/bye (for now)'** ● Latha math (an-dràsda).
Say 'please' ● Ma 's e do thoil e. **or** Ma 's e ur toil e. (*polite form*)	

——————— Gràmar ———————

1 Nouns

(a) Gender

Nouns in Gaelic are divided into two groups, labelled masculine or feminine. There is no easy way of identifying the gender of a noun, unless it is qualified by an adjective (see section 3 below), or preceded by the definite article 'the' (see **Aonad 8, Gràmar**).

The categories of nouns identified below can, with some exceptions, be allocated to the respective genders:

Masculine	Feminine
names of males	names of females
nouns ending in -(e)an, -(e)as, -air, -ear, -(a)iche	nouns ending in -(e)ag, -(e)achd, -e
names of trees and of the young of animals	names of countries, musical instruments, diseases and planets

The pronouns **e** (*he*) and **i** (*she*) are used to refer to noun subjects:

Tha Seumas modhail.	*James is well-behaved.*
Tha e modhail.	*He is well-behaved.*
Tha Catrìona bàn.	*Catriona is fair-haired.*
Tha i bàn.	*She is fair-haired.*
Tha an càr ùr.	*The car is new.*
Tha e ùr.	*It is new.*
Tha an trèan mòr.	*The train is big.*
Tha i mòr.	*It is big.*

(b) Plurals

Plurals are formed in several different ways to no immediately apparent pattern. At present the plural forms will just have to be memorised! The following are the most common ways of forming plurals:

(i) by adding **-an** or **-ean** to the singular form. If the last vowel in the noun is **i**, add **-ean**, otherwise add **-an**:

eilean	eilean**an** (*islands*)
pacaid	pacaid**ean** (*packets*)

(ii) by inserting **i** into the singular form, and then adding **-ean** as in (i) above:

ugh	u**i**gh**ean** (*eggs*)

(iii) by inserting **i** into the singular form:

punnd	pu**i**nnd (*pounds*)
crogan	croga**i**n (*jars*)
botal	bota**i**l (*bottles*)

(iv) by changing the final **a** in the singular form to **i**:

suiteas	suite**i**s (*sweets*)

(v) by adding **-aichean** or **-ichean** to the singular form:

lof	lof**aichean** (*loaves*)
not	not**aichean** (*pounds sterling*)
dannsa	dannsa**ichean** (*dances*)

(vi) by adding **-annan** or **-eannan** to the singular form:
     oidhche   oidhche**annan** (*nights*)

(vii) by dropping the final **-e** of the singular form, and adding **-tean**:
     baile   bail**tean** (*towns*)

2 'A' or 'an'

There is no word for 'a' or 'an' in Gaelic. '*An egg*' is simply **ugh**, '*a bottle*' is **botal**.

3 Adjectives

With few exceptions, adjectives follow the noun:

aran (*bread*) and **geal** (*white*)   aran geal (*white bread*)
càise (*cheese*) and **dearg** (*red*)   càise dearg (*red cheese*)

The form of the adjective may change depending on the noun it qualifies. When the noun is feminine, the adjective following it is lenited:

bùth (*shop*) and **beag** (*little*)   bùth bheag (*a little shop*)
madainn (*morning*) and **math** (*good*) madainn mhath (*good morning*)

Masculine nouns do not cause lenition:

each (*horse*) and **geal** (*white*)   each geal (*a white horse*)
cnoc (*a hill*) and **mòr** (*big*)   cnoc mòr (*big hill*)

Adjectives of one syllable qualifying plural nouns take on a plural form of their own by adding **a** to the end:

uighean (*eggs*) and **ùr** (*fresh*)   uighean ùra (*fresh eggs*)
eileanan (*islands*) and **beag** (*small*) eileanan beaga (*small islands*)

If the last vowel in the adjective is **i**, the plural is formed by adding **e** to the end:

daoine (*men/people*) and **glic** (*wise*) daoine glice (*wise men/ people*)

If the last vowel of a plural noun is **i**, the adjective is lenited:

botail mhòra (*large bottles*)   balaich ghlice (*sensible boys*)

4 Airgead *(money)*

Not is the Gaelic for *a pound* (£), and **sgillinn** is *a penny* or *pence*. Below are some of the main denominations of money:

1p sgillinn	*£1* not
2p dà sgillinn	*£2* dà not
3p trì sgillinn	*£3* trì notaichean
5p còig sgillinn	*£5* còig notaichean
10p deich sgillinn	*£10* deich notaichean
11p aon sgillinn deug	*£11* aon not deug
20p fichead sgillinn	*£20* fichead not
21p aon sgillinn air fhichead	*£22* dà not air fhichead
30p deich sgillinn air fhichead	*£33* trì notaichean deug air fhichead
40p dà fhichead sgillinn	*£40* dà fhichead not
45p dà fhichead sgillinn 's a còig	*£42* dà fhichead not 's a dhà
50p leth-cheud sgillinn	*£50* leth-cheud not
60p trì fichead sgillinn	*£60* trì fichead not
80p ceithir fichead sgillinn	*£80* ceithir fichead not
99p ceithir fichead sgillinn 's a naoi deug	*£100* ceud not
	£1,000 mìle not
	£100,000 ceud mìle not

For sums of 40 and over the 40 element is placed before **sgillinn**, or **not**, with the rest after **'s a**.

leth-dusan *(half a dozen)*, **dusan** *(a dozen)* and multiples thereof are followed by the singular form of the noun:

> dusan ugh *(a dozen eggs)*
> dà dhusan pacaid *(two dozen packets)*

Obair eile

1 **Tagh an rud ceart**. Choose the appropriate word in each sentence.

   (a) Tha Sìleas ag iarraidh **cana/pacaid** còc.
   (b) A bheil **botal/crogan** cofaidh agaibh?
   (c) Tha mi ag iarraidh **leth-phunnd/leth-dusan** ugh.
   (d) An toil leat aran **donn/dearg**?

2 Cuir air dòigh.

(a) fuar/i/an-diugh/tha (c) leam/is/suiteis/toil
(b) iarraidh/cofaidh/ag/chan/iad/eil (d) math/a/latha/Mhurchaidh

3 Leugh agus freagair.

lof	leth-cheud sgillinn
leth-phunnd càise	trì fichead sgillinn 's a deich
punnd buntàta	còig sgillinn deug
botal còc	trì fichead sgillinn 's a naoi deug
pacaid suiteis	sia sgillinn air fhichead

Dè a' phrìs a tha . . .

(a) dà lof? (d) dà bhotal còc?
(b) punnd càise? (e) trì pacaidean suiteis?
(c) sia puinnd buntàta?

4 Lìon na beàrnan. Complete the gaps in the prices to match the figures:

(a) dà . . . . 's a naoi sgillinn 49p
(b) ceithir fichead 's a còig sgillinn 95p
(c) . . . . agus sia sgillinn £1.06
(d) seachd notaichean agus . . . . sgillinn £7.50

5 Cuir còmhla.

(a) Dè tha sin uile gu lèir? (i) Chan eil mòran.
(b) An toil leat na suiteis seo? (ii) Deich notaichean, ma 's e
(c) A bheil sibh ag iarraidh càise? do thoil e.
(d) Cuin a tha e a' tòiseachadh? (iii) Aig ochd uairean.
(e) Dè tha dol? (iv) Chan eil an-diugh.
  (v) 'S toil. Tha iad math.

6 Leugh. Work out the gender of the highlighted noun in each of these sentences.

(a) Tha **cù** mòr aig Alasdair MacFhionghain.
(b) A bheil an **sgoil** mhòr math?
(c) Chan eil **bò** mhath aca idir.
(d) 'S toil leam a' **phiseag** bheag aig Seumas.
(e) Cha toil leam **feòil** fhuar.

cù *dog*	piseag *kitten*
bò *cow*	feòil *meat*

7 Leugh. Anna works in a travel agency in Glasgow. This is part of a conversation she had with a Gaelic-speaking customer:

Anna	Càit' a bheil sibh a' dol?
Customer	Tha mi a' dol a Bharraigh. Cuin a tha plèan a' dol ann?
Anna	Aig aon uair deug sa' mhadainn.
Customer	Cuin a tha am plèan ann am Barraigh?
Anna	Aig dà reug. An toil leibh Barraigh?
Customer	O, 's toil. Tha e snog. Dè a' phrìs a tha am plèan?
Anna	Trì fichead not 's a h-ochd. A bheil sibh ag iarraidh ticead.
Customer	Tha. Tha mi ag iarraidh dà thicead.
Anna	Cuin a tha sibh a' falbh?
Customer	Dimàirt. Dè tha sin uile gu lèir?
Anna	Sia fichead not 's a sia deug.

---

ticead *a ticket*	**Dimàirt** *Tuesday*
a' falbh *going*	

Leugh agus freagair. Read the conversation again, then supply the information required below.

(*a*) Destination (*e*) Day of travel
(*b*) Mode of travel (*f*) Fare
(*c*) Time of Departure (*g*) Number of tickets
(*d*) Time of Arrival (*h*) Total cost of tickets

8 Leugh agus sgrìobh. Make up conversations similar to the above, based on the information below for the three destinations.

	(a)	(b)	(c)
Destination	An Gearasdan	Tiriodh	An t-Oban
Mode of travel	am bus	am bàta	an trèan
Time of Departure	1800	0600	1300
Time of Arrival	2200	1000	1600
Day of travel	Diluain	Diciadain	Dimàirt
Fare	£9.50	£8.25	£10.40
Number of tickets	3	4	2
Total cost of tickets	**£28.50**	**£33.00**	**£20.80**

Diluain *Monday*	**Diciadain** *Wednesday*

---------------- **Fiosrachadh** ----------------

Fèisean (*Festivals*)

Gaeldom's premier festival is the National Mod (**Am Mòd Nàiseanta**), which is held annually in October. The Mod is a week-long event and has much in common with its Welsh counterpart, the National Eisteddfod. Both are showcases of their respective cultures and both get extensive media coverage. They are held in different venues every year and both have a network of subsidiary provincial festivals. Local Mods (**Mòdan ionadail**) are held throughout Scotland in May and June.

The National Mod is, essentially, a competitive festival, with major awards in solo and choral singing being keenly contested. Piping, shinty and drama also feature prominently and, in recent years, a programme of non-competitive events has been developed on the festival fringe. The success of **Fèis Bharraigh**, the annual Isle of Barra festival, first held in 1981, has led to the establishment of a number of similar festivals in other islands and on the Highland mainland.

These festivals are designed to give young people tuition in various musical instruments, Highland and Hebridean dancing, Gaelic and drama.

Inter-Celtic links are forged at festivals such as the annual Pan-Celtic Festival held in Eire, the Lorient Festival in Brittany, the Festival of Film and Television in Celtic Countries and the Celtic Congress, which are held in each Celtic land on a rotational basis.

6

DE THA THU A' DEANAMH?

What are you doing?

In this unit you will learn how to

- talk about present actions
- ask for and give information over the phone
- report what someone is saying
- report what someone is thinking
- thank someone for something

Còmhradh

Raonaid Nic an t-Saoir is phoning her friend Marsaili to find out what she is doing at the weekend.

(Phone rings)

Marsaili	A dhà, a dhà, a trì, a h-ochd, a còig, a còig.
Raonaid	Marsaili?
Marsaili	'S mi. Cò tha a' bruidhinn?
Raonaid	Raonaid an-seo, a Mharsaili. Dè tha dol?
Marsaili	Hallo, a Raonaid. Och, chan eil mòran. Dè tha dol agad fhèin?
Raonaid	Chan eil mòran idir. Dè tha thu fhèin 's Iain a' dèanamh feasgar Dihaoine?
Marsaili	Chan eil mi cinnteach.
Raonaid	Tha consairt anns an taigh-òsda feasgar Dihaoine. Trì

notaichean an urra. Tha Dòmhnall MacRath a' seinn, 's tha còmhlan ùr a' cluich. A bheil sibh ag iarraidh a dhol ann?

Marsaili Chan eil mi cinnteach, a Raonaid. Tha mi a' smaoineachadh gu bheil Iain a' snàmh Dihaoine.

Raonaid Och, 's bochd sin. Ach dè tha thusa a' dèanamh Dihaoine?

Marsaili Chan eil fhios agam. Tha mo mhàthair ag ràdh gu bheil i a' tighinn air chèilidh orm ach chan eil mi cinnteach fhathast. Tha i a' fònadh a-nochd.

Raonaid A bheil? Uill, fòn a-màireach ma tha thu ag iarraidh a dhol dhan chonsairt. Màthair ann no às!

Marsaili Glè mhath ma tha, a Raonaid. Tapadh leat airson fònadh.

Raonaid Tha sin ceart gu leòr. Mar sin leat.

Marsaili Mar sin leat an-dràsda.

Marsaili *Marjory*
'S mi. *Yes. (it's me.)*
Cò tha a' bruidhinn? *Who's speaking?*
Raonaid an-seo. *Rachel here.*
Dè tha dol agad fhèin? *What's doing with yourself? or How are things with you?*
a' dèanamh *doing*
feasgar Dihaoine *(on) Friday evening*
consairt *(a) concert*
Chan eil mi cinnteach. *I'm not sure.*
Tha mi a' smaoineachadh gu bheil Iain . . . *I think that Iain is . . .*
Dihaoine *(on) Friday*
'S bochd sin. *That's a pity.*

Tha mo mhàthair ag ràdh gu bheil i . . . *My mother says that she is . . .*
a' tighinn air chèilidh orm *coming to visit me*
fhathast *still, yet*
Tha i a' fònadh a-nochd. *She is phoning tonight.*
A bheil? *Is (she)?*
Uill, fòn a-màireach. *Well, phone tomorrow.*
ma tha thu . . . *if you are . . .*
Màthair ann no às! *Mother or no!*
Tapadh leat airson fònadh. *Thank you for phoning.*
Mar sin leat (an-dràsda). *Cheerio (for now).*

Mìneachadh

Days and times of the day

Dihaoine, means *Friday*, but also *on Friday*. This is the case for all days of the week. American English has a similar usage: '*I'll see you Friday*'. Likewise, **Feasgar** means *afternoon* and *evening*, but also *in the afternoon* and *in the evening*. **Madainn**, however, means *morning*, and **sa' mhadainn** means *in the morning*. **Oidhche** means *night*, and **air an oidhche** is *at night*.

Obair

1 Cuir ceart.

(a) Tha consairt anns an taigh-òsda.

(b) Tha Marsaili a' smaoineachadh gu bheil Iain ag obair feasgar Dihaoine.

(c) Tha màthair Marsaili ag ràdh gu bheil i a' tighinn air chèilidh oirre.

(d) Tha màthair Marsaili a' fònadh sa' mhadainn.

2 Leugh agus sgrìobh.

(a) Cò tha a' bruidhinn air a' fòn?

(b) Dè tha dol aig Raonaid?

(c) Cuin a tha consairt ann?

(d) Cò tha a' tighinn air chèilidh air Marsaili?

Abairtean cudromach

How to:

Ask who's phoning, and respond
- Cò tha a' bruidhinn?
- Raonaid an-seo.

Identify yourself on the phone
- Marsaili?
- 'S mi.

Ask what someone is doing
- Dè tha thu a' dèanamh?

Say you are not sure
- Chan eil mi cinnteach.

Ask someone if they want to go somewhere
- A bheil thu ag iarraidh a dhol ann?

Tell that you think something
- Tha mi a' smaoineachadh gu bheil Dòmhnall ag obair.

Tell that someone says something
- Tha Màiri ag ràdh gu bheil Glaschu snog.

Tell someone to do something
- Fòn a-màireach.

Thank someone for doing something
- Tapadh leat airson fònadh. **or**
- Mòran taing airson fònadh.

Say 'cheerio (for now)'
- Mar sin leat (an-dràsda).

Gràmar

1 Commands

Commands are formed by using the root of the verb (i.e. its basic form): **fòn** (*phone*), **fuirich** (*stay*). This is used when you are talking to someone whom you would address as '**thu**', that is, someone with whom you talk informally.

When talking formally (addressing someone whom you would call '**sibh**'), or when giving commands to more than one person, you add **-aibh** to the root (or **-ibh** if the last vowel in the root is **i**):

fònaibh	*phone*
fuirichibh	*stay*

To tell someone not to do something, you put **na** in front of the command:

na fòn	*don't phone*
na fuirichibh	*don't stay*

2 Participles

The participle is the '*-ing*' part of an English verb: 'singing, reading, walking'. In Gaelic, the participle is normally formed by adding an ending to the root of the verb (the part used to give commands): **sgrìobh** (*write*) – sgrìobh**adh** (*writing*). In addition this form is preceded by **a'** if it starts with a consonant, or **ag** if it begins with a vowel.

There is no easy way to predict how a verb's participle will be formed. The commonest ways of forming participles are given below: (Note that the tense formed by **tha, chan eil, a bheil** plus a participle covers two meanings in English: e.g. '*Do you want?*' and '*Are you wanting?*')

(*a*) by adding **-adh** to the root (or **-eadh** if the last vowel in the root is **i**):
fòn (*phone*)   Tha Fionnlagh a' fòn**adh**. *Finlay is phoning.*
leugh (*read*)   Dè tha thu a' leugh**adh**? *What are you reading?*

(*b*) by adding another suffix to the root:
dèan (*do*)   Dè tha Iseabail a' dèan**amh**? *What is Isobel doing?*

iarr (*want*) A bheil thu ag **iarraidh** ti? *Do you want tea?/Are you wanting tea?*

freagair (*answer*) Chan eil e a' **freagairt** na fòn. *He isn't answering the phone.*

(*c*) broaden the final **i** in the root by changing it to **ea**:

fuirich (*stay*) A bheil sibh a' **fuireach** ann an Ile? *Are you staying in Islay?*

(*d*) broaden the final **i** in the root by changing it to **ea**, and add **-adh**:

smaoinich (*think*) Dè tha thu a' **smaoineachadh**? *What do you think?*

(*e*) no change from the root:

snàmh (*swim*) Tha iad a' **snàmh** anns an loch. *They are swimming in the loch.*

bruidhinn (*speak*) Cò tha a' **bruidhinn**? *Who is speaking?*

(*f*) use a different word (irregular verbs only):

rach/theirig (*go*) Tha Ruairidh a' **dol** a Dhùn Eideann. *Ruairidh is going to Edinburgh.*

thig (*come*) Cuin a tha Màiri a' **tighinn** a dh'Inbhir Nis? *When is Mary coming to Inverness?*

their (*say*) Dè tha thu ag **ràdh**? *What are you saying?*

3 Verbal nouns

Verbal nouns are formed by removing the **a'** or **ag** prefix of the participle, and can stand as nouns in their own right, being either masculine or feminine:

a' freagairt (*answering*) freagairt (f) (*an answer*)
a' dùnadh (*closing*) dùnadh (m) (*a closure*)

Because verbal nouns operate like any other nouns, they can be qualified by adjectives and can take a plural form, and so on.

Bha na h-atharrachaidhean math. *The changes were good.*
Tha seinn mhath a' còrdadh rium. *I enjoy good singing.*

4 Linking sentences or clauses

To link two sentences (in the present tense) such as **Tha mi a' smaoineachadh** (*I think/I am thinking*) and **Tha Iain a' snàmh** (*Iain* *is swimming*), the **tha** in the second sentence is changed to **gu bheil**:

Tha mi a' smaoineachadh   *I think that Iain is swimming.*
gu bheil Iain a' snàmh.

The negative form of **gu bheil** is **nach eil**:

Tha i ag ràdh nach eil i a' tighinn.   *She says that she isn't coming.*

In English, the word 'that' may be dropped, but in Gaelic **gu bheil** or **nach eil must** be used when linking sentences or clauses in this way.

5 Negative questions

The question form of **tha** is **A bheil?**:

A bheil thu a' dol a Bharraigh?   *Are you going to Barra?*

The negative equivalent is **Nach eil?**:

Nach eil thu a' dol a dh'Ìle?   *Aren't you going to Islay?*

6 Rhetorical questions

Phrases such as 'are you, aren't you, do you, isn't it', etc. are expressed in Gaelic by using the appropriate question form of the verb in the sentence:

Chan eil thu cinnteach, a bheil?	*You're not sure, are you?*
Chan eil Anna ag obair ann an Glaschu, a bheil?	*Ann doesn't work in Glasgow, does she?*
Tha thu sgìth, nach eil?	*You're tired, aren't you?*
'S toil leat biadh math, nach toil?	*You like good food, don't you?*

7 If

Ma is the Gaelic for '*if*':

Fòn a-màireach ma tha thu   *Phone tomorrow if you are*
a' tighinn.   *coming.*

Mur eil is the negative form in the present tense:

Fòn a-màireach mur eil thu   *Phone tomorrow if you aren't*
a' tighinn.   *coming.*

——————— **Obair eile** ———————

1 Cuir còmhla.

(a) Cò tha a' bruidhinn?   (i) Tha. Tha e a' snàmh.
(b) A bheil Calum a' snàmh?   (ii) Tha mi a' dol ann Dimàirt.
(c) Dè tha Oighrig a' dèanamh?   (iii) Mairead an-seo.
(d) Cuin a tha sibh a' dol ann?   (iv) Tha i a' seinn.

2 Tagh an rud ceart. Select the correct answer to each question.

(a) Dè tha dol? Chan eil **i grod**/Chan eil **mòran**.
(b) Cuin a tha i a' fònadh? **Diciadain/Tapadh leat**.
(c) A bheil thu ag iarraidh a dhol dhan dannsa? **Chan eil/Cha toil**.
(d) Cò tha a' bruidhinn? **'S bochd sin/Raonaid**.

3 Lìon na beàrnan. Complete Alasdair's part of the dialogue.

Seonag Alasdair?
Alasdair Cò _____ ?
Seonag Seonag an-seo. Dè tha dol?
Alasdair Chan _____ . Ciamar _____ ?
Seonag Tha gu math, tapadh leat. Dè tha thu a' dèanamh Diluain?
Alasdair Chan _____ .
Seonag Tha dannsa anns an taigh-òsda aig naoi uairean. A bheil thu ag iarraidh a dhol ann?
Alasdair _____ .
Seonag Glè mhath. Fòn madainn Diluain ma tha.
Alasdair _____ gu leòr. Tapadh leat airson _____ .
Seonag Mar sin leat an-dràsda.
Alasdair _____ .

4 Cuir air dòigh. Join each pair of sentences below to form one compound sentence.

(a) Tha Iain a' smaoineachadh. + Tha bus ann aig ochd uairean.
(b) Chan eil mo mhac a' smaoineachadh. + Tha Inbhir Nis snog.
(c) Tha Catrìona ag ràdh. + Chan eil i a' fuireach ann an Ile a-nis.
(d) Tha Marsaili ag ràdh. + Tha consairt ann Diluain.
(e) Chan eil mi a' smaoineachadh. + Tha i sa' chidsin.
(f) Tha mo chèile a' smaoineachadh. + Chan eil Alasdair coltach ri Cailean idir.

(g) Tha Seònaid ag ràdh. + Chan eil teaghlach aice.

5 Lìon na beàrnan. Complete the sentences below to form rhetorical questions.

(a) Tha sibh ag ràdh gu bheil i ag obair ann am Muile,

_____?

(b) Tha thu a' tighinn dhan chèilidh a-nochd, _____?

(c) 'S toil leat siùcar ann an cofaidh, _____?

(d) Chan eil sibh ag iarraidh a dhol dhan chonsairt, _____?

(e) Cha toil leibh a bhith a' seinn, _____?

(f) Tha am bus a' dol a Ghlaschu aig dà uair, _____?

siùcar (m) sugar

6 Leugh agus sgrìobh.

Tha Fionnlagh a' fònadh gu Ailean, ach chan eil Ailean cinnteach cò tha a' bruidhinn. Tha Fionnlagh ag ràdh gu bheil gèam ball-coise ann aig trì uairean Disathairne agus tha e a' smaoineachadh gu bheil bus ann anns a' mhadainn. Tha Ailean ag ràdh gu bheil sin glè mhath. Tha Fionnlagh ag ràdh gu bheil e ag iarraidh a dhol ann. Tha Ailean ag ràdh gu bheil esan ag iarraidh a dhol ann cuideachd. Tha Fionnlagh a' smaoineachadh gu bheil am bus còig notaichean an urra agus gu bheil an gèam còig notaichean an urra. Sin deich notaichean gu lèir. Tha Ailean ag ràdh nach eil deich notaichean aige. Tha Fionnlagh ag iarraidh air Ailean fònadh a-màireach ma tha e a' dol dhan ghèam agus tha e ag ràdh 'mar sin leat'.

gèam ball-coise a football match	ag iarraidh air Ailean asking/
Disathairne Saturday	wanting Alan

Rewrite the passage above as a phone conversation between Finlay and Alan.

7 Leugh agus sgrìobh. Rewrite the **Còmhradh** on page 64–65 as a continuous passage, telling what is happening.

Fiosrachadh

Cur-seachadan (*Leisure*)

The most identifiably Gaelic of sports (**spòrs**) is shinty (**iomain** or **camanachd**), a game similar to the Irish hurling (**iománaíocht**) and to hockey. The main shinty-playing areas are Argyll (**Earra-Ghaidheal**), Lochaber (**Loch Abar**), the Eastern Highlands (**Taobh an Ear na Gaidhealtachd**) and Skye (**An t-Eilean Sgitheanach**), while most cities also support at least one team in the leagues.

More widespread and popular than shinty is football (**ball-coise**), with most areas participating in local leagues.

The traditional Gaelic areas are home to a large number of outdoor pursuits such as skiing (**sgitheadh**), hill-walking (**coiseachd monaidh**), mountain climbing (**sreap bheanntan**), fishing (**iasgach**) and sailing (**seòladh**).

Skiing takes place at the main centres of Glenshee (**Gleann Sìdh**), the Cairngorms (**Am Monadh Ruadh**), The Lecht (**An Leachd**), Glencoe (**Gleann Comhan**) and Aonach Mor (**An t-Aonach Mòr**). These areas are also popular with hill-walkers and climbers, as are Torridon (**Toirbheartan**) and the Cuillins (**An Cuiltheann**).

Fishing for salmon (**bradan**) and trout (**breac**) takes place all over the country, with the rivers Spey (**Spè**), Tay (**Tatha**) and Tweed (**Tuaidh**) particularly notable. Other watersports are especially popular on Loch Lomond (**Loch Laomainn**), Loch Tay (**Loch Tatha**) and Loch Morlich (**Loch Mhùrlaig**), and in the Firth of Clyde (**Linne Chluaidh**).

1 **Earra-Ghaidheal** *Argyll*
2 **Loch Abar** *Lochaber*
3 **An t-Eilean Sgitheanach** *Skye*
4 **Am Monadh Ruadh** *Cairngorms*
5 **Gleann Comhan** *Glencoe*
6 **Toirbheartan** *Torridon*
7 **An Cuiltheann** *Cuillins*
8 **Spè** *Spey*
9 **Tatha** *Tay*
10 **Tuaidh** *Tweed*
11 **Loch Laomainn** *Loch Lomond*
12 **Loch Tatha** *Loch Tay*
13 **Linne Chluaidh** *Firth of Clyde*

7
CHAN EIL MI GAD CHLUINNTINN
I can't hear you

In this unit you will learn how to

- identify yourself on the phone
- ask for others on the phone
- make comparisons
- apologise

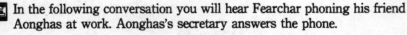

Còmhradh

In the following conversation you will hear Fearchar phoning his friend Aonghas at work. Aonghas's secretary answers the phone.

Clèireach	Hallo. MacAlasdair agus Caimbeul. Latha math dhuibh.
Fearchar	Hallo. Am faod mi bruidhinn ri Aonghas MacAoidh?
Clèireach	Faodaidh. Am faod mi faighneachd cò tha a' bruidhinn?
Fearchar	Is mise Fearchar Greum.
Clèireach	Tapadh leibh. Tha mi a' smaoineachadh gu bheil e anns an oifis. Fuirichibh dà mhionaid . . .
Aonghas	Hallo, Fhearchair. An tusa a tha ann?
Fearchar	'S mi.

Aonghas	Dè tha dol?
Fearchar	Chan eil mòran idir, Aonghais.
Aonghas	B' àill leibh? Chan eil mi gad chluinntinn ceart, Fhearchair.
Fearchar	(*louder*) A bheil thu gam chluinntinn a-nis?
Aonghas	Tha sin nas fheàrr, ach chan eil mi gad chluinntinn ceart fhathast. Tha mi duilich.
Fearchar	(*louder*) A bheil sin nas fheàrr?
Aonghas	Hallo? Hallo? Chan eil mi gad chluinntinn, Fhearchair. Fòn air ais. Ceart gu leòr?
Fearchar	Glè mhath.

(*He hangs up and phones again.*)

Clèireach	Hallo. MacAlasdair agus Caimbeul. Latha math dhuibh.
Fearchar	Gabhaibh mo leisgeul. Fearchar Greum an-seo a-rithist. Am faod mi bruidhinn ri Aonghas MacAoidh?
Clèireach	Faodaidh gu dearbh. Fuirichibh mionaid . . .
Aonghas	Fhearchair?
Fearchar	'S mi. A bheil thu gam chluinntinn a-nis?
Aonghas	Tha sin nas miosa. Chan eil mi gad chluinntinn idir!

Latha math dhuibh. *Good day (to you).*	**An tusa a tha ann?** *Is it you?*
Am faod mi bruidhinn ri Aonghas MacAoidh? *May I speak to Angus MacKay?*	**'S mi.** *Yes (It's me).*
	B' àill leibh? *Pardon?*
	gad chluinntinn *hearing you*
Faodaidh. *Yes, (You) may.*	**gam chluinntinn** *hearing me*
Am faod mi faighneachd? *May I ask?*	**nas fheàrr** *better*
Is mise Fearchar Greum. *I am Farquhar Graham.*	**duilich** *sorry, sad*
	Gabhaibh mo leisgeul. *Excuse me.*
	nas miosa *worse*

Obair

1 Cuir ceart.

(a) Chan fhaod Fearchar bruidhinn ri Aonghas.
(b) Tha Aonghas a' cluinntinn ceart gu leòr.
(c) Tha Fearchar ag iarraidh bruidhinn ri Aonghas.
(d) Chan eil Aonghas ag iarraidh air Fearchar fònadh air ais.

2 Cuir air dòigh.

   (a) ri/faod/bruidhinn/am/Aonghas/mi
   (b) tha/an/ann/a/tusa
   (c) chluinntinn/mi/gad/eil/chan
   (d) tha/chluinntinn/gam/iad
   (e) fheàrr/sin/a/nas/bheil?

Abairtean cudromach

How to:

Ask whether you may do something, and reply
- Am faod mi bruidhinn ri Aonghas MacAoidh?
- Faodaidh. or
- Chan fhaod.

Ask and give your identity
- An tusa Raonaid NicDhòmhnaill?
- 'S mise Fearchar Greum.

Ask someone's pardon
- B' àill leibh?

Ask if someone is hearing/can hear you, and reply
- A bheil thu gam chluinntinn?

- Tha. Tha mi gad chluinntinn. or
- Chan eil. Chan eil mi gad chluinntinn.

Say something is better
- Tha sin nas fheàrr.

Say something is worse
- Tha sin nas miosa.

Excuse yourself
- Gabh(aibh) mo leisgeul.

Ask who someone is, and respond
- An tusa a tha ann?
- 'S mi.

Gràmar

1 Do (to)

Pronouns amalgamate with **do** as in **Latha math dhuibh** (*Good day to you*).

The full list is given here:

do +	mi	becomes	dhomh
	thu		dhut
	e		dha
	i		dhi
	sinn		dhuinn
	sibh		dhuibh
	iad		dhaibh

There are also emphatic forms:

Tha Màiri a' toirt tìodhlac
dhaibhsan.
*Mary is giving **them** a present.*

The basic and emphatic forms are
listed in the box:

Basic	Emphatic
dhomh	dhomhsa
dhut	dhutsa
dha	dhasan
dhi	dhise
dhuinn	dhuinne
dhuibh	dhuibhse
dhaibh	dhaibhsan

2 Asking permission

To ask permission to do something, you use the construction **Am faod
mi** followed by the verbal noun on its own (i.e. without the preceding **a'**
or **ag**):

Am faod mi bruidhinn ri Aonghas? *May I speak to Angus?*
Am faod mi faighneachd? *May I ask?*
Am faod mi snàmh? *May I swim?*

The response to the question is **Faodaidh** (*Yes*) or **Chan fhaod** (*No*).

Sentences are made using **Faodaidh** and **Chan fhaod**:

Faodaidh tu bruidhinn ri Anna. *You may speak to Ann.*
Chan fhaod Ailean fònadh. *Alan may not phone.*

3 Addressing people by name

When addressing someone (e.g. 'Hallo, Margaret'), the name usually
changes form to what is called the vocative case. (See **Aonad 1,
Gràmar**) Any noun can be put into the vocative case, but this section
deals only with forenames. The vocative of male names differs slightly
from female ones.

Female names: the vocative of female names is formed by leniting the initial consonant and preceding the lenited name by **a**:

Ciamar a tha sibh, a Mhàiri?   *How are you, Mary?*

Male names: Names such as Calum, Dòmhnall, etc. are lenited and **i** is inserted before the final consonant(s): Calum – **Ch**aluim; Dòmhnall – **Dh**òmhnaill. The names are also usually preceded by the short word **a** equivalent to the '**O**' in '**O Mary**':

Hallo, a Chaluim.   *Hallo, Calum.*
Dè tha dol, a Dhòmhnaill?   *What's doing, Donald?*

Names beginning with a vowel cannot be lenited, nor are they preceded by **a**:

Hallo, Aonghais.   *Hallo, Angus.*

Names such as Fionnlagh which start with an **f** followed by a vowel are also not preceded by **a** because **fh** is silent, and the lenited form of the name sounds as though it begins with a vowel:

Ciamar a tha thu, Fhionnlaigh?   *How are you, Finlay?*

4 The verb 'to be': Is

Gaelic has two verbs meaning '*be*'. **Tha** is the one which has featured most commonly up to now, but a different verb (**Is**) also exists. (See **Aonad 1**.) **Is** is used to link two nouns or pronouns:

Is mise Fearchar. *or* 'S mise   *I am Farquhar.*
Fearchar.

The question form of **Is** is **An**:

An tusa Màiri?   *Are you Mary?*
An sibhse Cailean?   *Are you Colin?*

Note that it is normally the emphatic form of the pronoun which follows **Is** or **An**:

Is mise Iain.   *I am Iain.*

Is and **An** are also used to give emphasis to particular items in a sentence:

An tusa a tha ann?   *Is it you?* (Lit. 'Is it you that it is?')
'S mise a tha ann.   *It's me.* (Lit. 'It's me that it is'.)

5 Direct objects: pronouns

In English, a pronoun can follow a verbal noun: 'I am hearing *you*', 'Are you wanting *them?*' In Gaelic, however, you do not use **mi, thu**, etc. but a separate type of word which comes before the verbal noun.

These separate words are:	
NOT	BUT
mi	**gam**
thu	**gad**
e	**ga**
i	**ga**
sinn	**gar**
sibh	**gur**
iad	**gan/gam**

Thus Gaelic does not allow statements such as **Tha mi a' cluinntinn thu**, but uses **Tha mi *gad* chluinntinn** (*I am hearing you*) instead.

Several of these words lenite or otherwise affect the verbal noun.

(a) **gam** (*me*) lenites the verbal noun:
A bheil sibh gam chluinntinn?   *Do you hear me?*

(b) **gad** (*you*) lenites the verbal noun:
Tha mi gad fhaicinn.   *I see you.*

(c) **ga** (*him/it*) lenites the verbal noun:
Tha Alasdair ga dhèanamh.   *Alasdair is doing/making it.*

(d) **ga** (*her/it*) does not lenite the verbal noun but puts **h-** in front of it if it begins with a vowel:
Tha Dòmhnall ga **h-**iarraidh.   *Donald wants it.*
but
Chan eil mi ga faicinn.   *I don't see her.*

(e) **gar** (*us*) does not lenite the verbal noun but puts **n-** in front of it if it begins with a vowel:
A bheil sibh gar **n-**iarraidh?   *Are you wanting us?*
but
Tha iad gar cluinntinn.   *They hear us.*

(f) **gur** (*you*) does not lenite the verbal noun but puts **n-** in front of it if it begins with a vowel:
Chan eil mi gur **n-**iarraidh.   *I don't want you.*
but
Chan eil mi gur tuigsinn.   *I don't understand you.*

(g) **gam** (*them*) is used before verbal nouns beginning with **b, f, m,** and **p,** otherwise **gan** is used. Neither **gam** nor **gan** causes lenition:

Nach eil thu **gam** faicinn?   *Don't you see them?*
but
A bheil Flòraidh **gan** cluinntinn?   *Does Flora hear them?*

Obair eile

1 **Leugh agus sgrìobh**. How would the first person in each of the following pairs identify themselves on the phone and ask to speak to the other?

   (a) Catrìona Nic a' Phì agus
       Mairead NicSuain
   (b) Seumas Friseal agus
       Cailean Mac an Tòisich
   (c) Flòraidh Chaimbeul agus
       Iain Stiùbhart.

2 **Lìon na beàrnan le 'Faodaidh' no 'Chan fhaod'**. (Fill the gaps with **Faodaidh** or with **Chan fhaod**.)

    – Am faod mi bruidhinn ri Dòmhnall?
   (a) _____ . Fuirichibh mionaid.

    – Am faod mi tighinn dhan dannsa còmhla ruibh Dihaoine?
   (b) _____ . Chan eil sinn a' dol ann. Tha mi duilich.

    – Am faod mi èisdeachd ris an rèidio?
   (c) _____ . Tha mise ag iarraidh leughadh.

    – Am faod sinn tighinn air chèilidh a-màireach?
   (d) Ceart gu leòr. _____ .

3 **Cuir air dòigh**.

   (a) idir/ga/eil/chluinntinn/chan/mi
   (b) gar/bheil/Mairead/a/n-iarraidh
   (c) sibh/nach/gam/eil/faicinn
   (d) an-diugh/iad/dhèanamh/tha/ga
   (e) eil/tuigsinn/gan/sinn/chan

4 **Freagair na ceistean**. Answer the questions using a pronoun. (Example: A bheil thu ag iarraidh aran? – Tha mi ga iarraidh.)

   (a) A bheil thu a' cluinntinn Màiri agus Seònaid?
   (b) Nach eil thu a' leughadh leabhar?

(c) A bheil thu ag iarraidh cofaidh?
(d) A bheil thu a' tuigsinn Gàidhlig?

> leabhar (m) *book*

5 Leugh an còmhradh.

Gille Gabhaibh mo leisgeul. Am faod mi faighneachd a bheil Gàidhlig agad?

Nighean Faodaidh gu dearbh. Tha Gàidhlig gu leòr agam.

Gille A bheil leabhraichean Gàidhlig agad anns a' bhùth?

Nighean Tha gu leòr. A bheil thu ag ionnsachadh Gàidhlig?

Gille B' àill leibh? Chan eil mi gad thuigsinn.

Nighean A bheil . . . thu . . . ag ionnsachadh . . . Gàidhlig?

Gille O, tha sin nas fheàrr. Tha mi a' tuigsinn a-nis. Tha. Tha mi ag ionnsachadh Gàidhlig anns an sgoil.

Nighean Tha thu a' dèanamh glè mhath.

Gille Tapadh leat, ach tha mi ga h-ionnsachadh fhathast, agus tha daoine a' bruidhinn uabhasach luath. Chan eil mi gan tuigsinn.

> gille (m) *boy*   daoine *people*
> leabhraichean *books*   luath *fast, quick*
> ag ionnsachadh *learning*

Read the above conversation again and then answer the following questions.

(a) A bheil Gàidhlig gu leòr aig an nighean?
(b) Dè tha an gille ag iarraidh anns a' bhùth?
(c) Càit' a bheil an gille ag ionnsachadh Gàidhlig?
(d) Ciamar a tha daoine a' bruidhinn?
(e) A bheil an gille gan tuigsinn?

6 Leugh agus sgrìobh. Rewrite the conversation as a continuous passage, telling what is happening.

7 Leugh. Read this passage, then jot down the main points in English.

Tha Raonaid Mhoireasdan fichead bliadhna a dh'aois agus tha i a' fuireach ann an Dùn Eideann. Tha i ag obair ann am bùth agus 's toil leatha i. Tha an cèile aig Raonaid às an Eilean Sgitheanach agus tha Gàidhlig aige. Tha Raonaid fhèin ag ionnsachadh Gàidhlig agus tha Donaidh, an duine aice, ga cuideachadh. Chan eil e a' bruidhinn uabhasach luath agus tha Raonaid ga thuigsinn glè mhath. Tha i a' dèanamh uabhasach math – chan eil i dona idir agus tha i a' smaoineachadh gu bheil Gàidhlig furasda gu leòr. Tha Donaidh aġ iarraidh a dhol air ais dhan Eilean Sgitheanach agus fuireach ann, ach chan eil Raonaid cinnteach. Tha i ag ràdh nach eil Gàidhlig gu leòr aice fhathast.

---

duine (m) *husband, man, person*   **furasda** *easy*
a' cuideachadh *helping*

Fiosrachadh

Ag ionnsachadh Gàidhlig (*Learning Gaelic*)

There are a number of organisations involved in promoting Gaelic, which provide support for learners of the language. These range from official, national bodies to informal, local groups. The main national bodies are listed below.

CnaG (**Comunn na Gàidhlig**) is a state-supported agency involved in general language promotion in fields such as education, community development and the media.
CNSA (**Comhairle nan Sgoiltean-Araich**) is the body which organises Gaelic playgroups.
CLI (**Comann an Luchd-Ionnsachaidh**) coordinates support for learners of Gaelic.
An Comunn Gaidhealach, the longest-established of the bodies, organises local and national mods and other cultural events.
The National Gaelic Arts Project has a remit to develop and foster drama, music, literature and the visual arts.

Gaelic radio programmes are broadcast by the BBC's Radio nan Gaidheal on Radio Scotland. The North and West receive programmes spread throughout the day, while the South and East receive only evening programmes. Provision for Gaelic on television increased from an average of two hours per week to around six hours per week in 1993, as a result of the setting up by the Government of the CTG (Comhairle Telebhisein Gàidhlig) or Gaelic Television Committee. These programmes are broadcast by BBC Scotland and by the independent television companies, Grampian Television and Scottish Television.

Newspapers such as The Scotsman (**An t-Albannach**) and the Press and Journal, and some local or regional papers such as The Inverness Courier, The Oban Times (**Tìm an Obain**), Stornoway Gazette (**Gasaet Steòrnabhaigh**) and West Highland Free Press (**Am Pàipear Beag**) carry articles in Gaelic on a regular basis. Although literary items in Gaelic appear in publications such as Chapman, **Gairm** is the only all-Gaelic magazine.

8

'S E MUILEACH A THA ANN

He is from Mull

In this unit you will learn how to

- ask and say where someone is from
- ask and say what occupation someone has
- talk about conditions at work
- describe places

Còmhradh

Dòmhnall is being introduced to Seònaid by his friend Eachann.

Eachann   A Dhòmhnaill, seo Seònaid. A Sheònaid, seo Dòmhnall. 'S e Muileach a tha ann.

Seònaid   Muileach gu dearbh? 'S e Muileach a tha ann an Iain, mo charaid. Tha e ag ràdh gur e eilean uabhasach brèagha a tha ann am Muile.

Dòmhnall   'S e gu dearbh. Cò às a tha sibh fhèin?

Seònaid   'S e Ban-Bharrach a tha annamsa.

Dòmhnall	Tha iad ag ràdh gur e àite snog a tha ann am Barraigh fhèin.
Seònaid	O, 's e. 'S e eilean beag a tha ann, ach tha e àlainn fhèin.
Dòmhnall	A bheil sibh ag obair an-seo?
Seònaid	Tha. 'S e clèireach a tha annam. Tha mi ag obair aig a' Chomhairle.
Dòmhnall	Tha mo bhean ag obair aig a' Chomhairle cuideachd. 'S e clèireach a tha inntese.
Seònaid	Càit' a bheil i ag obair?
Dòmhnall	Anns na h-oifisean ùra.
Seònaid	A bheil an obair a' còrdadh rithe?
Dòmhnall	Tha mi a' smaoineachadh gu bheil. 'S e oifis bheag a tha aice, ach tha i ag obair còmhla ri cuideigin eile agus tha sin a' còrdadh rithe.
Eachann	'S e tidsear a tha ann an Dòmhnall. Anns an àrdsgoil.
Seònaid	Ciamar a tha sin a' còrdadh ruibh? An e sgoil mhath a tha innte?
Dòmhnall	Och, tha i a' còrdadh rium glan. Chan e sgoil mhòr a tha innte agus tha a' chlann laghach.
Seònaid	A bheil? Tha iad ag ràdh gu bheil iad uabhasach mì-mhodhail.
Dòmhnall	Och, chan eil. 'S e clann laghach a tha annta.

Seònaid *Janet*	**'S e clèireach a tha annam.** *I am a secretary/clerk.*
Eachann *Hector*	
'S e Muileach a tha ann. *He is a native of Mull/He is from Mull.*	**Tha mi ag obair aig a' Chomhairle.** *I work for the Council.*
'S e Muileach a tha ann an Iain. *Iain is a native of Mull/Iain is from Mull.*	**'S e clèireach a tha inntese.** *She is a secretary.*
Tha e ag ràdh gur e eilean uabhasach brèagha a tha ann am Muile. *He says that Mull is a very beautiful island.*	**anns na h-oifisean ùra** *in the new offices*
	A bheil an obair a' còrdadh rithe? *Does she enjoy/like the work?*
'S e gu dearbh. *It is indeed.*	**Tha mi a' smaoineachadh gu bheil.** *I think so.*
'S e Ban-Bharrach a tha annamsa. *I am a (female) native of Barra/I am from Barra.*	**'S e oifis bheag a tha aice.** *She has a small office.*
Tha iad ag ràdh gur e àite snog a tha ann am Barraigh fhèin. *They say that Barra itself is a nice place.*	**cuideigin eile** *somebody else*
	Tha sin a' còrdadh rithe. *She enjoys/likes that.*
àite (m) *a place*	**'S e tidsear a tha ann an Dòmhnall.** *Donald is a teacher.*
'S e eilean beag a tha ann. *It is a small island.*	**anns an àrdsgoil** *in the high school*

sgoil (f) *school*	**Chan e sgoil mhòr a tha innte.** *It is not*
Ciamar a tha sin a' còrdadh ruibh?	*a big school.*
How do you enjoy/like that?	**Tha a' chlann laghach.** *The children*
An e sgoil mhath a tha innte? *Is it a*	*are pleasant.*
good school?	**mì-mhodhail** *cheeky, rude*
Tha e a' còrdadh rium glan. *I enjoy/*	**'S e clann laghach a tha annta.** *They*
like it a lot.	*are nice/pleasant children.*

Mìneachadh

Identities, nationalities and occupations

These are most commonly expressed using **ann, innte,** etc. together with the **'S e** construction: **'S e clèireach a tha annam** (*I am a secretary.* Lit. 'It is a secretary that is in me'). This construction is the most frequent means of expressing 'something or someone is something', when linking two nouns or pronouns. **'S e** is an abbreviated form of **Is e**. (See the **Gràmar** section in this unit and in **Aonad 7**.)

Obair

1 Cuir ceart.

   (*a*) Chan e Muileach a tha ann an Dòmhnall.
   (*b*) 'S e eilean mòr a tha ann am Barraigh.
   (*c*) Chan e clèireach a tha ann an Seònaid.
   (*d*) Tha an sgoil a' còrdadh ri Dòmhnall.

2 Leugh agus sgrìobh.

   (*a*) Cò às a tha Dòmhnall?
   (*b*) An e eilean brèagha a tha ann am Muile?
   (*c*) Càit' a bheil Seònaid ag obair?
   (*d*) Dè tha i a' dèanamh ann?
   (*e*) An e clann laghach a tha anns an àrdsgoil?

Abairtean cudromach

How to:

Ask someone's local/national identity and reply
- An e Muileach a tha annad?
- 'S e. 'S e Muileach a tha annam. or
- Chan e. Chan e Muileach a tha annam. or
- Chan e. 'S e Barrach a tha annam.

Ask someone's occupation, and reply
- An e saor a tha ann an Iain?
- 'S e. 'S e saor a tha ann. or
- Chan e. Chan e saor a tha ann. or
- Chan e. 'S e clachair a tha ann.

Ask if someone is enjoying something, and reply
- A bheil an ceòl a' còrdadh riut?

- Tha. Tha e a' còrdadh rium. or
- Chan eil. Chan eil e a' còrdadh rium.

Ask how someone is enjoying something, and reply
- Ciamar a tha an sgoil a' còrdadh riut?
- Tha i a' còrdadh rium glan. or
- Chan eil i a' còrdadh rium idir.

Emphasise something particular in a statement
- 'S e càr ùr a tha aig Mòrag.
- 'S e ceòl pop a tha ann.

Gràmar

1 'S e

The construction involving **'S e** plus a noun is used to highlight a particular item in a statement:

'S e càr ùr a tha sin.   *That is a new car.* (Lit. 'It is a new car that that is'.)

Apart from being used to highlight items, this is the construction used to express 'something is something' or 'someone is something', such as:

'S e eilean beag a tha ann am Barraigh.   *Barra is a small island.*

'S e saor a tha ann an Eachann.   *Hector is a joiner.*

The negative form of **'S e** is **Chan e**:

Chan e dùthaich mhòr a tha
ann an Alba.

Scotland is not a large country.

An e is the question form:

An e obair mhath a tha agad?

*Do you have a good job? (Lit. 'Is it
a good job you have?/Is your
job good?')*

Negative questions are formed with **Nach e**:

Nach e dotair a tha ann an Sìne?

Isn't Jane a doctor?

To link two statements, **gur e** is used:

Tha mi a' smaoineachadh gur e
nurs a tha ann am Màili.

I think that May is a nurse.

The negative link is **nach e**:

Tha Seònaid ag ràdh nach e
baile snog a tha anns
a' Ghearasdan.

*Janet says that Fort William
isn't a nice town.*

2 Ann (in)

Ann amalgamates with personal pronouns in the same way as other prepositions:

'S e nurs a tha annam.

I am a nurse.

An e Ban-Leòdhasach a tha
annaibh?

Do you come from Lewis?

The prepositional pronouns are
listed here:

Ann +	mi	becomes	annam
	thu		annad
	e		ann
	i		innte
	sinn		annainn
	sibh		annaibh
	iad		annta

There are also emphatic forms of the prepositional pronouns:

'S e saor a tha annamsa agus 's e tidsear a tha inntese.
I am a joiner and she is a teacher.

The emphatic forms are listed here:

Basic	Emphatic
annam	annamsa
annad	annadsa
ann	annsan
innte	inntese
annainn	annainne
annaibh	annaibhse
annta	anntasan

3 Local/national identity

To express someone's local or national identity, the suffix **-ach** is added to the name of the place of origin:

Leòdhas (*Lewis*)   Leòdhasach (*someone from Lewis*)
Sasann (*England*)   Sasannach (*an English person*)
Uibhist (*Uist*)   Uibhisteach (*someone from Uist*)

In the last example the suffix is **-each** because the last vowel in the placename is **i**.

In the case of placenames ending in **-aigh, -adh** or **-a**, these are removed before adding **-ach**:

Bhatarsaigh (*Vatersay*)   Bhatarsach (*someone from Vatersay*)
Na Hearadh (*Harris*)   Hearach (*someone from Harris*)
Diùra (*Jura*)   Diùrach (*someone from Jura*)

There are a few others which have special forms:

Liosmòr (*Lismore*)   Liosach (*someone from Lismore*)
Tiriodh (*Tiree*)   Tirisdeach (*a native of Tiree*)

With some nationalities an additional syllable including **n** precedes -**ach**, e.g.:

Alba (*Scotland*)   Albannach (*a Scot*)
An Ruis (*Russia*)   Ruiseanach (*a Russian*)
Astràilia (*Australia*)   Astràilianach (*an Australian*)

The **-ach** words are actually adjectives, but are used as nouns also. They are always masculine in gender.

4 Occupations

The names of occupations can be formed in a number of ways. There is no ready way to predict which of the forms below applies in any specific case, thus they will have to be learnt individually.

(a) by adding **-aiche/-iche** to a noun or root of a verb:

sgrìobh (*write*) sgrìobhaiche (*writer*)

comhairle (*advice*) comhairliche (*advisor, councillor*)

(b) by adding **-ear/-air** or **-aire** to a noun or root of a verb:

foillsich (*publish*) foillsichear (*publisher*)

clach (*stone*) clachair (*stone-mason*)

gruag (*hair*) gruagaire (*hairdresser*)

(c) by adding **-adair** to the root of a verb, after removing any final **i**:

clò-bhuail (*print*) clò-bhualadair (*printer*)

dealbh (*design*) dealbhadair (*designer*)

(d) with **fear-, bean-** or **neach-** followed by a form of the verbal noun known as the genitive:

teagasg (*teaching*) fear-teagaisg (*teacher*)

stiùireadh (*direction*) bean-stiùiridh (*director*)

treòrachadh (*guidance*) neach-treòrachaidh (*guide*)

(**fear** signifies a male, **bean** a female and **neach** is neutral, similar to 'person' in English. The genitive case of nouns will be covered in **Aonad 9, Gràmar**.)

The prefix **ban-** (which lenites the following word) is the marker of female local/national identity or occupation, e.g.: **Ban-Mhuileach** (female native of Mull); **ban-bhàrd** (poetess); **ban-oileanach** (female student). Nouns formed with **ban-** are feminine in gender.

Ban- is not necessary with occupations formed as in (d) above. In many cases **ban-** is omitted unless specifically required to show the sex of the person in question.

5 Enjoy/like

Apart from **'S toil le**, another means of expressing 'like' or 'enjoy' is the verb **còrd** with the preposition **ri**:

Tha an telebhisean a' còrdadh ri Sìle.	*Sheila enjoys TV.* (Lit. 'TV is pleasing to Sheila.')
Chan eil an ceòl a' còrdadh rium.	*I'm not enjoying the music.*
A bheil an dannsa a' còrdadh riut?	*Are you enjoying the dance?*

6 'The'

The usual form of '*the*' is **an**, but it can vary according to gender, grammatical case, number (singular or plural) and initial letter of the noun. The tables below show the variations of 'the'.

(*a*) With the basic form of the noun:

Gender	Initial letter of noun	'The'	Example
Masculine *singular*	Vowel	**an t-**	an t-aran
	b, f, m, p	**am**	am baile
	all other letters	**an**	an duine
Feminine *singular*	b, c, g, m, p	**a'** *	a' bhean
	f	**an** *	an fhreagairt
	sl, sn, sr, s + vowel	**an t-**	an t-sùil
	all other letters	**an**	an oifis
Masculine and *feminine* *plural*	Vowel	**na h-**	na h-oifisean
	Consonant	**na**	na daoine

(*b*) Following a preposition (the dative case): (See **Aonad 9, Gràmar**.)

Gender	Initial letter of noun	'The'	Example
Masculine and *feminine* *singular*	b, c, g, m, p	**a'** *	anns a' bhaile
	f	**an** *	ris an fhear
	sl, sn, sr, s + vowel	**an t-**	air an t-sùil
	all other letters	**an**	anns an sgoil
Masculine and *feminine* *plural*	Vowel	**na h-**	anns na h-oifisean
	Consonant	**na**	leis na daoine

* These words lenite the following noun.

The preposition **do** behaves differently when combined with '*the*'. If the noun begins with **sl, sn, sr,** or **s** + vowel, **do** plus '*the*' becomes **don t-** or **dhan t-**:

Tha sinn a' dol dhan t-sràid sin. *We are going to that street.*

In all other situations **do** plus '*the*' becomes **don** or **dhan**. (See **Aonad 2, Gràmar**.)

7 Adjective formation

Section 3 of the **Gràmar** section of this **Aonad** contains details of the -ach suffix which can be used to form adjectives. Other common ways of forming adjectives are listed below. There is no ready way to predict which of the forms below applies in any specific case and they will have to be learnt individually.

(*a*) by adding **-ail/-eil** to a noun:
modh (*manners*)	modhail (*polite*)
cailleach (*old woman*)	cailleachail (*old-womanish*)
taic (*support*)	taiceil (*supportive*)

(*b*) by adding **-mhor** to a noun:
tlachd (*pleasure*)	tlachdmhor (*pleasant*)
ceòl (*music*)	ceòlmhor (*musical*)

(*c*) by adding **-ta/-te** to the root of a verb:
dùin (*shut*)	dùinte (*shut*)
dèan (*do, make*)	dèanta or dèante (*done, made*)
pòs (*marry*)	pòsda (*married*)

(Nowadays **-te** is added to any root even though the last vowel in the root is **a, o** or **u**. **Pòsda** contains the old **-da** instead of **-ta**, although both would be acceptable.)

Negative adjectives:

(*d*) **neo-** placed before an adjective forms an opposite:
ciontach (*guilty*)	neo-chiontach (*innocent*)
stuama (*sober*)	neo-stuama (*not sober*)

neo- lenites the following word.

(*e*) **mì-** before an adjective forms an opposite with negative or unfavourable connotations:

earbsach (*trustworthy*)   mì-earbsach (*untrustworthy*)
modhail (*polite*)   mì-mhodhail (*rude*)
mì- also lenites the following word.

Obair eile

1 **Leugh agus sgrìobh.** Read the information in the lists (*a*), (*b*) and (*c*) then write a sentence about each person. Example:

'S e Muileach a tha ann an Dòmhnall agus 's e tidsear a tha ann.

	Ainm	**Aite**	**Obair**
(*a*)	Cailean	Ile	dotair
(*b*)	Mairead	Uibhist •	gruagaire
(*c*)	Niall	Ros	saor

Ros (m) *Ross-shire*

2 **Lìon na beàrnan.** Insert the appropriate forms of the words listed.

(*a*) 'S e _____ _____ a tha ann an Glaschu.
(*b*) 'S e _____ _____ a tha anns an Ruis.
(*c*) 'S e _____ _____ a tha ann an Astràilia.
(*d*) 'S e _____ _____ a tha ann am Barraigh.
(*e*) 'S e _____ _____ a tha ann am Monaco.

baile	beag	dùthaich	eilean	mòr

3 **Lìon na beàrnan.** Complete the statements below. The first has been done for you.

(*a*)	**Sarah**	'S e gruagaire a tha **innte.**
(*b*)	**Thu**	An e Leòdhasach a tha _____ ?
(*c*)	**Mi**	Chan e Hearach a tha _____ idir.
(*d*)	**Jason**	'S e Astràilianach a tha _____ .
(*e*)	**Sinn**	Chan e tidsearan a tha _____ .
(*f*)	**Olive and Timothy**	Nach e Sasannaich a tha _____ ?

4 Cuir còmhla.

(a) A bheil sin a' còrdadh ri Iain?   (i) Tha. Tha i a' còrdadh rithe.
(b) Nach eil an sgoil a' còrdadh ri   (ii) Tha. Tha e a' còrdadh ris.
    Anna?   (iii) Chan eil. Chan eil i
(c) A bheil a' bhùth a' còrdadh ri   a' còrdadh riutha.
    Màiri agus Calum?

5 Leugh agus sgrìobh. Rewrite the following sentences, telling each person's identity or occupation: Tha Iseabail à Uibhist. → 'S e Ban-Uibhisteach a tha ann an Iseabail.

(a) Tha Raonaid à Colla.
(b) Tha Seumas a' sgrìobhadh.
(c) Tha Donnchadh às na Hearadh.
(d) Tha Karin às a' Ghearmailt.
(e) Tha Iain a' teagasg ann an àrdsgoil.

> **a' Ghearmailt** (f) *Germany*

6 Cuir air dòigh.

(a) a'/mi/anns/fuireach/bhaile/tha/a'
(b) ùr/an t-/tha/aig/obair/saor
(c) seo/'s/biadh/toil/am/leam
(d) Donnchadh/a/ris/ag/phrògram/bheil/a'/èisdeachd
(e) còmhla/eil/ann/chan/dol/ris/mi/a'

7 Lìon na beàrnan. Insert a suitable adjective from the box below into the following descriptions.

> cailleachail   dùinte   mì-earbsach   tlachdmhor

(a) Chan eil Mairead sean: tha i fichead bliadhna a dh'aois, ach tha i
    uabhasach _____ .
(b) Tha an t-Oban snog agus tha na daoine laghach; tha e uabhasach
    _____ a bhith a' fuireach ann.
(c) Na toir airgead do Chalum! Tha e _____ .
(d) Chan eil bùth ann a-nis idir; tha i _____ .

> **sean** *old*   **toir** *give*

8 Leugh agus sgrìobh. Write the notes up as a continuous passage.

Sìle NicAmhlaigh — aois dà fhichead — bàn — à Nis ann an Leòdhas — pòsda aig Màrtainn — mac agus nighean — a' fuireach ann an Comar nan Allt — gruagaire — bùth bheag — a' còrdadh rithe — 's toil leatha snàmh agus dannsadh — Comar nan Allt a' còrdadh rithe — ag iarraidh fuireach ann an Nis.

Comar nan Allt *Cumbernauld*	**Nis** *Ness*

 9 Freagair na ceistean seo.

  (a) An e Albannach a tha annaibh?
  (b) Cò às a tha sibh?
  (c) A bheil a' Ghàidhlig a' còrdadh ruibh?
  (d) A bheil sibh a' smaoineachadh gu bheil i furasda?
  (e) A bheil daoine gur tuigsinn anns a' Ghàidhlig?
  (f) Dè an obair a tha sibh a' dèanamh?
  (g) A bheil an obair a' còrdadh ruibh?
  (h) An e leabhar math a tha seo?

————— Fiosrachadh —————

The following passage describes the Celts and Gaels in the modern world. Don't try to understand every word (although a list of new words appears at the end); just try to get the gist of the passage.

'S e dùthaich Cheilteach a tha ann an Alba agus 's e sluagh Ceilteach a tha anns na h-Albannaich. 'S e 'Gaidheal' an t-ainm a tha air duine ma tha a' Ghàidhlig aige. Tha Gaidheil a' fuireach ann an Alba (anns na h-eileanan, anns na bailtean beaga agus anns na bailtean mòra air feadh Alba). Tha Gaidheil a' fuireach ann an Eirinn agus ann an Eilean Mhanainn agus tha Gàidhlig aig na h-Eireannaich agus na Manannaich cuideachd. 'S e sluagh Ceilteach a tha a' fuireach anns a' Chuimrigh, anns a' Chòrn agus anns a' Bhreatainn Bhig agus tha an cànan fhèin aca. Ach chan eil na cànanan sin coltach ris a' Ghàidhlig agus chan eil na Gaidheil gan tuigsinn. Tha Ceiltich ann an Amaireaga cuideachd: na Gaidheil ann an Alba Nuadh ann an Canada agus na Cuimrich ann am

Patagòinia ann an Argentina. Tha a' Ghàidhlig agus a' Chuimris beò ann an Amaireaga fhathast.

Cellteach *Celtic, a Celt*	**cànan** (m) *language*
sluagh (m) *people*	**Cuimris** (f) *the Welsh language*
air feadh *throughout*	**beò** *alive*

1 Alba *Scotland*
2 Eirinn *Ireland*
3 Manainn *Isle of Man*
4 A' Chuimrigh *Wales*
5 An Còrn *Cornwall*
6 A' Bhreatainn Bheag *Brittany*

1 Alba Nuadh *Nova Scotia*
2 Patagòinia *Patagonia*

9

CAIT' A BHEIL AM BANCA?

Where is the bank?

In this unit you will learn how to

- ask for and give simple directions and instructions
- say where a building or facilities are in relation to other things
- describe a building
- express a desire
- say *first, second, third* and so on

 ———————————— **Còmhradh** ————————————

A coach party has arrived in a Highland town and members of the party are asking the driver for directions to particular places.

Ceit Anna   Chan eil stampaichean agam. A bheil oifis a' phuist faisg air làimh?

Dràibhear   Tha. Faodaidh tu coiseachd ann. Coisich sìos an rathad seo agus tionndaidh sìos an dàrna sràid gu do làimh cheàrr. Cum romhad air an t-sràid sin agus thig thu gu eaglais. Tha oifis a' phuist dìreach mu choinneimh na h-eaglaise.

Ceit Anna   Mòran taing.

Eòghan	'S e airgead a tha dhìth ormsa. Càit' a bheil am banca as fhaisge?
Dràibhear	Tha banca ri taobh an taigh-òsda air an t-Sràid Aird. Cum ort air an rathad seo agus theirig sìos a' chiad shràid gu do làimh cheàrr. Thèid thu seachad air garaids agus an uairsin thig thu gu stòr mòr. Chan eil an t-Sràid Ard ach mu dhà cheud slat seachad air an stòr, air an làimh cheart.
Eòghan	Tapadh leat. Tha sin gu math soilleir.
Flòraidh	Tha a' chlann airson a dhol a chluich. A bheil pàirc faisg oirnn?
Dràibhear	Tha. Chan eil e ach mu leth-mhìle bho seo.
Flòraidh	Ciamar a tha thu a' faighinn thuige?
Dràibhear	Gabhaibh dìreach suas an rathad sin seachad air bùth a' bhùidseir, bùth an fhuineadair agus bùth nam pàipearan agus thig sibh gu stèisean nan trèanaichean. Chì sibh geata mòr na pàirce dìreach air ur beulaibh air taobh thall an rathaid.
Flòraidh	Ceud taing airson do chuideachaidh.
Uisdean	Tha mi airson a dhol gu taisbeanadh anns an talla. A bheil an talla fad às an-seo?
Dràibhear	Tha e pìos air falbh ach coisichidh tu ann ann am fichead mionaid. Rach suas an rathad sin, gabh an treas sràid gu do làimh cheàrr agus an uairsin an dàrna sràid gu do làimh cheart. Tha an talla mu mheadhan na sràide sin.
Uisdean	Cò ris a tha e coltach?
Dràibhear	'S e togalach mòr, geal a th' ann. Tha ionad-slàinte agus taigh-bìdh air gach taobh dheth.
Uisdean	Ceart gu leòr. Mòran taing.

---

a' chiad shràid *the first street*
Thèid thu seachad air garaids. *You will pass a garage.*
stòr *(a) store*
slat *(a) yard*
air an làimh cheart *on the right*
Tha sin gu math soilleir. *That is quite clear.*
Tha a' chlann airson a dhol a chluich. *The children want to go to play.*
A bheil pàirc faisg oirnn? *Is there a park near us?*
Chan eil e ach mu leth-mhìle bho seo. *It's only half a mile from here.*
Ciamar a tha thu a' faighinn thuige? *How do you get there?*
Gabhaibh dìreach suas an rathad sin. *Go straight up that road.*
bùth a' bhùidseir *the butcher's shop*
bùth an fhuineadair *the baker's shop*
bùth nam pàipearan *the newsagent's shop*
stèisean nan trèanaichean *the railway station*
Chì sibh geata mòr na pàirce. *You will see the big gate of the park. (or the big park gate)*

dìreach air ur beulaibh *directly in front of you*
air taobh thall an rathaid *on the other side of the road*
Ceud taing airson do chuideachaidh. *Thanks very much/a lot for your help.*
Uisdean *Hugh*
taisbeanadh anns an talla *an exhibition in the hall*
fad às an-seo *far from here*
pìos air falbh *a bit away, a little distance away*
ann am fichead mionaid *in twenty minutes*
an treas sràid *the third street*
an uairsin *then*
mu mheadhan na sràide sin *about the middle of that street*
Cò ris a tha e coltach? *What does it look like?*
'S e togalach mòr, geal a th' ann. *It's a big, white building.*
ionad-slàinte *(a) health centre*
air gach taobh dheth *on each side of it*

Mìneachadh

Directions

There are two ways of expressing *left* and *right* as directions in Gaelic. Both forms are common. In the **Còmhradh** above, the forms used are **gu do làimh cheart** – *to your right (hand)* and **gu do làimh cheàrr** – *to your left (hand)*. The alternative forms are **gu do làimh dheis** (*right*) and **gu do làimh chlì** (*left*).

On the right can be expressed by **air an làimh cheart** or **air an làimh dheis**, *on the left* by **air an làimh cheàrr** or **air an làimh chlì**.

Obair

1 Cuir ceart.

(a) Tha Ceit Anna ag iarraidh stampaichean.
(b) Tha banca ri taobh na h-eaglaise air an t-Sràid Aird.
(c) Chan eil garaids anns a' bhaile idir.
(d) Coisichidh Uisdean dhan talla ann am fichead mionaid.
(e) 'S e togalach beag, geal a tha anns an talla.

2 Leugh agus sgrìobh.

(a) Càit' a bheil oifis a' phuist?
(b) Dè tha faisg air an t-Sràid Aird?
(c) Càit' a bheil a' chlann a' dol?
(d) Dè tha ri taobh an talla?

3 Cuir Còmhla. Read the **Còmhradh** again and then match the routes suggested by the driver to the appropriate passenger.

(a)

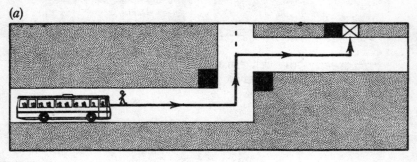

(b)

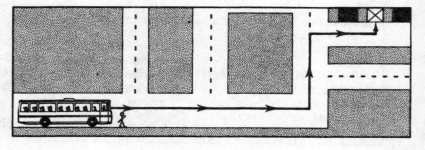

(c)

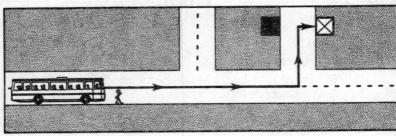

(d)

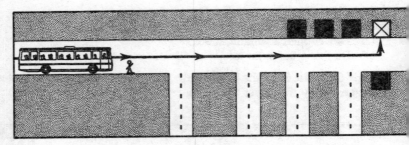

Passengers   (i)   Ceit Anna   (iii) Eòghan
            (ii) Flòraidh   (iv) Uisdean

—— Abairtean cudromach ——

How to:

Ask if something is nearby or far away, and reply	Say precisely where something is
• A bheil oifis a' phuist faisg air làimh? – Tha. or Chan eil e ach mu leth-mhìle às an-seo. • A bheil an talla fad às an-seo? – Tha e pìos air falbh. or Chan eil. Tha e faisg air làimh.	• Tha oifis a' phuist (dìreach) mu choinneimh na h-eaglaise. • Tha banca ri taobh an taigh-òsda. • Tha ionad-slàinte agus taigh-bìdh air gach taobh dheth. • Chì sibh geata mòr na pàirce (dìreach) air ur beulaibh.

**Ask where the nearest
particular facility is**
- Càit' a bheil am banca as fhaisge?

**Say someone wants to go
somewhere and/or do
something**
- Tha a' chlann airson a dhol a
  chluich.
- Tha mi airson a dhol gu
  taisbeanadh anns an talla.

**Ask how to get to a particular
place**
- Ciamar a tha thu a' faighinn
  thuige?

**Tell someone to go in a
particular direction**
- Gabh an treas sràid gu do làimh
  cheàrr agus an uairsin an dàrna
  sràid gu do làimh cheart.
- Theirig sìos a' chiad shràid.
- Gabhaibh dìreach suas an rathad
  sin.
- Tionndaidh gu do làimh cheàrr/
  cheart.
- Cum romhad or Cum ort.

Gràmar

1 Noun cases

The form of a noun in Gaelic changes according to the way in which it is
being used. The normal form 'is the form used when the noun is the
subject or object of the sentence:

Tha an **doras** fosgailte.	*The door is open.*
Dùin an **doras**.	*Shut the door.*

Vocative case

The **vocative** case, as already explained in **Aonad 7**, is used when
addressing people by name. The form of the name generally changes
when in the vocative case, e.g. Seumas becomes A Sheumais, Màiri
becomes A Mhàiri.

Genitive case

The **genitive** case of the noun is used in the following circumstances:

(a) when two nouns are combined in a 'possessive' context:

mullach **an dorais**	*the door's top/the door-top/the top of the door*
bus **na sgoile**	*the school's bus/the school-bus/the bus of of the school*
mac **a' bhoireannaich**	*the son of the woman/the woman's son*

(b) when a noun is preceded by a participle and 'the':

Tha Dùghall a' fosgladh **an dorais.**	*Dugald is opening the door.* (Lit: 'Dugald is at the opening of the door.')
Tha Mòrag a' cluich **na pìoba**.	*Morag is playing the pipes.* (Lit. 'Morag is at the playing of the pipes.')

(c) when a noun is preceded by certain compound prepositions:

Tha am banca mu choinneimh **na h-eaglaise**.	*The bank is opposite the church.*
Seas ri taobh **an dorais.**	*Stand beside the door.*
Mòran taing airson do **chuideachaidh**.	*Thanks a lot for your help.*

As can be seen from the above examples, the form of the noun changes in the genitive case. An **i** is normally inserted in the final syllable of masculine nouns:

Tha an t-eilean brèagha. **but**	*The island is lovely.*
Sin port-adhair an eilein.	*That is the island's airport.*

The same change is made in most feminine nouns but a final **e** is also added:

Dùin an uinneag. **but**	*Shut the window.*
Tha mi a' fosgladh na h-uinneige.	*I am opening the window.*

In everyday speech, however, the final **e** is often dropped:
A bheil thu a' fosgladh na h-uinneig? *Are you opening the window?*

When two nouns are linked in such a way that the first noun belongs to or is possessed by the second: 'the gate of the park', the first 'the' is dropped in Gaelic, **geata na pàirce** (*the gate of the park*).

The form of 'the' associated with nouns in the genitive case is set out below.

Gender	Initial letter of noun	'The'	Example
Masculine singular	**b, c, g, m, p**	**a'** *	oifis a' phuist (*the post office*)
	f	**an** *	bùth an fhuineadair (*the baker's shop*)
	sl, sn, sr, s + vowel	**an t-**	ainm an t-Sasannaich (*the Englishman's name*)
	all other letters	**an**	ri taobh an rathaid (*beside the road*)
Feminine singular	consonant	**na**	toiseach na bliadhna (*the start of the year*)
	vowel	**na h-**	doras na h-eaglaise (*the door of the church*)
Masculine and and feminine plural	**b, f, m, p**	**nam**	obair nam bàrd (*the work of the poets*)
	all other letters	**nan**	Comhairle nan Eilean (*The Council of the Islands, i.e. The Western Isles Islands Council*)

* These lenite the following noun.

Dative case

When accompanied by the word for 'the', nouns go into the **dative** case after simple prepositions such as **air, aig, ann**, etc. Masculine nouns with the initial letters **d, t, l, n, r** and vowels retain their regular form in the dative: air an **eilean** (*on the island*), dhan **taigh** (*to the house*), ris an **rèidio** (*to the radio*). Any changes to other initial letters are outlined in the table below.

However, in the written language, the form of feminine singular nouns usually changes in the dative case. An **i** is inserted before the final consonant(s) of the noun, if there is not one there already: sròn (*nose*) becomes sròin, and rionnag (*star*) becomes rionnaig. Because the last vowel in **an Fhraing** is already **i**, its form does not change in the dative case. In the spoken language these changes are frequently ignored, so don't worry if you cannot remember the precise changes – they will come with practice.

Gender	Initial letter of noun	'The'	Example
Masculine singular	b, c, g, m, p	a'*	leis a' bhalach (*with the boy*)
	f	an*	aig an fhuineadair (*at the baker*)
	sl, sn, sr, s + vowel	an t-	anns an t-srath (*in the valley*)
	all other letters	an	air an rathad (*on the road*)
Feminine singular	b, c, g, m, p	a'*	air a' ghealaich (*on the moon*)
	f	an*	anns an Fhraing (*in France*)
	sl, sn, sr, s + vowel	an t-	air an t-sròin (*on the nose*)
	all other letters	an	leis an rionnaig (*by the star*)
Masculine and *feminine plural*	vowels	na h-	ris na h-òrain (*to the songs*)
	consonants	na	anns na bailtean mòra (*in the cities*)

* These lenite the following noun.

The changes in the plural forms of nouns will be dealt with in a later unit. A summary of the singular forms of some common masculine and feminine nouns is given below.

Regular form with 'the'	ceann (m) (*head*) an ceann (*the head*)	rathad (m) (*road*) an rathad (*the road*)	eilean (m) (*island*) an t-eilean (*the island*)	làmh (f) (*hand*) an làmh (*the hand*)	uinneag (f) (*window*) an uinneag (*the window*)
Genitive form with 'the'	cinn a' chinn	rathaid an rathaid	eilein an eilein	làimhe na làimhe	uinneige na h-uinneige
Dative form with 'the'	ceann a' cheann	rathad an rathad	eilean an eilean	làimh an làimh	uinneig an uinneig

2 Gu *(to)*

The preposition **gu** amalgamates with pronouns along similar lines to the prepositions discussed in earlier chapters:

A bheil iad a' tighinn thugaibh a-nochd? *Are they coming to you tonight?*

Theirig thuca leis an litir. *Go to them with the letter.*

The prepositional pronoun forms of **gu** are shown here:

gu +		becomes	
	mi	becomes	thugam
	thu		thugad
	e		thuige
	i		thuice
	sinn		thugainn
	sibh		thugaibh
	iad		thuca

These also have emphatic forms:
Cuir litir thuigesan.
*Send **him** a letter.*

Here is a full list of emphatic forms:

Basic	Emphatic
thugam	thugamsa
thugad	thugadsa
thuige	thuigesan
thuice	thuicese
thugainn	thugainne
thugaibh	thugaibhse
thuca	thucasan

3 Ro *(before)*

Ro also amalgamates with pronouns:

Bha Gilleasbaig ann romham. *Archibald was there before me.*

The prepositional pronoun forms of **ro** are shown here:

ro +		becomes	
	mi	becomes	romham
	thu		romhad
	e		roimhe
	i		roimhpe
	sinn		romhainn
	sibh		romhaibh
	iad		romhpa

Emphatic forms of **ro** are used also:
A bheil sibhse romhamsa?
Are you before me? (as inquired of someone else in a queue waiting to be served.)

The full list of emphatic forms is given here:

Basic	Emphatic
romham	romhamsa
romhad	romhadsa
roimhe	roimhesan
roimhpe	roimhpese
romhainn	romhainne
romhaibh	romhaibhse
romhpa	romhpasan

An idiomatic use of **ro** is met in the phrases:

Cum romhad.   *Carry on.*
or Cumaibh romhaibh.

Ro lenites any following noun:

Bha e ann ro Dhòmhnall.   *He was there before Donald.*

4 Ordinal numbers ('first, second, third')

Most ordinal numbers are formed by adding -**(th)amh** or -**(th)eamh** to the basic form of numbers. The first three ordinal numbers have special forms:

1st a chiad*	*2nd* an dàrna/dara	*3rd* an treas

4th an ceathramh	*28th* an t-ochdamh . . . fichead
5th an còigeamh	*30th* an deicheamh . . . fichead
6th an siathamh	*31st* an t-aonamh . . . deug air fhichead
7th an seachdamh	
8th an t-ochdamh	*37th* an seachdamh . . . deug air fhichead
9th an naoltheamh	
10th an deicheamh	*40th* an dà fhicheadamh
11th an t-aonamh . . . deug	*41st* an dà fhicheadamh . . . 's a h-aon
12th an dàrna . . . deug	*44th* an dà fhicheadamh . . . 's a ceithir
19th an naoltheamh . . . deug	
20th am ficheadamh	*59th* an dà fhicheadamh . . . 's a naoi deug
21st an t-aonamh . . . fichead	
23rd an treas . . . fichead	*60th* an trì fhicheadamh

* **a' chiad** lenites words beginning with **b, c, f, g, m, p** and **s**:

'S e am Faoilleach a' chiad   *January is the first month of the year.*
mhìos den bhliadhna.

Nouns follow the numbers *1st* to *10th* and *20th* and multiples of 20:

an t-ochdamh gèam   *the eighth game*
an deicheamh duine   *the tenth man*
am ficheadamh latha   *the twentieth day*

In the numbers *11th* to *19th* the noun is placed before **deug**:

an ceathramh latha deug   *the fourteenth day*

In the numbers *21st* to *30th* the noun is placed before **fichead**:

an treas latha fichead   *the twenty-third day*

5 Mu (about)

Mu causes lenition of the following word:

mu mheadhan na sràide   *around the middle of the street*
mu dhà cheud slat   *about two hundred yards*
mu cheithir uairean   *about four o'clock*

6 Expressing a desire

To say that you want to do something, you use **airson** followed by the
verbal noun that expresses what you want to do:

Tha Pòl airson seinn.   *Paul wants to sing.*
Chan eil mi airson tilleadh.   *I don't want to go back.*
A bheil thu airson fònadh?   *Do you want to phone?*

To say that you want to go somewhere, you use **airson** followed by the
'to' or infinitive form of the verb *to go*, **a dhol**. This is followed by
information about where you want to go or what you want to do:

Tha iad airson a dhol dhan dannsa.   *They want to go to the dance.*
Tha a' chlann airson a dhol   *The children want to go to play.*
   a chluich.
A bheil thu airson a dhol   *Do you want to go swimming?*
   a shnàmh?

———————— **Obair eile** ————————

1 **Lìon na beàrnan.** Look closely at the location of buildings and facilities on the street plan and fill in the gaps in the sentences:

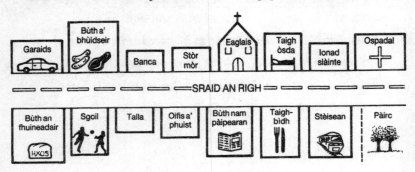

(a) Tha am banca dìreach mu choinneimh _____ _____ .
(b) Tha a' phàirc ri _____ an stèisein.
(c) Chan eil an sgoil _____ air a' phàirc.
(d) Tha an stòr mòr air _____ oifis a' phuist.
(e) Tha _____ agus ionad-slàinte air gach taobh den taigh-òsda.

2 **Leugh.** Draw up a street plan similar to the above based on the information contained in the passage.

Tha bùth an fhuineadair agus bùth a' bhùidseir air gach taobh de dh'oifis a' phuist agus tha bùth nam pàipearan dìreach mu choinneimh bùth an fhuineadair. Tha banca agus taigh-bìdh air gach taobh de bhùth nam pàipearan. Tha sgoil ri taobh a' bhanca agus tha pàirc faisg air an sgoil. Tha eaglais air beulaibh na pàirce agus tha ospadal ri taobh na h-eaglaise. Tha an t-ospadal mu choinneimh na sgoile. Tha garaids faisg air an taigh-bìdh agus tha bùth a' bhùidseir air taobh thall an rathaid bhon gharaids.

3 **Leugh agus freagair.** Read the directions given in each of the following passages and indicate on the street plan below each passage, the route to be taken and the approximate location of the building or facility to which you are being directed. The starting point is indicated with an **X.**

(a) Cum sìos an rathad seo, gabh a' chiad shràid gu do làimh cheart agus an dàrna sràid gu do làimh cheàrr. Coisich sìos an rathad sin agus chì thu an taigh-òsda air làmh cheàrr na sràide.

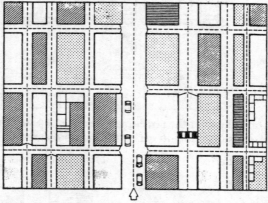

(b) Cum romhad air an rathad seo agus tionndaidh gu do làimh cheart aig an treas sràid. Rach sìos an t-sràid sin agus gabh an dàrna sràid gu do làimh cheàrr. Tha an stèisean aig ceann na sràide sin.

ceann *head, end*

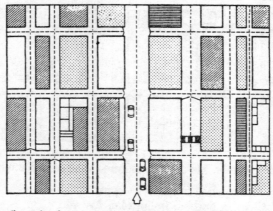

(c) Theirig dìreach sìos an-seo, gabh an treas sràid gu do làimh cheàrr agus an ceathramh sràid gu do làimh cheart. Tha an t-ionad-slàinte mu mheadhan na sràide sin air an làimh cheart.

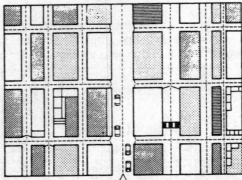

4 Sgrìobh. Look at the street plan below and give directions, as in the above exercise, on how to get to the places marked on the plan.

(*a*) Garaids (*c*) Oifis a' Phuist
(*b*) Pàirc

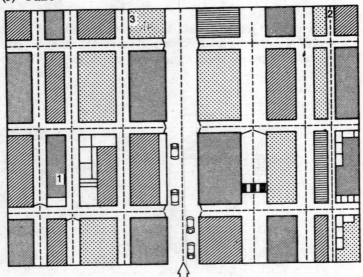

5 Cuir còmhla. Match each picture to the sentence which describes it.

(*a*) Tha an sgoil faisg air an ospadal.
(*b*) Chan eil bùth an fhuineadair fosgailte.
(*c*) Tha taigh-òsda ri taobh na h-eaglaise.
(*d*) Càit' a bheil bùth nam pàipearan?
(*e*) Cò tha a' cluich na clàrsaich?

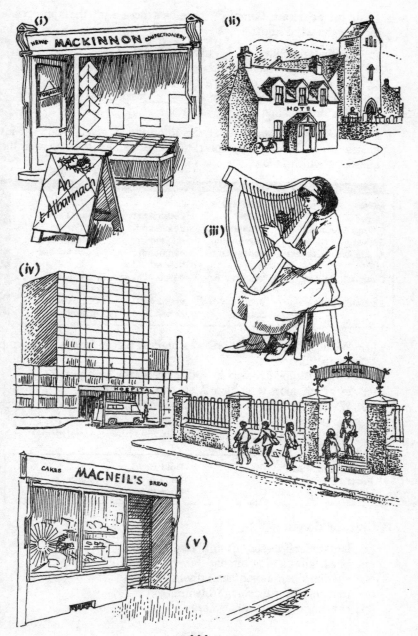

6 Lìon na beàrnan. Complete these sentences with the appropriate form of the word 'the'.

(a) Dè tha faisg air _____ bhanca?
(b) Tha an taigh-òsda ri taobh _____ pàirce.
(c) A bheil _____ ospadal air an rathad seo?
(d) Chan eil bùth a' bhùidseir air _____ sràid seo.
(e) Tha an càr anns _____ gharaids.

7 Leugh agus freagair. Read the information given below about places attained in various sport competitions and then answer the questions which follow:

AINM	FARPAIS Ruith	Leum Ard	Leum Fada
Seòras Greumach	siathamh	deicheamh	ochdamh
Gilleasbaig Caimbeul	dàrna deug	naoitheamh	aonamh deug
Ailean MacIllEathain	ficheadamh	còigeamh fichead	treas fichead
Dòmhnall Peutan	ceathramh deug	dàrna fichead	naoitheamh deug
Seonaidh Boid	ochdamh fichead	siathamh fichead	còigeamh fichead

(a) Which of the competitors was highest placed in the high jump competition?
(b) Which competitor was in 19th place in the long jump?
(c) In which sport was Allan MacLean best placed?
(d) Which competitors attained the same placement and in which competitions?
(e) Who had the best set of results in the three competitions?

farpais (f) competition	**Boid** Boyd
Peutan Beaton	**leum àrd** (m) high jump
ruith running	**leum fada** (m) long jump

8 Cuir air dòigh.

(a) iad/shnàmh/airson/a/tha/dhol/a
(b) bheil/falbh/a/sibh/airson
(c) eil/sinn/dhan/airson/chan/dhol/a/dannsa
(d) fònadh/a/thu/dhachaigh/bheil/airson
(e) chluich/a/airson/i/dhol/tha/a

9 Tagh am facal ceart. Complete the following sentences by selecting the appropriate word from the box below.

(a) Chan eil Dùghall airson _____ aig a' chèilidh.
(b) Tha taigh-bìdh _____ mheadhan na sràide.
(c) A bheil sibh airson _____ an-dràsda?
(d) Chan eil Ina airson a _____ dhan sgoil an-diugh.
(e) Tha ionad-slàinte dà cheud _____ seachad air an stèisean.

---

falbh	slat	seinn	mu	dhol

——— Fiosrachadh ———

Ainmean thaighean *(House names)*

Throughout Scotland many householders have given their homes Gaelic names, even in areas where the language has not been spoken for many years. Many of these are simply placenames, such as **Sgalpaigh** (Scalpay), **Calanais** (Callanish) and so on. Others may be well-known Gaelic words or phrases, such as **Mo Dhachaigh** (My Home), **Cabar Fèidh** (Antlers), **Acarsaid** (Anchorage), **Caladh** or **Cala** (Harbour), etc.

However, many people try to give their houses descriptive names, usually beginning with **taigh** (or the old spelling **tigh**). Most of these names include examples of nouns in the genitive case such as **Taigh na Coille** (*The House of/near the Wood*), **Taigh a' Chladaich** (*Shore House*), **Taigh na Bruaich** (*The House of/on the Bank*) and so on.

In the Gaelic-speaking townships, many houses are known by a name which includes the name of the person living there. The name is in the genitive case, such as **Taigh Ailein Bhig** (*Little Alan's House*), **Taigh Mòraig** (*Morag's House*), **Taigh a' Chlachair** (*The Stonemason's House*).

Unfortunately some houses have the name **Taigh Beag** (*Little House*), which is also the Gaelic for 'toilet'!

10

CHAIDH SINN A-NULL THAIRIS AN-UIRIDH

We went abroad last year

In this unit you will learn how to

- talk about actions and events that have happened
- report what somebody said
- express feelings and opinions
- name months, seasons and main festive holidays
- say that you're _very happy_ or _too busy_

 ——————— **Còmhradh** ———————

One day Siùsaidh Fhriseal meets a former neighbour, Caitlin Mhoireach, whom she hasn't seen for some time. Their conversation turns to holidays.

Siùsaidh An robh sibh air falbh air saor-làithean am bliadhna?
Caitlin Bha. Bha sinn air falbh as t-Earrach agus as t-Fhoghar agus bha a' chlann air falbh as t-Samhradh. An robh sibh fhèin air saor-làithean an àite?
Siùsaidh Bha. Bha sinn air falbh aig an Nollaig agus aig a' Chàisg.

Cha robh sinn air falbh as t-Samhradh idir. Bha sinn cho trang le luchd-turais. Bha a' chlann còmhla ri an seanair 's an seanmhair ann an Inbhir Nis anns an Iuchar.

Caitlin Bha a' chlann againne aig campa anns na Crìochan.

Siùsaidh An do chòrd e riutha?

Caitlin O chòrd. Bha iad ag ràdh gun robh e math fhèin. Bha cur-seachadan agus spòrs gu leòr aca agus chaidh iad cuairt no dhà gu na bailtean a bha faisg orra.

Siùsaidh An deach sibh a-null thairis air na saor-làithean agaibh fhèin?

Caitlin Cha deach. Chaidh sinn gu Inbhir Nis anns a' Mhàrt a dh'fhaicinn mo phàrantan agus chaidh sinn gu Cill Rìmhinn agus Dùn Eideann anns an Dàmhair. 'S e àite àlainn a th' ann an Cill Rìmhinn agus bha Daibhidh air a dhòigh a' cluich golf a h-uile latha. Cha robh e cho toilichte a' dol timcheall nam bùithean ann an Dùn Eideann! Choisich sinn na mìltean a h-uile latha agus bha sinn glè sgìth a' tilleadh dhachaigh. Càit' an deach sibh fhèin air na làithean-saora?

Siùsaidh Chaidh mi fhèin agus Alasdair gu Tenerife airson cola-deug anns an Dùbhlachd agus chaidh sinn gu Lunnainn airson seachdain anns a' Ghiblean. Bha an dà thuras fìor mhath.

Caitlin Bha mo phiuthar Rhoda agus an duine aice ann an Tenerife an-uiridh. Bha iad ag ràdh nach robh i ro theth idir.

Siùsaidh Cha robh. Bha e dìreach sgoinneil.

Caitlin Dè rinn sibh?

Siùsaidh Uill, dh'ith sinn agus dh'òl sinn, shnàmh sinn, chluich sinn teanas agus golf, laigh sinn anns a' ghrèin agus . . .

Caitlin Na can an còrr!

Siùsaidh Fhriseal Susan Fraser
An robh sibh air falbh air saor-làithean am bliadhna? Were you away on holiday this year?
Caitlin Mhoireach Kathleen Murray
Bha sinn air falbh as t-Earrach agus as t-Fhoghar. We were away in the Spring and in the Autumn.
as t-Samhradh in the Summer
an àite anywhere
an Nollaig Christmas
a' Chàisg Easter

cha robh sinn we were not
cho trang so busy
luchd-turais tourists
seanair (a) grandfather
seanmhair (a) grandmother
anns an Iuchar in July
a' chlann againne our children
campa (a) camp
na Crìochan the Borders
An do chòrd e riutha? Did they enjoy it?
o chòrd oh yes

GAELIC

Bha iad ag ràdh gun robh e math fhèin. *They were saying that it was excellent.*	**cola-deug** *(a) fortnight*
chaidh iad cuairt no dha *they went on a trip or two*	**anns an Dùbhlachd** *in December*
An deach sibh a-null thairis? *Did you go abroad?*	**Lunnainn** *London*
cha deach *no*	**seachdain** *(a) week*
anns a' Mhàrt *in March*	**anns a' Ghiblean** *in April*
a dh'fhaicinn mo phàrantan *to see my parents*	**an dè thuras** *the two trips*
Cill Rìmhinn *St Andrews*	**fìor mhath** *very good*
anns an Dàmhair *in October*	**piuthar** *(a) sister*
bha Daibhidh air a dhòigh *David was happy*	**an duine aice** *her husband*
a h-uile latha *every day*	**an-uiridh** *last year*
Cha robh e cho toilichte. *He wasn't so happy.*	**. . . nach robh e ro theth idir. . . .** *that it wasn't too hot at all.*
a' dol timcheall nam bùithean *going round the shops*	**sgoinneil** *terrific, great*
choisich sinn na mìltean *we walked miles*	**Dè rinn sibh?** *What did you do?*
a' tilleadh dhachaigh *returning home*	**dh'ith sinn** *we ate*
Càit' an deach sibh fhèin? *Where did you go yourselves?*	**dh'òl sinn** *we drank*
	shnàmh sinn *we swam*
	chluich sinn *we played*
	laigh sinn anns a' ghrèin *we lay in the sun*
	Na can an còrr! *Say no more!*

 ───── **Obair** ─────

1 Cuir ceart.

(a) Cha robh Siùsaidh air falbh as t-Earrach idir.
(b) Bha a' chlann aig Caitlin aig campa ann an Inbhir Nis.
(c) Bha Caitlin agus Daibhidh glè thoilichte a' tilleadh dhachaigh.
(d) Chaidh Siùsaidh agus Alasdair gu Tenerife airson seachdain anns an Dàmhair.

2 Leugh agus sgrìobh.

(a) Cuin a bha Caitlin air falbh air saor-làithean?
(b) Cò bha trang le luchd-turais as t-Samhradh?
(c) Cuin a bha Caitlin agus Daibhidh ann an Dùn Eideann?
(d) Dè bha Daibhidh a' dèanamh a h-uile latha ann an Cill Rìmhinn?
(e) Dè bha Rhoda agus an duine aice ag ràdh mu Thenerife?

———— Abairtean cudromach ————

How to:

Ask if some was away on holiday and reply • An robh sibh air falbh air saor-làithean am bliadhna? – Bha. Bha sinn air falbh as t-Earrach. **or** – Cha robh. Cha robh sinn air falbh as t-Samhradh idir.	**Ask if someone enjoyed something, and reply** • An do chòrd e riutha? – Chòrd. Chòrd e riutha uabhasach math. **or** – Cha do chòrd. Cha do chòrd e riutha idir.

Say that someone was happy doing something
• Bha Daibhidh air a dhòigh a' cluich golf a h-uile latha.

Ask if someone went somewhere, and reply
• An deach sibh a-null thairis air na saor-làithean?
– Cha deach. Chaidh sinn gu Inbhir Nis.

Say that someone wasn't happy doing something
• Cha robh e cho toilichte a' dol timcheall nam bùithean.

Say someone went for a trip somewhere
• Chaidh iad cuairt gu na bailtean.

Tell what someone was saying
• Bha iad ag ràdh gun robh e math fhèin.
• Bha Màiri ag ràdh nach robh e ro theth idir.

Tell what you (pl) did
• Laigh sinn anns a' ghrèin.
• Choisich sinn na mìltean a h-uile latha.

Ask what someone did and reply
• Dè rinn sibh?
– Shnàmh sinn.

Ask where someone went and reply
• Càit' an deach sibh fhèin air na làithean-saora?
– Chaidh sinn gu Lunnainn.

———— Gràmar ————

1 The past tense

(*a*) Verb 'to be'
The past tense forms of the verb 'to be' are **bha** (*was, were*) and **cha robh** (*was not, were not*). The question form is **An robh?** (was, were?):

Bha mi trang.	*I was busy.*
Cha robh Sìm ann.	*Simon wasn't there.*
An robh thu anns a' bhaile?	*Were you in town? Yes/No.*
Bha/Cha robh.	

These forms are equivalent to the **Tha, Chan eil** and **A bheil?** forms of the present tense respectively.

(*b*) Regular verbs
The normal way of forming the past tense of regular verbs is to lenite the root of verbs having as initial letter **b, c, d, g, m, p, t; f** (followed by a consonant) and **s** (followed by a vowel or **l, n, r**):

dùin (*close*)	Dhùin mi an uinneag.	*I closed the window.*
seinn (*sing*)	Sheinn i òran.	*She sang a song.*
gabh (*take*)	Ghabh e biadh.	*He took/had a meal.*

The letters **l, n, r** and the combinations **sg, sm, sp, st** do not show lenition and the root form is retained for the past tense:

laigh (*lie*)	Laigh sinn anns a' ghrèin.	*We lay in the sun.*
nigh (*wash*)	Nigh i na soithichean.	*She washed the dishes.*
ruith (*run*)	Ruith Seumas dhachaigh.	*James ran home.*
stad (*stop*)	Stad a' bhan aig a' bhùth.	*The van stopped at the shop.*

Verbs beginning with a vowel are not lenited either. The past tense of these verbs is formed by placing **dh'** before the root of the verb:

ith (*eat*)	Dh'ith mi an t-aran.	*I ate the bread.*
òl (*drink*)	Dh'òl sinn bainne.	*We drank some milk.*

Verbs with an initial **f** followed by a vowel are lenited and preceded by **dh'**.

fòn (*phone*)	Dh'fhòn Donnchadh dhachaigh.	*Duncan phoned home.*
fuirich (*stay*)	Dh'fhuirich iad a-staigh.	*They stayed in.*

Further examples of verbs and their past tense forms are set out here:

Root of verb	**Past tense form**	
bruidhinn (*speak*)	Bhruidhinn sinn ris.	*We spoke to him.*
cuir (*put*)	Chuir i air an rèidio.	*She put on the radio.*
dùisg (*waken*)	Dhùisg mi tràth.	*I wakened early.*

glan (*clean*)	Ghlan iad an càr.	*They cleaned the car.*
mol (*praise, recommend*)	Mhol sinn an t-seinn.	*We praised the singing.*
pòg (*kiss*)	Phòg Eilidh Anndra.	*Helen kissed Andrew.*
tilg (*throw*)	Thilg mi am ball.	*I threw the ball.*
freagair (*answer*)	Fhreagair i ceist.	*She answered a question.*
snàmh (*swim*)	Shnàmh mi sa' chuan.	*I swam in the ocean.*
leugh (*read*)	Leugh Anna an leabhar.	*Anne read the book.*
nochd (*appear*)	Nochd iad a-raoir.	*They appeared last night.*
smaoinich (*think*)	Smaoinich mi air.	*I thought about it.*
ainmich (*name*)	Dh'ainmich iad e.	*They named him.*
èirich (*rise*)	Dh'èirich a' ghaoth.	*The wind rose.*
ionnsaich (*learn*)	Dh'ionnsaich sinn òran.	*We learned a song.*
òl (*drink*)	Dh'òl sinn leann.	*We drank (some) beer.*
ullaich (*prepare*)	Dh'ullaich e am biadh.	*He prepared the meal.*
fosgail (*open*)	Dh'fhosgail i bùth.	*She opened a shop.*

This form of the verb conveys both the '*did*' and '*have done*' meanings in English.

The negative form of regular verbs in the past tense is obtained by placing **cha do** before the past tense form:

Cha do dhùisg sinn gu ochd uairean.   *We didn't wake up until 8 o'clock.*

Cha do leugh mi an leabhar sin fhathast.   *I haven't read that book yet.*

The question form is obtained by placing **an do** before the past tense form thus:

An do dh'èirich iad tràth? Cha do dh'èirich.   *Did they get up early? No.*

An do bhruidhinn Coinneach riutha? Bhruidhinn.   *Did Kenneth speak to them? Yes.*

(c) Irregular verbs
There are a few irregular verbs, so called because they do not conform to the basic pattern outlined above. Two such verbs figure in the

Còmhradh: chaidh (*went*) and **rinn** (*did*). The various forms of these verbs are set out below.

Root	Positive	Negative	Question
rach (*go*) **dèan** (*do/make*)	**chaidh** (*went*) **rinn** (*did/made*)	**cha deach** (*did not go*) **cha do rinn** (*did not do/make*)	**an deach?** (*Did . . . go?*) **an do rinn?** (*Did . . . do/make?*)

Some examples of these irregular verbs follow:

Chaidh sinn a-null thairis as t-Samhradh.	*We went abroad in the Summer.*
Càit' an deach a' chaileag Didòmhnaich?	*Where did the girl go on Sunday?*
Cha deach Mìcheal a Ghlaschu idir.	*Michael didn't go to Glasgow at all.*
Dè rinn sibh Diardaoin?	*What did you do on Thursday?*
Cha do rinn mi mòran fhathast.	*I haven't done much yet.*
An do rinn thu cupa tì?	*Did you make a cup of tea?*

2 Linking sentences or clauses (past tense)

Two sentences in the past tense can be linked in similar fashion to the method for linking sentences in the present tense (**Aonad 6, Gràmar**). **Bha i ag ràdh** (*She was saying*) and **Bha i fuar** (*She was cold*) can be linked by changing the **bha** of the second sentence to **gun robh**:

Bha i ag ràdh gun robh i fuar.	*She was saying that she was cold.*

The negative form of **gun robh** is **nach robh**:

Bha Ceiteag ag ràdh nach robh còta aice.	*Katie was saying that she didn't have a coat.*

While **gun robh** and **nach robh** are often used as above to report what someone was saying, they are also used to report what someone was thinking:

Bha Màiri a' smaoineachadh gun robh i fadalach.	*Mary thought that she was late.*

| Bha sinn a' smaoineachadh nach robh sibh a-staigh. | *We thought that you weren't in.* |

In English, the word *'that'* may be dropped, but the Gaelic linking words **gun robh** and **nach robh** cannot be omitted.

3 Times of the year

Various times, days and parts of the year feature in this unit.

(a) Bliadhna (a year)
Bliadhna features in the **Còmhradh** in the forms **a' Bhliadhn' Ur** (*New Year*) and **am bliadhna** (*this year*). The latter contrasts with **an-uiridh** (*last year*). Both are special forms with no direct translation of the words 'this' or 'last'. New Year's Day, **Latha na Bliadhn' Uire**, has traditionally been a major public holiday in Scotland and with **Oidhche Challainn** (*New Year's Eve* or *Hogmanay*) is a time of festivity and celebration.

(b) Làithean fèille (Festive days)
Other major festive periods are **an Nollaig** (*Christmas*) and **a' Chàisg** (*Easter*). Traditional Celtic festive days such as **Latha Buidhe Bealltainn** (*May Day*) and **Oidhche Shamhna** (*Halloween*) are still observed although their origins as the Festivals of Beltane and Samhain have been obscured.

(c) Ràithean (Seasons)
The four seasons are **An Geamhradh** (*Winter*), **An t-Earrach** (*Spring*), **An Samhradh** (*Summer*) and **Am Foghar** (*Autumn*). The prepositional forms of the seasons are:
    anns a' Gheamhradh **or** sa' Gheamhradh (*in Winter*)
    anns an Earrach **or** as t-Earrach (*in Spring*)
    anns an t-Samhradh **or** as t-Samhradh (*in Summer*)
    anns an Fhoghar **or** as t-Fhoghar (*in Autumn*)

(d) Mìosan (Months)
The basic and dative forms of the months are shown below. Note that the Gaelic names for the months include the word 'the'. The dative form is given with **anns** (*in*) and its shortened form **s**.

Basic form	Dative form
am Faoilleach (*January*)	anns an/san Fhaoilleach
an Gearran (*February*)	anns a'/sa' Ghearran
am Màrt (*March*)	anns a'/sa' Mhàrt
an Giblean (*April*)	anns a'/sa' Ghiblean
an Cèitean (*May*)	anns a'/sa' Chèitean
an t-Ogmhìos (*June*)	anns an/san Ogmhìos
an t-Iuchar (*July*)	anns an/san Iuchar
an Lùnasdal (*August*)	anns an/san Lùnasdal
an t-Sultain (*September*)	anns an/san t-Sultain
an Dàmhair (*October*)	anns an/san Dàmhair
an t-Samhain (*November*)	anns an/san t-Samhain
an Dùbhlachd (*December*)	anns an/san Dùbhlachd

(*e*) **Saor-làithean** (*Holidays*)

Holidays can be either **saor-làithean** with the adjective **saor** (*free*) preceding the noun or **làithean-saora**, with the plural form of the adjective, in its customary position.

Two of the more common lengths of holiday, **seachdain** (*a week*) and **cola-deug** (*a fortnight*) occur in the **Còmhradh**.

4 Ro (*too*) agus fìor (*very*)

Ro and **fìor** cause lenition as in the examples which follow:

Cha robh am baile ro thrang.   *The town wasn't too busy.*
Bha iad fìor thoilichte.   *They were very happy.*

 ———————— **Obair eile** ————————

1 Tagh am facal ceart.

(*a*) Bha mi anns a' bhaile Disathairne agus _____ mi seacaid agus còta.

(*b*) _____ iad aig a' chèilidh anns an talla a-raoir.

(*c*) An do dh'èirich thu tràth an-diugh? _____.

(*d*) _____ Anndra an fhidheall agus _____ Ceiteag dà òran.

(*e*) _____ sinn anns an Oban airson dà latha.

chluich	cha do dh'èirich	cha robh	sheinn
	dh'fhuirich	cheannaich	

2 Sgrìobh. Below is a list of commands given by a mother to her children. When they have carried out the command, they have to tell her that they have done so, as in the example given. Give the children's responses.

Màthair

Tog am baga agad, Uilleam.

Clann
(William)

Thog mi am baga agam.

(a) Glan am bòrd, Anna.   *(Anne)*
(b) Fosgail an uinneag, a Shìne.   *(Jean)*
(c) Tiormaich na soithichean, Iain.   *(John)*
(d) Sgioblaich an rùm agad, a Mhata.   *(Matthew)*
(e) Cuir a-mach an cù, Ealasaid.   *(Elizabeth)*
(f) Leugh an leabhar agad, a Pheigi.   *(Peggy)*

tiormaich *dry*	**sgioblaich** *tidy*

3 Lìon na beàrnan. Fill in the gaps, in the sentences below each of the following illustrations, with the correct form of the appropriate verb from the box.

(a) _____ na gillean iomain.   (b) _____ an duine am pàipear.

(c) _____ am boireannach litir.

(d) _____ an nighean còc.

(e) _____ a' chaileag dhachaigh.

(f) _____ sinn a' bheinn.

leugh	fòn	òl	sreap	cluich	sgrìobh

4 Cuir air dòigh. Put the following sentences in the correct sequence.

Thog am post na litrichean às a' bhocsa. Sgrìobh Cairistìona litir gu Iomhar. Chuir i an litir anns a' bhocsa-litrichean. Chuir e ann am poca iad. Chaidh e air ais a dh'oifis a' phuist anns a' bhan. Choimhead duine ann an oifis a' phuist air na seòlaidhean air na litrichean. Chaidh am post eile gu taigh Iomhair leis an litir. Leugh Iomhar an litir aig Cairistìona. Chuir e an litir a-steach air an doras. Thilg an duine an litir aig Iomhar anns a' bhaga aig post eile.

tog *lift*	**poca** (m) *a bag*
Cairistìona *Christine*	**seòlaidhean** (m pl) *addresses*
litir (f) *letter*	**eile** *other, another*
Iomhar *Ivor*	**a-steach** *in*
bocsa-litrichean (m) *letter-box*	**baga** (m) *a bag*

5 Cuir còmhla. Join each pair of these sentences to form one compound sentence.

(a) Bha an duine aig Shona ag ràdh. Bha Cill Rìmhinn àlainn.
(b) Bha mi a' smaoineachadh. Cha robh thu a' tighinn.
(c) Cha robh iad a' smaoineachadh. Bha e ro dhaor.
(d) Bha Coinneach ag ràdh. Cha robh an dannsa dona.
(e) Tha Sìm a' smaoineachadh. Cha robh Iseabail aig an fhèis.
(f) Bha mo phiuthar ag ràdh. Bha sibh uabhasach trang.

6 Leugh agus sgrìobh. Read the following passage and rewrite it in the past tense.

Tha Ailios a' bruidhinn ri Fiona. Tha Fiona ag ràdh gu bheil i a' dol dhan bhaile. Tha i airson a dhol dha na bùithean. Tha aodach a dhìth oirre. Tha Fiona ag iarraidh air Ailios a dhol còmhla rithe. Tha Ailios ag ràdh nach eil airgead gu leòr aice airson a' bhus. Tha Fiona a' smaoineachadh gu bheil airgead gu leòr aicese airson dà thicead ach tha Ailios ag ràdh nach eil i airson airgead a ghabhail bho Fiona.

aodach (m) *clothes*

7 Tagh an rud ceart.

(a) Tha an Nollaig anns **an Dàmhair/an Dùbhlachd.**
(b) Tha a' Chàisg anns **an Earrach/an t-Samhradh.**
(c) Tha Latha Buidhe Bealltainn anns **a' Ghiblean/a' Chèitean.**
(d) Tha Oidhche Shamhna anns **an t-Samhain/an t-Sultain.**
(e) Tha am Mòd Nàiseanta anns **an Lùnasdal/an Dàmhair.**

8 Lìon na beàrnan. Complete the following sentences with the appropriate word(s) from the box.

(a) Dh'fhuirich sinn anns na _____ airson _____.
(b) Bha an _____ agus an seanmhair fìor _____ gun robh iad a' fuireach airson mìos.
(c) Cha do _____ sinn anns a' ghrèin. Bha i _____ theth.
(d) An deach sibh _____ an-dè? Cha deach. Bha sinn _____ trang.
(e) Cha do _____ sinn mòran a' chiad _____ a bha sinn air falbh.

seanair	sheachdain	Crìochan	cho	thoilichte	cola-deug
	rinn	ro	laigh	cuairt	

9 Leugh agus sgrìobh.

Dhùisg mi aig cairteal an dèidh seachd agus laigh mi anns an leabaidh airson còig mionaidean. Dh'èirich mi agus choimhead mi a-mach air an uinneig. Bha latha math ann.

Nigh mi mi fhèin, chuir mi orm aodach agus chaidh mi sìos an staidhre. Thog mi am pàipear a bha aig an doras agus chaidh mi dhan chidsin. Chuir mi air an coire agus rinn mi tì.

Shuidh mi aig a' bhòrd agus ghabh mi mo bhracaist. Dh'ith mi hama agus ugh agus rola le ìm agus dh'òl mi cupa tì. An dèidh bracaist, leugh mi am pàipear airson deich mionaidean.

Dh'fhàg mi an taigh aig cairteal an dèidh ochd agus choisich mi dhan stèisean. Tha an stèisean aig ceann na sràide mu choinneimh bùth nam pàipearan. Cheannaich mi ticead aig oifis an stèisein agus chaidh mi air an trèan.

Dh'fhalbh an trèan aig leth-uair an dèidh ochd agus ràinig i am baile aig deich mionaidean gu naoi. Choisich mi gu sgiobalta bhon stèisean dhan oifis agus bha mi ag obair aig naoi uairean.

cairteal an dèidh *quarter past*	**bracaist** (m) *breakfast*
leabaidh (f) *a bed*	**dh'fhàg** *left*
staidhre (f) *a stair*	**dh'fhalbh** *left*
coire (m) *a kettle*	**leth-uair an dèidh** *half past*
hama (m) *bacon, ham*	**ràinig** *reached, arrived*
rola (m) *a roll*	**gu sgiobalta** *quickly*

Write a passage similar to the above about your own early-morning routine.

Fiosrachadh

Ainmean bheanntan (*Hill names*)

Most of the hills and mountains in Scotland have either Gaelic names or names derived from Gaelic, such as Cairngorm from **An Càrn Gorm** (*the Blue Cairn*). It is not possible to list all the names which a mountaineer or map reader might expect to encounter, but several of the more common words for types of hill or mountain are listed here. Can you work out what they mean?

Gaelic	Anglicised	Meaning	Example
aonach		*large hill*	An t-Aonach Eagach/*Aonach Eagach*
beinn	Ben	*mountain*	A' Bheinn Mhòr/*Benmore*
bràigh	Brae	*upland*	Am Bràigh Riabhach/*Braeriach*
càrn	Cairn	*cairn*	An Càrn Gorm/*Cairngorm*
cnoc	Knock	*hill*	An Cnoc Mòr/*Knockmore*
creag	Craig	*rock*	Creag Phàdraig/*Craig Phadrig*
druim	Drum	*ridge*	An Druim Buidhe/*Drumbuie*
dùn	Dun	*fort; hill*	An Dùn Mòr/*Dunmore*
leitir	Letter	*broad slope*	Leitir Fhionnlaigh/*Letterfinlay*
meall	Meall	*lump*	Am Meall Mòr/*Meallmore*
monadh	Mount	*upland*	Am Monadh Ruadh/*The Cairngorms*
sgùrr		*sharp hill*	Sgùrr Alasdair
stùc	Stuck	*rounded hill*	Stùc a' Ghobhainn/*Stuckagowan*
tòrr	Tor	*imposing hill*	An Tòrr Gorm/*Torgorm*
tulach	Tulloch	*small green hill*	Tulach Eòghain/*Tullichewen*

11
FEUMAIDH MI FALBH
I'll have to go

In this unit you will learn how to

- ask and make suggestions
- express hopes
- say what will happen given certain conditions
- talk about future actions
- say what someone may/can do
- ask and tell when something will begin
- say what someone must do
- ask and state intentions

 —————————— **Còmhradh** ——————————

Ailig and Doilidh are on holiday in Aberdeen. One morning, at breakfast, they are discussing what to do that day.

Ailig   Càit' an tèid sinn an-diugh?
Doilidh   Tha latha snog ann. Dè mu dheidhinn a dhol cuairt timcheall a' bhaile anns a' bhus fhosgailte?
Ailig   Bidh sin math air latha brèagha mar seo. Tha mi 'n dòchas nach bi a' chuairt ro fhada, cia tà. Bidh mo chasan a' fàs rag ma bhios mi fada nam shuidhe.

— **128** —

Doilidh Bidh a' chuairt mu dhà uair a thìde ach bidh sinn a' stad aig àiteachan àraidh agus faodaidh tu do chasan a shìneadh an uairsin.

Ailig Cuin a bhios a' chuairt a' tòiseachadh?

Doilidh Chì mi dè tha e ag ràdh air a' bhileig seo a fhuair mi an-dè. Bidh an ath chuairt ann aig leth-uair an dèidh deich.

Ailig Feumaidh sinn greasad oirnn ma tha. Feumaidh mise film eile a chur anns a' chamara mus fhalbh sinn.

Doilidh Agus feumaidh mise na cairtean-puist a sgrìobh mi a-raoir a phostadh.

Ailig Postaidh sinn aig an stèisean iad.

Doilidh Glè mhath. An coisich sinn dhan stèisean no an gabh sinn am bus?

Ailig Coisichidh sinn. Chan eil an t-astar ro fhada.

Doilidh Am fòn mi dhan taigh-chluich airson ticeadan na h-ath oidhch'?

Ailig Chan fhòn. Cha bhi e fosgailte gu aon uair deug. Faodaidh sinn tadhal ann feasgar.

Doilidh Dè nì sinn feasgar?

Ailig Dè mu dheidhinn a dhol chun na tràghad on a tha an latha cho math?

Doilidh Ceart gu leòr. Am bi thu airson snàmh?

Ailig Tha mi a' smaoineachadh gum bi.

Doilidh Feumaidh mi deiseachan-snàmh agus searbhadairean a thoirt leam.

Ailig Agus feumaidh mise an leabhar agam a thoirt leam.

Doilidh An cuir sinn cuairt air na bùithean an dèidh na tràghad?

Ailig Cha chuir mise co-dhiù. Tha mi seachd sgìth de na bùithean. Fhalbh thusa dha na bùithean ma thogras tu. Fuirichidh mise aig an tràigh gus an till thu.

Ailig *Alec, Alex*
Càit' an tèid sinn? *Where will we go?*
Dè mu dheidhinn a dhol cuairt? *How about going on a trip?*
cuairt (f) *trip*
fosgailte *open*
Bidh sin math. *That will be good.*
Tha mi 'n dòchas nach bi a' chuairt ro fhada, cia tà. *I hope the trip will not be too long, however.*

Bidh mo chasan a' fàs rag ma bhios mi fada nam shuidhe. *My feet get stiff if I sit for long.*
casan (f pl) *feet*
rag *stiff*
dà uair a thìde *two hours duration*
àiteachan àraidh *particular places*
Faodaidh tu do chasan a shìneadh an uairsin. *You can stretch your feet then.*

Cuin a bhios a' chuairt a' tòiseachadh? *When does the trip start?*

bileag (f) *(a) leaflet*

fhuair *got*

an ath *the next*

Feumaidh sinn greasad oirnn ma tha. *We'll have to hurry up then.*

Feumaidh mise film eile a chur anns a' chamara mus fhalbh sinn. *I'll have to put another film in the camera before we go.*

Feumaidh mise na cairtean-puist a sgrìobh mi a-raoir a phostadh. *I'll have to post the postcards (that) I wrote last night.*

postaidh *will post*

An coisich sinn? *Will we walk?*

An gabh sinn am bus? *Will we take the bus?*

Coisichidh sinn. *We'll walk.*

Chan eil an t-astar ro fhada. *It's not too great a distance.*

Am fòn mi dhan taigh-chluich airson ticeadan na h-ath oidhch'? *Shall I phone the theatre for tickets for tomorrow night?*

chan fhòn *no*

Cha bhi e fosgailte. *It will not be open.*

Faodaidh sinn tadhal . . . *We can call . . .*

Dè nì sinn feasgar? *What will we do in the afternoon?*

chun na tràghad *to the beach*

Am bi thu airson snàmh? *Will you want to swim?*

Tha mi a' smaoineachadh gum bi. *I think so.*

Feumaidh mi deiseachan-snàmh agus searbhadairean a thoirt leam. *I'll have to take swimsuits and towels with me.*

An cuir sinn cuairt air na bùithean? *Will we go for a wander around the shops?*

Cha chuir mise co-dhiù. *I won't anyway.*

seachd sgìth de *absolutely fed up with/of*

ma thogras tu *if you wish*

fuirichidh mise *I'll stay*

gus an till thu *until you return*

Mìneachadh

Borrowed words

Gaelic, like English and most languages, adopts international terms and words from other languages. These words are generally adapted to accord with Gaelic orthography, e.g. **camara** (*camera*), **telebhisean** (*television*), **bhan** (*van*), **stèisean** (*station*), **cofaidh** (*coffee*), **tacsaidh** (*taxi*). A few loan words do not have to be adapted to conform to spelling conventions, e.g. **film, post, cat**, although they are pronounced differently in Gaelic.

English, because of its international status and because it is the other language of the bilingual Gaels, exercises the most linguistic influence over Gaelic. A Gaelic terminology database has been set up at Sabhal

Mòr Ostaig, the Gaelic College in Skye, to collate lists of new terminology used by various agencies such as broadcasting companies, local authorities and educational bodies.

Dialect variations

As indicated in **Aonad 4**, there are variations in vocabulary between different areas. One instance in this unit is the word for a *towel*. The form used here is **searbhadair** but in many areas **tubhailt** is the form employed. Another example is the name **Doilidh** in the **Còmhradh**. In most areas this is a woman's name (*Dolly*), but in Lewis it can be a man's name, deriving from **Dòmhnall**.

Language usage

Many Gaelic words take on a different meaning when used in a particular way or context. A number of examples appear in this unit. **Dè?** (*what?*) becomes '*How*' in the phrase **Dè mu dheidhinn** (*How about?*) and **cuir** (*put*) becomes '*go round*' in the phrase **cuir cuairt air** (*go for a trip/wander round*).

Cuir is often used with a noun or adjective and consequently it has a wide variety of subsidiary meanings. **Seachd** (*seven*) emphasises adjectives such as **sgìth** (*tired*) and **searbh** (*bitter*) followed by the preposition **de**. **Seachd searbh de**, for instance, means '*absolutely fed up with/of*'.

Obair

---

1 Cuir ceart.

   (*a*) Tha Ailig an dòchas gum bi a' chuairt math.

   (*b*) Bidh na casan aig Ailig a' fàs rag ma bhios e fada na shuidhe.

   (*c*) Feumaidh Doilidh na cairtean-puist a sgrìobh i a phostadh.

   (*d*) Fònaidh Doilidh dhan taigh-chluich airson ticeadan.

   (*e*) Chan eil Ailig a' smaoineachadh gum bi e a' snàmh feasgar.

2 Leugh agus sgrìobh.

   (*a*) Càit' a bheil Ailig agus Doilidh a' dol?

   (*b*) Am bi am bus a' stad?

(c) An coisich Ailig agus Doilidh dhan stèisean?
(d) Cuin a bhios an taigh-cluich fosgailte?
(e) Am bi Ailig a' dol dha na bùithean còmhla ri Doilidh feasgar?

Abairtean cudromach

How to:

Ask for suggestions as to where to go, and reply
- Càit' an tèid sinn an-diugh?
- Dè mu dheidhinn a dhol cuairt timcheall a' bhaile.

Express a particular hope
- Tha mi 'n dòchas nach bi a' chuairt ro fhada.

Say what will happen given certain conditions
- Bidh mo chasan a' fàs rag ma bhios mi fada nam shuidhe.

Give information about a future action or event
- Bidh a' chuairt mu dhà uair a thìde ach bidh sinn a' stad aig àiteachan àraidh.

Say that someone can do something at a particular time
- Faodaidh tu do chasan a shìneadh an uairsin.
- Faodaidh sinn tadhal ann feasgar.

Ask when an event will begin, and reply
- Cuin a bhios a' chuairt a' tòiseachadh?
- Bidh an ath chuairt ann aig leth-uair an dèidh deich.

Say someone must do something
- Feumaidh sinn greasad oirnn.
- Feumaidh mi deiseachan-snàmh agus searbhadairean a thoirt leam.

State an intention
- Fuirichidh mi aig an tràigh gus an till thu.

Ask about a future action, and reply
- An coisich sinn dhan stèisean no an gabh sinn am bus?
- Coisichidh sinn. or
- Cha choisich. Gabhaidh sinn am bus.

Say that something will not be open, for example
- Cha bhi e fosgailte.

Ask for suggestions as to what to do, and reply
- Dè nì sinn feasgar?
- Dè mu dheidhinn a dhol chun na tràghad.

Ask about a future intention and reply
- Am bi thu airson snàmh?
- Tha mi a' smaoineachadh gum bi.

Gràmar

1 The future tense

(a) The verb 'to be'
The future tense forms of the verb 'to be' are **bidh** or **bithidh** (*will be*) and **cha bhi** (*will not be*). The question form is **Am bi?** (*will . . . be?*):

Bidh mi air falbh airson seachdain.   *I'll be away for a week.*
Cha bhi sinn ann an Ile am bliadhna.   *We'll not be in Islay this year.*
Am bi sibh fada? Bidh/Cha bhi.   *Will you be long? Yes/No.*

Bidh and **bithidh** are generally interchangeable. **Bithidh** is, however, the form often used to give an emphatic answer to a question:

Am bi thu aig a' bhanais? Bithidh. *Will you be at the wedding? Yes.*

(b) Regular verbs
The future tense of regular verbs is formed by adding **-idh** or **-aidh** to the root form of the verb. The **-idh** suffix is added when the last vowel of the root is **i**. When the last vowel is **a, o** or **u, -aidh** is added to the root:

suidh (*sit*) Suidh**idh** sinn airson mionaid. *We will sit for a minute.*
òl (*drink*) Ol**aidh** iad bainne no uisge. *They will drink milk or water.*

The question form of the future tense is created by placing **An** or **Am*** before the root of the verb:

ith (*eat*) An ith thu feòil fhuar? *Will you eat cold meat?*
cuir (*put*) An cuir thu air an rèidio? *Will you put on the radio?*
pòs (*marry*) Am pòs thu mi? *Will you marry me?*

* **Am** is used before verbs beginning in **b, f, m** or **p**.

The negative form is obtained by placing **Cha** before the root, and leniting the root when possible:

glas (*lock*) Cha **gh**las mi an doras. *I will not lock the door.*
stad (*stop*) Cha stad e a bhruidhinn. *He won't stop talking.*

Where the root begins in a vowel or the letter **f**, followed by a vowel, **chan** is the particle placed before the root:

fuirich (*wait*) Chan fhuirich iad ruinn. *They will not wait for us.*

| èirich (*get up*) | Chan èirich mi gu naoi uairean. | *I won't get up till nine o'clock.* |

2 Irregular verbs

As indicated in the previous unit, some verbs are deemed irregular due to the fact that they do not adhere to a set pattern in the formation of tenses. However some of these verbs do have regular elements. This can be seen in the lists below of the past and future tense forms of the irregular verbs encountered thus far.

	Past tense		
Root	**Positive**	**Negative**	**Question**
rach	chaidh	cha deach	an deach?
(*go*)	(*went*)	(*didn't go*)	(*Did . . . go?*)
dèan	rinn	cha do rinn	an do rinn?
(*do*)	(*did*)	(*didn't do*)	(*Did . . . do?*)
faic	chunnaic	chan fhaca	am faca?
(*see*)	(*saw*)	(*didn't see*)	(*Did . . . see?*)
faigh	fhuair	cha d' fhuair	an d' fhuair
(*get*)	(*got*)	(*didn't get*)	(*Did . . . get?*)

	Future tense		
Root	**Positive**	**Negative**	**Question**
rach	thèid	cha tèid	an tèid?
(*go*)	(*will go*)	(*won't go*)	(*Will . . . go?*)
dèan	nì	cha dèan	an dèan?
(*do*)	(*will do*)	(*won't do*)	(*Will . . . do?*)
faic	chì	chan fhaic	am faic?
(*see*)	(*will see*)	(*won't see*)	(*Will . . . see?*)
faigh	gheibh	chan fhaigh	am faigh
(*get*)	(*will get*)	(*won't get*)	(*Will . . . get?*)

Examples of the future tense forms of irregular verbs are given below:

Gheibh sinn ticead air a' bhàta.	*We'll get a ticket on the boat.*
Am faic thu Peadar a-màireach? Chan fhaic.	*Will you see Peter tomorrow? No.*
Cha tèid sinn dha na bùithean an-diugh.	*We won't go to the shops today.*

3 Linking sentences or clauses (future tense, the verb 'to be')

Two sentences in the future tense or, as is more common, one sentence in the present and a second in the future tense, can be linked in a similar way to that set out in **Aonad 10, Gràmar** for sentences in the past tense. **Tha an nurs ag ràdh** (*The nurse says*) and **Bidh e ceart gu leòr** (*He'll be fine*) can be linked by substituting **gum bi** for the **bidh** of the second sentence:

Tha an nurs ag ràdh gum bi e ceart gu leòr.   *The nurse says (that) he'll be fine.*

The negative form of **gum bi** is **nach bi**:

Tha mi 'n dòchas nach bi sibh mì-mhodhail.   *I hope (that) you won't be badly behaved.*

Gum bi and **nach bi** are frequently used in conjunction with the participles **ag ràdh** and **a' smaoineachadh**.

Chan eil mi a' smaoineachadh gum bi iad a-staigh an-dràsda.   *I don't think they'll be in just now.*

Tha Ceitidh ag ràdh nach bi i ag obair Disathairne idir.   *Katie says she won't be working on Saturday at all.*

4 The relative future ('-s' future)

After the question words **cò** (*who*), **dè** (*what*), **cuin** (*when*), **ciamar** (*how*) and **carson** (*why*) and after the conjunction **ma** (*if*), a form of future tense known as the relative future or '-s' future is used. (The question word **càit'** (*where*) is followed by the usual question form of the future tense.)

The relative future of the verb 'to be' is **bhios** or **bhitheas**.

Cuin a **bhios** iad a' tilleadh dhachaigh? Bidh Diluain.   *When will they be returning home? On Monday.*

Tadhail ma **thogras** tu.   *Call if you wish.*

The relative future of other verbs and their use is discussed in Unit 15.

5 Necessity and obligation

One of the (two) main ways of expressing necessity and obligation features in the **Còmhradh** section of this unit. **Feumaidh** is both the present and future tense from of the verb **feum** (*must, need*). **Feum**, like **faod** (see **Aonad 7, Gràmar**), is called a defective verb in that it does not have a complete set of tenses (e.g. no past tense).

The negative form of **feumaidh** is **chan fheum** while the question form is **Am feum?** The '-s' or relative future form is **dh'fheumas**:

Cuin a dh'fheumas sibh falbh?	*When will/do you have to go?*
Dè dh'fheumas sinn?	*What will we need?*

Sentences beginning with a part of the verb **feum** follow one of two patterns:

(*a*) **Feumaidh +   Subject +   Verbal Noun +   (Extension)**
Feumaidh +   sinn +   falbh +   (aig seachd
                                          uairean).

Will have to + we + go + (at seven o'clock).
(We will have to go [at seven o'clock].)

(*b*) **Feumaidh +   Subject +   Object +   Verb Infinitive + (Extension)**
Feumaidh + mi + peann + a cheannach + (anns a' bhuth)
Will have to + I + a pen + to buy + (in the shop).
(I will have to buy a pen [in the shop].)

In certain dialects (e.g. South-west Ross) **feumas** is used in place of **feumaidh**: Feumas mi falbh. = *I will have to go.*

The extensions are optional extras. Here are some further examples of the two patterns of sentence construction:

(*a*) Chan fheum thu èirigh gu ochd   *You need not get up until*
      uairean.   *8 o'clock.*
      Am feum sibh seasamh?   *Do you have to stand?*

(*b*) Am feum sinn biadh a thoirt leinn?   *Must we take food with us?*
      Chan fheum sibh guth a ràdh ri càch.   *You need not say a word to*
                                               the rest.

6 Prepositions governing the genitive case

Compound prepositions take the genitive case of the following noun (see **Aonad 9, Gràmar**). Four of the simple prepositions also govern the genitive: **chun** (*to, towards*), **rè** (*throughout*), **thar** (*across*) and **trìd** (*through*). The last is seldom used. In the phrase **chun na tràghad** in the **Còmhradh** section of this unit, **tràghad** is the genitive of the feminine noun, **tràigh** (*beach*). Other examples of these prepositions in use are:

a' bhùth (*the shop*)   chun na bùtha (*to the shop*)
an oidhche (*the night*)   rè na h-oidhche (*during the night*)
a' mhuir (*the sea*)   thar na mara (*across the sea*)

Obair eile

1 Cuir còmhla.

(*a*) Am bi sibh a-staigh a-nochd?
(*b*) Dè nì sinn a-màireach?
(*c*) Cuin a bhios sibh a' cluich?
(*d*) Am bi sibh aig a' chèilidh?

(i) Bidh sinn a' cluich feasgar a-màireach.
(ii) Cha bhi. Bidh sinn ag obair.
(iii) Cluichidh sinn golf sa' mhadainn.
(iv) Cha bhi. Bidh sinn aig a' chèilidh.

2 Lìon na beàrnan.

(*a*) Cha _____ sinn air làithean-saora anns an Dàmhair.
(*b*) _____ mi an litir a-màireach.
(*c*) _____ mi an leabhar a-nochd.
(*d*) _____ ith iad agus chan _____ iad.

| òl | postaidh | chan | bhi | leughaidh |

3 Lìon na beàrnan.

(*a*) _____ bruidhinn thu rithe mu dheidhinn? Bruidhnidh.
(*b*) An glan mi uinneagan a' chàir? _____ ghlan.

(c) Am faic sinn sibh ann am Barraigh as t-Samhradh? _____ fhaic.

(d) _____ tèid Barabal chun na h-eaglaise.

(e) Càit' _____ bi am bus a' stad?

4 Sgrìobh. The answers to five questions are given below. Write out the questions that were asked.

(a) Cha bhi sinn a' dol a chadal tràth.

(b) Cha ghabh mi cofaidh idir. Gabhaidh mi tì.

(c) Gheibh Crìsdean dhachaigh Dihaoine.

(d) Fosglaidh mi an doras dhut.

(e) Cha tèid Lena agus Dòmhnall Iain a-null thairis am bliadhna.

5 Cuir còmhla. Join each pair of sentences below to form one compound sentence.

(a) Tha Karen ag ràdh. Bidh i a' cluich badminton a-nochd.

(b) Tha Diarmad a' smaoineachadh. Cha bhi Deirdre ro thoilichte.

(c) Tha mi 'n dòchas. Bidh latha math ann.

(d) Chan eil Mina a' smaoineachadh. Bidh a' bhùth fosgailte.

(e) Bidh do mhàthair an dòchas. Cha bhi ticeadan ann airson an disco.

(f) Bidh am bodach ag ràdh. Cha bhi e a' cluinntinn.

6 Cuir còmhla.

(a) Cuin a bhios sibh a' tilleadh?	(i) Cha bhi mòran.
(b) Faodaidh tu fuireach a-nochd	(ii) Cha bhi gu Diluain.
(c) Fòn thugam	(iii) ma thogras tu.
(d) Dè bhios sibh a' dèanamh Diluain?	(iv) ma bhios tu ag iarraidh cuideachadh.

7 Cuir air dòigh.

(a) mi/dhan/dhol/feumaidh/bhanca/a

(b) feum/dreasa/a/am/cheannach/thu/eile

(c) ùr/am/fheum/càr/bliadhna/chan/mi

(d) Gàidhlig/a/sinn/bhruidhinn/feumaidh

(e) falbh/iad/cuin/dh'fheumas/a

8 Lìon na beàrnan. Fill in the blanks in the timetable below with the appropriate information regarding Day 1 of the trip outlined in the following paragraph.

Bidh sinn a' fàgail Inbhir Nis a' chiad latha aig ochd uairean sa' mhadainn agus stadaidh sinn ann am Peairt mu dheich uairean. Bidh sibh saor ann am Peairt airson trì uairean. Gabhaidh sinn biadh aig uair feasgar. Falbhaidh sinn à Peairt aig cairteal an dèidh a dhà agus ruigidh sinn Sruighlea mu thrì uairean. Cuiridh sinn cuairt air a' chaisteal agus thèid sinn an uairsin gu Allt a' Bhonnaich. Chì sinn an t-àite far an robh blàr eadar na h-Albannaich agus na Sasannaich ann an 1314. Bidh an dìnnear againn ann an taigh-òsda ann an Sruighlea aig seachd uairean agus thèid sinn gu ionad-spòrs mu ochd uairean. Fuirichidh sinn ann an osdail òigridh ann an Sruighlea an oidhche sin. Feumaidh sinn a bhith anns an osdail ro leth-uair an dèidh deich.

ruig reach	**blàr** (m) battle
Sruighlea Stirling	**eadar** between
caisteal (m) castle	**dìnnear** (f) dinner
Allt a' Bhonnaich Bannockburn	**ionad-spòrs** (m) sports centre
far where	**osdail òigridh** (m) youth hostel

Time	Action
around 10.00	Depart Inverness
14.15	Lunch
19.00	Arrive in Stirling
22.30	Go to sports centre

9 Leugh agus freagair. Read the itinerary below for Day 2 of the trip and answer the questions which follow.

An dàrna latha, èiridh sinn tràth agus gabhaidh sinn bracaist mu leth-uair an dèidh seachd. An dèidh bracaist, bidh tòrr agaibh ri dhèanamh. Innsidh an duine anns an osdail dhuibh dè nì sibh. Sguabaidh feadhainn an làr, nighidh feadhainn soithichean, glanaidh feadhainn an rùm-cadail agus nì feadhainn eile suas leapannan. Falbhaidh sinn à Sruighlea aig naoi uairean agus thèid sinn gu Dùn Eideann. Tha mi 'n dòchas gum bi sinn ann am meadhan Dhùn Eideann mu dheich uairean. Thèid sinn suas chun a' chaisteil an toiseach agus an dèidh sin faodaidh sibh a dhol chun nam bùithean gus am bi e àm dìnneir. Gabhaidh sinn biadh ann an cafaidh aig leth-uair an dèidh uair. Togaidh am bus sinn a-rithist aig leth-uair an dèidh a dhà agus cuiridh sinn cuairt air a' bhaile. Chì sibh àiteachan ainmeil mar Lùchairt Holyrood, Ionad-Spòrs Meadowbank agus Pàirc Murrayfield, far am bi Alba a' cluich rugbaidh. Cha stad sinn ro fhada aig àite sam bith ach faodaidh sibh dealbhan a thogail. An dèidh ar cuairt, thèid sinn dhan ionad-òigridh far am bi sinn a' fuireach. Fàgaidh sinn ar bagaichean an-sin agus thèid sinn an uairsin dhan amar-snàmh mhòr. Gabhaidh sinn biadh air an rathad air ais bhon amar-snàmh dhan ionad-òigridh. Tha mi a' smaoineachadh gum bi sibh glè sgìth an oidhche sin.

(a) What four tasks will they be given in the youth hostel?
(b) What will they do in Edinburgh before lunch?
(c) Where will they go at 14.30?
(d) What will they leave at the youth centre?
(e) Where will they eat in the evening?

tòrr (m) *a lot*	**ainmeil** *famous*
innis *tell*	**lùchairt** (f) *palace*
sguab *sweep*	**sam bith** *any*
feadhainn (f) *some (people)*	**tog dealbh** *take a picture*
làr (m) *floor*	**ionad-òigridh** (m) *youth centre*
rùm-cadail (m) *bedroom*	**amar-snàmh** (m) *swimming-pool*
àm dìnneir (m) *dinner-time*	

Fiosrachadh

Facail Bheurla a thàinig on Ghàidhlig

Several Gaelic words have been assimilated into English and Scots. Some of the best known of these are topographical features. **Loch** (a *loch* or *lake*) retains its original Gaelic form but most others change. **Ben** (a *mountain*), **glen** (a *valley*) and **strath** (a *wide valley*) come from the Gaelic words **beinn**, **gleann** and **srath**. **Bog** (a *moss* or *marsh*) has its origins in the Gaelic adjective **bog** (*soft* or *moist*). **Bog** is often used in Gaelic to describe damp weather, e.g. **Tha i bog an-diugh** (*It's damp today*).

One of Scotland's principal exports, whisky, derives from **uisge-beatha** (Lit. *the water of life*). Some Scots would describe whisky as smashin' (great), which is thought to have originated from the Gaelic expression **'S math sin** (*That's good*). Also Drambuie comes from the Gaelic **dram buidheach** (*the dram or drink that satisfies*) and **Glayva** from **glè mhath** (*very good*).

Men's Highland dress would not be complete without a sporran and Highland Games would be less spectacular without the Tossing the Caber competition. Sporran and caber are anglicised versions of the Gaelic words **sporan** (*a purse*) and **cabar** (*a pole*). The Highland sport of shinty is played with a ball and **caman**, the Gaelic word for a stick. Scottish music is often presented at ceilidhs which feature forms of music as varied as the gentle music of the clarsach and the robust sound of pibroch played on the bagpipes. **Cèilidh** and **clàrsach** are Gaelic words for concert and harp, while pibroch is a form of the Gaelic word **pìobaireachd** (bagpipe music).

Slogan, beloved of advertisers and political parties today, is thought to be a derivative of the Gaelic battle-cry or **sluagh-ghairm** of bygone days. Gaelic has made its mark on the business world in another respect in the names of prominent companies such as Cunard which some claim comes from **Cuan Ard** (*High Sea*), Alba Hi-fi from **Alba** (*Scotland*), Cala Hotels from **Cala** (*a harbour*), Skean Dhu Hotels from **Sgian Dubh** (*black knife* – a ceremonial dagger), Craigendarroch from **Creag an Daraich** (*Rock of the Oak Tree*) and Claymore Dairies from **Claidheamh Mòr** (*Great Sword*).

Other terms of Gaelic origin include the colloquial twig (Scottish English for *understand*, from **tuig**), trews (tartan trousers, from **triubhas**) and galore (plenty, from **gu leòr**).

12

DE 'S FHEARR LEATSA?
What do you prefer?

In this unit you will learn how to

- seek reactions to something
- ask and say which of something one wants
- ask and say what someone prefers
- say whether something suits someone
- say that you think you will do something

 —————————— **Còmhradh** ——————————

Sìne NicGumaraid is out shopping for clothes with a friend, Una Chaimbeul.

Sìne Dè mu dheidhinn a' chòta sin?
Una Dè am fear? Am fear gorm?
Sìne Chan e. Am fear glas.
Una 'S fheàrr leam an còta goirid seo.
Sìne Chan eil còtaichean goirid a' tighinn rium idir.
Una Cha toil leam am fear glas. Dè 's fheàrr leatsa?
Sìne Dè mu dheidhinn na seacaid seo?
Una Dè an t-seacaid? An tè bhuidhe? Chan eil i dona.
Sìne 'S fheàrr leam i na an còta. An fheàrr leatsa i?

Una	Chan fheàrr . . . A bheil lèintean aca an-seo?
Sìne	Tha mi a' smaoineachadh gu bheil. Carson?
Una	Tha mi a' smaoineachadh gun ceannaich mi lèine do Sheòras. Bha e ag ràdh nach robh gu leòr aige.
Sìne	Dè an seòrsa as fheàrr leis?
Una	Feadhainn gheala.
Sìne	Feumaidh tu taidh shnog a cheannach dha cuideachd.
Una	Feumaidh gu dearbh. Cha chreid mi nach bi feadhainn bhrèagha aca thall an-sin. An tèid sinn ann?
Sìne	Thèid. Chì sinn a bheil gin ann.

Sìne NicGumarald *Jean Montgomery*
Dè mu dheidhinn a' chòta sin? *What about that coat?*
Dè am fear? *Which one?*
Am fear gorm. *The blue one.*
glas *grey*
's fheàrr leam *I prefer*
an còta goirid seo *this short coat*
Chan eil còtaichean goirid a' tighinn rium. *Short coats don't suit me.*
Dè 's fheàrr leatsa? *What do you prefer?*
Dè an t-seacaid? *Which jacket?*
An tè bhuidhe. *The yellow one.*
'S fheàrr leam i na an còta. *I prefer it to the coat.*
An fheàrr leatsa i? *Do you prefer it?*

Chan fheàrr. *No (Don't prefer).*
lèintean *shirts*
do Sheòras *for George*
Tha mi a' smaoineachadh gun ceannaich mi . . . *I think that I will buy . . .*
Dè an seòrsa as fheàrr leis? *What kind does he prefer?*
feadhainn gheala *white ones*
taidh (f) *(a) tie*
lèine (f) *(a) shirt*
Cha chreid mi nach bi feadhainn bhrèagha aca. *I think they'll have some nice ones.*
thall an-sin *over there*
Chì sinn a bheil gin ann. *We'll see if there are any.*

Mìneachadh

Fear no tè

When talking about 'one', as in the **Còmhradh**, it is necessary to distinguish between masculine and feminine nouns. **Fear** is used for masculine nouns, and **tè** for feminine nouns. The plural 'ones' is **feadhainn**, which is a feminine noun. The adjective which accompanies it is plural and is, if possible, lenited, e.g. **feadhainn gheala** (*white ones*).

Clothes

Gaelic has borrowed many names for items of clothing from English and other languages, because modern clothing is so different from traditional Highland garb. Some traditional words are still used: **lèine** (f) (*shirt*), **bròg** (f) (*shoe*) and **fèileadh** (m) (*kilt*). Other terms originate in other languages: **briogais** (f) (*trousers*), **còta** (m) (*coat*), **seacaid** (f) (*jacket*), **taidh** (f) (*tie*), **sgiorta** (f) (*skirt*) and **dreasa** (m) (*dress*).

Colours (Dathan)

The Gaelic names of some colours cover a different range of the spectrum from English ones. Whilst **dubh** (*black*), **geal** (*white*) and **buidhe** (*yellow*) correspond to the English terms, **gorm** (*blue*) is also the word used to describe the colour of grass. **Dearg** (*red*) covers from scarlet to orange. **Liath** (*grey*) can also cover light-blue. **Glas** is a darkish-grey, which covers grey-green. **Donn** is a dark brown, while **ruadh** is a reddish-brown. **Uaine** covers green.

 ——————— **Obair** ———————

1 Cuir ceart.

(*a*) 'S fheàrr le Una còtaichean goirid.
(*b*) Tha còtaichean goirid a' tighinn ri Sìne.
(*c*) Tha Una a' dol a cheannach lèine do Sheòras.
(*d*) Chan fheàrr le Seòras lèintean geala.

2 Leugh agus sgrìobh.

(*a*) An fheàrr le Sìne còtaichean goirid?
(*b*) Dè tha Una a' dol a cheannach?
(*c*) Dè bha Seòras ag ràdh?
(*d*) Dè 's fheàrr le Seòras?

—— Abairtean cudromach ——

How to:

Ask someone's reaction to something
- Dè mu dheidhinn a' chòta sin?
- Dè mu dheidhinn na seacaid sin?

Ask which (of something)
- Dè am fear?
- Dè an t-seacaid?

State which (ones)
- Am fear gorm
- An tè bhuidhe
- An fheadhainn gheala

Ask if someone prefers something, and reply
- An fheàrr leat an còta seo?
- 'S fheàrr. 'S fheàrr leam e. or
- Chan fheàrr. Chan fheàrr leam e. or
- Chan fheàrr. 'S fheàrr leam an t-seacaid.

Ask what someone prefers, and reply
- Dè 's fheàrr le Mòrag?
- 'S fheàrr leatha còtaichean mòra.

Say something does/does not suit someone
- Tha a' bhriogais a' tighinn rithe.
- Chan eil an t-seacaid a' tighinn ri Una idir.

Say you think you will do something
- Tha mi a' smaoineachadh gun ceannaich mi lèine.
- Cha chreid mi nach cuir mi an còta orm.

—— Gràmar ——

1 Declension of adjectives

Adjectives, like nouns, change their form in the genitive and dative cases. In general, whatever happens to the noun is reflected in the accompanying adjective.

(*a*) **Dative case**
masculine nouns lenite the adjective:

Bha sinn a' bruidhinn ris a' ghille mhòr.
We were talking to the big boy.

Tha Anna ag obair anns an ospadal bheag.
Anna works in the small hospital.

feminine nouns lenite the adjective, and add **i** before the final consonant(s) if possible:

Tha Màiri a' dol dhan sgoil mhòir.   *Mairi goes to the big school.*
Bha sinn a' bruidhinn ris a' chaileig   *We were talking to the young*
òig.   *girl.*

(b) Genitive case
masculine nouns lenite the adjective, and add **i** before the final consonant(s) if possible:

Tha mi a' dol a dh'fhosgladh an   *I'm going to open the main*
dorais mhòir.   *door.*
Dè mu dheidhinn a' chòta ruaidh?   *What about the red-brown*
   coat?

feminine nouns There are currently two methods of putting adjectives into the genitive case with feminine nouns:
(i)   in exactly the same way as masculine nouns, or;
(ii) insert **i** before the final consonant(s) and add **e** after the final consonant.

The second method is more 'correct', but the first is more commonly used:

Dè mu dheidhinn na lèine   *What about the black shirt?*
dhuibh/duibhe?
Bha Seòras ag iarraidh na briogais   *George was wanting the grey*
ghlais/briogaise glaise.   *trousers.*

(c) Vowel changes: See also **Aonad 9, Gràmar**.
In certain one-syllable adjectives, the vowel changes in the dative and genitive cases:

gorm   Bha mi ag iarraidh a' chòta ghuirm. *I was wanting the blue coat.*
dearg Tha i a' ceannach na dreasa dheirg/deirge. *She is buying the red dress.*
beag   Tha iad fhathast anns an sgoil bhig. *They are still in the small school.*

2 'S fheàrr *(prefer)*

'S fheàrr plus **le** conveys the meaning 'prefer' or 'like better/best'. This construction works in the same way as **'S toil le** or **'S caomh le**:

'S fheàrr le Alasdair am baile mòr.   *Alasdair prefers the city.*
'S fheàrr leam a bhith a' cluich ball-coise.   *I prefer playing football.*

In the phrase **'S fheàrr leam tì na cofaidh** (*I prefer tea to coffee/I like tea better than coffee*), **na** means '*than*'.
Further comparisons will be covered in Unit 13.

3 Which?

To ask 'which' of something, you say **Dè** or **Cò** followed by 'the', and the name of the thing:

Dè am baile?	*Which town?*
Dè an seòrsa?	*Which kind?*
Cò an drochaid?	*Which bridge?*

4 Linking sentences (future tense)

Aonad 11, Gràmar covered how to link sentences in the future tense using the verb 'to be'. In the **Còmhradh** of this unit there was an example of a future tense link using the verb **ceannaich** (*buy*).

Tha mi a' smaoineachadh   *I think that I'll buy a shirt.*
gun ceannaich mi lèine.

where **gun ceannaich mi lèine** (*that I'll buy a shirt*) is linked to the first part of the sentence.

To link a sentence in the future tense, you use **gun** followed by the root of the verb: **ceannaich** (*buy*). If the verb begins with **b, f, m** or **p, gum** is used instead of **gun**:

Tha mi 'n dòchas gum fòn iad.   *I hope that they will phone.*
Tha mi a' smaoineachadh gun   *I think that they will read this*
   leugh iad an leabhar seo.   *book.*

The negative link is **nach** followed by the root of the verb:

Tha mi 'n dòchas nach ith iad cus. *I hope that they will not eat*
                         too much.
Bha Màiri ag ràdh nach cluich   *Mairi was saying that Iain*
   Iain golf idir.   *will/would not play golf at all.*

5 Cha chreid mi nach . . . (I think . . .)

The **Còmhradh** includes an idiomatic way of saying '*I think*' something.

Cha chreid mi nach bi feadhainn bhrèagha aca.

I think that they will have some nice ones. (Lit. 'I don't think that they will not have some nice ones.')

This double negative is a common way of expressing something:

Cha chreid mi nach coimhead mi air an telebhisean.

I think I will watch TV.

Cha chreid mi nach tèid mi dhachaigh.

I think I will go home.

6 Prepositions

All simple prepositions have a basic meaning: **do** means '*to*' as in the sentence **Tha mi a' dol do Bharraigh** (*I'm going to Barra*). However the meanings can be extended, as in the **Còmhradh** where **do** is used to mean '*for*', which is very common:

Cheannaich Barabal taidh shnog do Sheumas.

Barbara bought a nice tie for James.

Ri means '*to*' or '*by*':

Bha Dòmhnall a' bruidhinn ri Marsaili.

Donald was speaking to Marsaili.

In the **Còmhradh**, however, it is used with the verb **thig** to mean '*suit*'.

Prepositions may be used with verbs to convey particular meanings:

cuir + air (*put on; bother*)   Dè tha a' cur ort? *What's bothering you?*
Cuir ort do chòta. *Put on your coat.*

cuir + ri (*add to*)   Cuir am bainne ris an fhlùr. *Add the milk to the flour.*

cuir + mu (*dress*)   Chuir i uimpe. *She dressed/got dressed.*

7 Mu (about)

Mu, as noted in **Aonad 9, Gràmar**, lenites any word following it:

Tha iad a' falbh mu chòig uairean. *They are leaving about five o'clock.*

When used in connection with the word for 'the', **mu** becomes **mun**:

Bha sinn a' bruidhinn mun sgoil. *We were talking about the school.*

If the following noun begins with **sl, sn, sr** or **s** + vowel, **mun** becomes **mun t-**:

Chuir sinn ròpa mun t-seòl. *We put a rope about the sail.*

Mu amalgamates with personal pronouns in the usual way:

Chuir sinn umainn. *We got dressed.*

The table here lists the prepositional pronouns of **mu**:

There are also emphatic forms but they are seldom used. These are formed in the usual way.

mu +		becomes	
	mi	becomes	umam
	thu		umad
	e		uime
	i		uimpe
	sinn		umainn
	sibh		umaibh
	iad		umpa

8 Whether

The meaning 'whether' is conveyed by using the question form of the verb:

Chì sinn a bheil gin ann. *We'll see whether there are any.*

Chan eil fhios agam an ceannaich e sin. *I don't know whether he'll buy that.*

Chan eil mi cinnteach an do dh'fhòn iad. *I'm not sure whether they phoned.*

Obair eile

1 Cuir còmhla.

(a) Dè 's fheàrr le Iain?
(b) An fheàrr leat seo?
(c) Dè 's fheàrr le Catrìona?
(d) Dè 's fheàrr le Màiri 's Anna?

(i) 'S fheàrr leatha an còta.
(ii) 'S fheàrr leotha an rèidio.
(iii) Chan fheàrr.
(iv) 'S fheàrr leis an lèine seo.

2 Lìon na beàrnan.

(a) Tha Sìne a' dol a chur _____.
(b) Dè tha a' cur _____, a Mhòrag?
(c) An do chuir thu litir _____?
(d) Tha sinn a' dol a chur _____ an t-aodach ùr.

thuca	oirnn	uimpe	ort

3 Cuir còmhla. Cuir na h-ainmean còmhla ris an aodach cheart. Example: Mairead + i.

(a) Tha briogais ùr shnog aig Mairead.
(b) Cheannaich Dòmhnall lèine ghlas.
(c) Bha Anna ag iarraidh seacaid dhearg.
(d) Bidh Cailean a' faighinn sgiorta do a bhean.
(e) Bha brògan dubha air Marsaili.

4 Cuir air dòigh.

(a) mhòr/dhan/Alasdair/a/bhaile/thèid/dh'obair
(b) sibh/àirde/doras/sinn/na/chì/aig/h-eaglaise
(c) mac/sa'/Chaluim/an-diugh/bha/dhuibh/bhùth
(d) an/fàgaidh/anns/mhòir/sinn/càr/phàirc/a'
(e) òig/mo/rèidio/briste/mhic/tha

> **briste** *broken*

5 Cuir còmhla.

(a) Tha sinn an dòchas. Cuidichidh iad sinn.
(b) Tha Eilidh ag ràdh. Fuirichidh i a-staigh.
(c) Tha e a' smaoineachadh. Chan innis iad an fhìrinn.
(d) Tha iad an dòchas. Lorgaidh iad taigh ùr.
(e) Cha chreid mi. Cha cheannaich mi càr.

> **fìrinn (f)** *truth*   **lorg** *look for, find*

6 Lìon na beàrnan. Insert the correct form of the adjective in brackets into the space provided.

(a) A bheil thu a' cur na briogais (glas) _____ ort?
(b) 'S fheàrr leam an dath a tha air a' chòta (mòr) _____ .
(c) Dè a' phrìs a tha air an t-seacaid (gorm) _____ ?
(d) Tha Seòras ag iarraidh na taidh (dearg) _____ .
(e) An robh feadhainn (geal) _____ aca?

7 Tagh an rud ceart: fear no tè.

(a) An gabh thu deoch?
    Gabhaidh. Gabhaidh mi fear mòr/tè mhòr.
(b) An do cheannaich thu lèine ùr?
    Cheannaich. Cheannaich mi fear geal/tè gheal.
(c) A bheil Seumas ag iarraidh seacaid ùr?
    Chan eil. Tha fear ùr/tè ùr aige.
(d) 'S toil leam a' bhriogais aig Mairead?
    'S fheàrr leamsa am fear/an tè aig Ina.
(e) An caomh leat an còta sin?
    Cha chaomh. Tha am fear/an tè sin ro fhada.

8 Leugh agus freagair.

Bha Fionnlagh agus Catrìona agus an teaghlach aca a' ceannach aodach anns na bùithean Disathairne. Fhuair Ailean beag seacaid ghorm agus fhuair Seònaid tè dhearg. Cha robh Ceit-Anna ag iarraidh seacaid. 'S fheàrr leathase còtaichean agus cheannaich a h-athair fear glas dhi. Chunnaic Ailean brògan 's bha e gan iarraidh ach cha robh airgead gu leòr aig a mhàthair. Cheannaich i briogais dhubh dha agus briogais ghlas do Sheònaid. Bha Ceit-Anna ag ràdh gun robh briogaisean gu leòr aice 's gun robh i ag iarraidh an dreasa ruaidh a chunnaic i. Choimhead a màthair air a' phrìs agus cheannaich i sgiorta shnog ruadh do Cheit-Anna. Bha an dreasa ro dhaor. Bha Catrìona 's Fionnlagh a' smaoineachadh gun do cheannaich iad gu leòr, ach bha a' chlann a' smaoineachadh nach d' fhuair iadsan gu leòr.

Sgrìobh na freagairtean a-nis:

(a) Ailean got a blue jacket, . . .
(b) Seònaid got . . .
(c) Ceit-Anna got . . .

9 Leugh na sanasan seo agus freagair na ceistean. Read the advertisements below and then answer the questions which follow.

Anns an Fhasan

aodach de gach seòrsa
don fheadhainn òga
prìsean ìseal, luach math

**15 Sràid na Tràghad
BAILE AN LOCHA**

AN COTA MOR
3 Rathad na Mara
STEORNABHAGH

Còtaichean de gach seòrsa

Còtaichean-uisge bho £39.99
Còtaichean aotrom bho £35.99
Còtaichean snàtha bho £85.99

Fòn: 01851–707359

BUTH CATRIONA

Gach seòrsa aodaich airson
oidhche mhòr.

- dreasaichean
- sgiortaichean
- brògan
- adan

7 a' Cheàrnag
Achadh na Mara

**MacLEOID AGUS
CAIMBEULL**
An t-Sràid Ard
INBHIR NIS

*Aodach-sgoile don chloinn
Aodach do na fir*

Barganan gach Earrach is
Foghar

(a) Where would teenagers find clothes to suit them?
(b) Which shop sells school uniforms?
(c) Which shop caters for special ladies' wear?
(d) Which type of coat is the cheapest at An Còta Mòr?

iseal *low*		**ad** (f) *hat*	
luach (m) *value*		**ceàrnag** (f) *square*	
snàth (m) *wool*		**bargan** (m) *bargain*	
aotrom *light – not heavy*			

Fiosrachadh

Gnìomhachas air Ghaidhealtachd
(*Industry in the Highlands*)

Crofting (**croitearachd**) and fishing (**obair an iasgaich**) have
traditionally been mainstays of the West Highland and Island
economy. Crofting is a form of agriculture based on a unit of land
known as a croft (**croit**). Crofts, which are worked by crofters
(**croitearan**), vary in size from very small parcels of land to large
units comparable to the smaller farms (**tuathanais**) of the central and
eastern Highlands. Few crofters can earn a living from agriculture. Most
have other jobs and work their crofts on a part-time basis.

The fishing industry has contracted in recent years and fewer crofters
now combine the harvest of the ocean (**an cuan**) and the land (**an
talamh**). Fishing itself has diversified into onshore work in fish
processing and in fish farming (**tuathanas èisg**).

Other traditional industries which continue to offer significant
employment in the Highlands and Islands are Harris tweed and
whisky distilling. Production of Harris tweed (**An Clò Hearach** or
An Clò Mòr) is prone to fluctuating levels of demand but remains a
major employer in Lewis and Harris, where the cloth is woven in the
homes of weavers (**breabadairean**), before being finished in the mills
(**muilnean**) of Stornoway. Whisky (**uisge-beatha**) is produced by
distilleries (**taighean-staile**) throughout the Highlands and Islands, but
the island of Islay, with its seven distilleries, can legitimately claim the

greatest concentration of production. Islay is renowned for its distinctive malt whiskies.

Many Highlanders are employed in the oil industry (**obair na h-ola**), either offshore on the oilrigs (**croinn-ola**) or in the onshore platform construction yards (**gàrraidhean iarainn**). An increasing number are engaged in light industry and in home-based occupations, thanks to developments in communications systems and technology.

The scenic beauty of the Highlands attracts large numbers of tourists (**luchd-turais**) each year, and the tourist season has been extended in the Glencoe, Lochaber (**Loch Abar**) and Strathspey (**Srath Spè**) areas with the development of winter ski facilities. Tourism (**turasachd**), although largely seasonal and subject to the vagaries of the climate, is now a major growth industry.

13

THA SIN NAS FHEARR
That's better

In this unit you will learn how to

- talk about dimensions and measurements
- say what someone needs
- compare sizes and prices
- tell someone not to mind something

Còmhradh

Mairead Nic a' Phearsain is looking for some new furniture at the shopping centre with her husband Eairdsidh.

Mairead   A bheil na cùirtearan gorma fada gu leòr, Eairdsidh?

Eairdsidh   Cha chreid mi nach eil. Dè am fad a tha annta?

Mairead   Trì fichead òirleach.

Eairdsidh   Trì fichead òirleach – sin còig troighean a dh'fhaid. Tha iad ro ghoirid. Feumaidh sinn feadhainn nas fhaide.

Mairead   Am feum?

Eairdsidh   Oh, feumaidh. Bidh iad nas daoire na seo, ach bidh iad nas fheàrr.

Mairead   'S toil leam na cùirtearan glasa an-sin. Dè am fad a tha annta?

Eairdsidh Leth-cheud òirleach 's a ceithir. Tha iad sin nas giorra na an fheadhainn eile.

Mairead 'S bochd sin.

Eairdsidh Carson?

Mairead Tha iad nas saoire.

Eairdsidh Dè do bheachd air an fheadhainn ruadha?

Mairead Chan eil iad dona.

Eairdsidh 'S iad as tighe cuideachd.

Mairead Bidh iad nas daoire, ma tha.

Eairdsidh Cha chreid mi gum bi. Seall. Tha iad sia troighean a dh'fhaid ach chan eil iad dad nas daoire na an fheadhainn ghlasa.

Mairead An gabh sinn iad, ma tha?

Eairdsidh 'S iad as fheàrr.

Mairead Chan eil iad cho daor ris an fheadhainn ghorma agus tha iad nas fhaide.

Eairdsidh Coma leat a' phrìs. An gabh sinn iad?

Mairead Cha chreid mi nach gabh. Ma ghabhas sinn iad seo, thèid iad gu math leis a' phàipear ùr air a' bhalla eadar an dà uinneig.

Eairdsidh Gabhaidh sinn iad, ma tha. A bheil thu toilichte a-nis?

Mairead Cha chreid mi nach eil.

Mairead Nic a' Phearsain *Margaret MacPherson*	**Dè do bheachd air . . ?** *What do you think of . . ?*
na cùirtearan gorma *the blue curtains*	**'S iad as tighe.** *They are the thickest.*
fada gu leòr *long enough*	**Seall!** *Look!*
Eairdsidh *Archie*	**Chan eil iad dad nas daoire.** *They are no dearer.*
Dè am fad a tha annta? *What length/ How long are they?*	**'S iad as fheàrr.** *They are the best.*
òirleach (m) *(an) inch*	**cho daor ris an fheadhainn ghorma** *as dear as the blue ones*
troigh (f) *(a) foot*	**Coma leat a' phrìs.** *Never mind the price.*
còig troighean a dh'fhaid *five feet long*	**Thèid iad gu math leis a' phàipear ùr.** *They will go well with the new paper.*
feadhainn nas fhaide *longer ones*	**air a' bhalla** *on the wall*
nas daoire na seo *dearer than this/ these*	**eadar an dà uinneig** *between the two windows*
nas giorra *shorter*	
nas saoire *cheaper*	

Obair

1   Cuir ceart.

(a)   Tha na cùirtearan gorma dà fhichead òirleach a dh'fhaid.

(b)   Tha na cùirtearan glasa nas giorra na an fheadhainn ghorma.

(c)   Chan eil na cùirtearan ruadha cho tiugh ris an fheadhainn ghlasa.

(d)   'S e an fheadhainn ruadha as fhaide.

2   Leugh agus sgrìobh.

(a)   A bheil na cùirtearan gorma ro fhada?

(b)   An toil le Mairead na cùirtearan glasa?

(c)   Dè na cùirtearan as tighe?

(d)   An tèid an fheadhainn ruadha leis a' phàipear ùr?

Abairtean cudromach

How to:

Ask if something is long (etc.) enough and reply

- A bheil na cùirtearan fada gu leòr?
- Tha. Tha iad fada gu leòr. or
- Chan eil. Chan eil iad fada gu leòr. or
- Chan eil. Tha iad ro fhada.

Ask the length of something, and reply

- Dè am fad a tha anns na cùirtearan?
- Tha iad sia troighean a dh'fhaid. or
- Tha sia troighean a dh'fhaid annta.

Say someone needs something

- Feumaidh sinn cùirtearan fada.

Say something is dearer than something else

- Tha na cùirtearan glasa nas daoire na an fheadhainn eile.

Say something is the dearest

- 'S e na cùirtearan mòra as daoire.
- 'S iad as daoire.

Say something is/isn't as dear as something else

- Tha an càr uaine cho daor ris a' chàr dhearg.
- Chan eil na cùirtearan ruadha cho daor ris an fheadhainn eile.

Tell someone not to mind something

- Coma leat a' phrìs.

Gràmar

1 Length, height, breadth, weight

Length (**fad**), height (**àirde**), breadth (**leud**) and weight (**cudrom**) are all expressed using the same construction:

Dè am fad a tha anns a' chàr?	*What length is the car/How long is the car?*
De`an àirde a tha anns a' bhalla?	*How high is the wall?*
Dè an leud a tha anns a' phàipear?	*How broad/wide is the paper?*
Dè an cudrom a tha annad?	*What weight are you?*

Information about these dimensions and measurements is conveyed using the same form of construction:

Tha ochd troighean a dh'fhaid anns a' chàr.	*The car is eight feet long.*
or Tha an càr ochd troighean a dh'fhaid.	
Tha deich troighean a dh'àirde anns a' bhalla.	*The wall is ten feet high.*
or Tha am balla deich troighean a dh'àirdre.	
Tha naoi òirlich a leud anns a' phàipear.	*The paper is nine inches broad/wide.*
or Tha am pàipear naoi òirlich a leud.	
Tha ceithir clachan deug agus dà phunnd a chudrom annam.	*I am fourteen stone and two pounds (in weight).*

The literal translations of these constructions are:

Tha ochd troighean a dh'fhaid anns a' chàr.	*There are eight feet of length in the car.*
Tha an càr ochd troighean a dh'fhaid.	*The car is eight feet of/in length.*

A person's weight can also be expressed thus:

Tha Beasag naoi clachan agus ochd puinnd.	*Bessie is nine stone and eight pounds.*

2 Comparison of adjectives

There is a regular way of forming the comparative of adjectives in Gaelic just as there is in English: *bold, bolder, boldest*. To form the comparative (the '-er' part) in Gaelic, an **e** is added to the end of the adjective and, if necessary, an **i** is inserted before the last consonant(s). **Nas** precedes the new form of the adjective. Some adjectives formed in this regular way are **nas saoire** (*cheaper*), **nas àirde** (*higher*) and **nas glaine** (*cleaner*).

To compare something to something else, the word **na**, meaning '*than*', is used after the adjective:

Tha òr nas daoire na airgead.	*Gold is dearer than silver.*

Tha Beinn Nibheis nas àirde
  na Beinn Laomainn.
	*Ben Nevis is higher than Ben
	  Lomond.*

To form the superlative (the '-est' part), **as** replaces **nas** before the adjective, but a different type of sentence construction is used:

'S e mise as òige.	*I am the youngest.*
'S e Beinn Nibheis as àirde.	*Ben Nevis is the highest.*

The **'S e**, and not the **tha**, construction must be used with the superlative form. If a personal pronoun (**mi, thu, e**, etc.) follows, the **e** may be dropped:

'S iad as daoire.	*They are the dearest.*
'S e as fheàrr.	*It's best.*

Generally the emphatic forms of pronouns are used in this construction:

'S esan as àirde.	*He is the tallest.*
'S ise as glice.	*She is the most sensible.*

As is the case with English, several of the most commonly used adjectives form their comparative/superlative forms irregularly: **nas fheàrr** (*better*). Some of the most common are listed below and on p.160:

good	math	nas fheàrr	as fheàrr
bad	dona	nas miosa	as miosa
easy	furasda	nas fhasa	as fhasa
difficult	doirbh	nas dorra	as dorra
difficult/sorry	duilich	nas duilghe	as duilghe
big	mòr	nas motha	as motha
small	beag	nas lugha	as lugha

short	goirid	nas giorra	as giorra
long	fada	nas fhaide	as fhaide
thick	tiugh	nas tighe	as tighe
thin	tana	nas taine	as taine
old	sean	nas sine	as sine

Adjectives beginning with f are lenited after **nas** and **as**:

Tha Spàinnis nas fhasa na Ruiseis.   *Spanish is easier than Russian.*
Tha i nas fhuaire an-diugh.   *It's colder today.*

3 Cho (so, as)

Cho by itself means '*so*':

Tha i cho fuar!   *It's so cold!*

To compare two nouns or pronouns, as in the English construction 'as . . . as', Gaelic uses **cho** followed by the preposition **ri**:

Chan eil Anndra cho àrd ri Sìle.   *Andrew isn't as tall as Sheila.*
Chan eil Criosaidh cho sean riumsa.   *Chrissie isn't as old as me.*
Tha an sgoil cho mòr ris an ospadal.   *The school is as big as the hospital.*

4 Dà/Dhà (two)

Dà or **dhà** is not considered to be a plural and any noun following it is in the singular form.

dà thaigh *two houses*
dà uinneig *two windows*

Dà/dhà lenites all lenitable consonants, as in **thaigh** above. Any feminine noun following **dà/dhà** is put in to the dative case, as with **uinneig** above.

As outlined in **Aonad 9, Gràmar**, feminine nouns in the dative form have an **i** inserted before the final consonant(s):

slat (*a rod*)   dà shlait (*two rods*)
ad (*a hat*)   dà aid (*two hats*)

In certain feminine nouns of more than one syllable, the **i** replaces the final **a** when the noun is in the dative case:

caileag (*a girl*)   dà chaileig (*two girls*)
uinneag (*a window*)   dà uinneig (*two windows*)

In certain feminine nouns of one syllable, the original vowel changes in the dative:

cas (*a leg*)   dà chois (*two legs*)
clach (*a stone*)   dà chloich (*two stones*)

Obair eile

1   **Leugh agus cuir air dòigh**. List the people in this paragraph in descending order of height.

Tha Donnchadh sia troighean a dh'àirde ach chan e as àirde oir chan eil e cho àrd ri Alasdair. Tha Seònaid còig troighean agus ceithir òirlich a dh'àirde agus 's i as lugha. Tha Calum nas àirde na Seònaid ach tha e nas lugha na Anna. Chan eil Ealasaid cho àrd ri Eilidh. Tha Anna nas lugha na Ealasaid agus chan eil Eilidh cho mòr ri Donnchadh.

> **oir** *for, because*

2   **Faic agus sgrìobh**. Coimhead air na trì dealbhan seo agus freagair na ceistean:

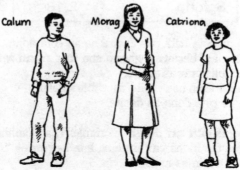

Calum   Morag   Catrìona

(a) Cò as àirde: Calum, Mòrag no Catrìona?
(b) A bheil Catrìona nas àirde na Calum?
(c) A bheil Mòrag nas lugha na Catrìona?
(d) Cò as lugha: Calum, Mòrag no Catrìona?

3 **Leugh agus cuir air dòigh.** Read the following statements about people's weights and then put the names in order from the lightest to the heaviest.

(a) Tha dà chloich dheug agus trì puinnd a chudrom ann am Pàdraig.
(b) Tha naoi clachan agus aon phunnd deug a chudrom ann an Caitlin.
(c) Tha Mata trì clachan deug agus ochd puinnd.
(d) Tha deich clachan agus ochd puinnd a chudrom ann am Beasag.
(e) Tha Doilidh ceithir puinnd nas aotraime na Caitlin.
(f) Tha Pòl seachd puinnd nas truime na Mata.

---

trom *heavy*

---

4 **Leugh agus cuir ceart.** Read the prices of the clothes listed below and correct any of the following statements which are false.

Prìsean	
Còta donn	£ 95
Còta liath	£ 70
Lèine dhearg	£ 12
Briogais ghorm	£ 25
Sgiorta	£ 18

(a) Tha an còta liath nas daoire na an còta donn.
(b) Chan eil a' bhriogais ghorm cho saor ris an sgiorta.
(c) 'S e an sgiorta as saoire.
(d) Tha an lèine nas saoire na a' bhriogais.
(e) 'S e an còta donn as daoire.

5 **Leugh agus cuir air dòigh.** Example: Tha Dòmhnall nas àirde na Fiona agus tha Fiona nas àirde na Iain **becomes** 'S e Dòmhnall as àirde **or** 'S e Iain as lugha.

(a) Tha Mìcheal nas òige na Màiri agus tha Alasdair nas sine na Mìcheal.

(b) Chan eil Màiri cho mòr ri Donnchadh ach tha i nas motha na Eachann.

(c) Tha an càr nas ùire na am bus agus tha am plèan nas ùire na an càr.

(d) Tha Inbhir Nis nas motha na an Gearasdan ach tha e nas lugha na Glaschu.

6 Lìon na beàrnan.

(a) Tha Glaschu _____ motha na Steòrnabhagh.

(b) Chan eil Beinn Nibheis _____ àrd ri Beinn Ebherest.

(c) 'S e Glaschu am baile _____ motha ann an Alba.

(d) A bheil Gàidhlig _____ fhasa _____ Spàinnis?

7 Lìon na beàrnan.

(a) Tha an còta _____ daoire na a' bhriogais.

(b) 'S e Beinn Ebherest _____ àirde.

(c) Chan eil Mairead cho òg _____ Eilidh.

(d) Tha òirleach nas giorra _____ troigh.

8 Leugh agus cuir air dòigh. Annag NicRath has written to the decorator wanting her new house painted and papered. Write in the room measurements in the new house in the appropriate places in the diagram overleaf.

A Charaid,
Tha sinn anns an taigh ùr a-nis agus tha e cho brèagha! Tha e nas motha na an seann taigh ach feumaidh sinn peant agus pàipear ùr. Seo na rumannan againn, tha iad uile deich troighean a dh'àirde: Tha trì troighean deug a dh'fhaid agus deich troighean a leud anns an t-seòmar-shuidhe. Tha an seòmar-cadail againne dà throigh dheug a dh'fhaid agus deich troighean a leud; tha ochd troighean a leud anns an dà sheòmar-cadail eile, ach tha an seòmar aig Calum-Iain nas fhaide na am fear aig Màiri-Sìne - tha trì troighean deug a dh'fhaid anns an t-seòmar aigesan, agus naoi troighean a dh'fhaid anns an fhear aicese. Tha an seòmar-ionnlaid fada cuideachd, trì troighean deug a dh'fhaid, ach còig troighean a leud - tha e uabhasach cumhang. Tha mi ag iarraidh nam pìsean mus tòisich sibh ag obair.
Le meas Annag NicRath.

sean *old*	**seòmar-ionnlaid** (m) *bathroom*
peant (m) *paint*	**cumhang** *narrow*
rumannan *rooms*	**a dh'aithghearr** *soon*
seòmar (m) *room*	**mus** *before*
seòmar-suidhe (m) *living room*	**le meas** *yours faithfully*
seòmar-cadail (m) *bedroom*	

Annag	Seòmar-suidhe
	Seòmar-ionnlaid
Màiri-Sìne	Calum-Iain

9 Cuir còmhla.

(*a*) Tha dà _____ aig Alasdair.

(*b*) Fuirich dà _____.

(c) Bhris na gillean dà _____ anns an taigh.

(d) Coisichidh an dà _____ dhachaigh.

| bris *break* |

10 **Leugh agus freagair**. Read the following passage and complete the information in the grid below:

Tha Dòmhnall, Criosaidh agus am mac, Seumas, a' ceannach càr ùr. 'S e Fiesta a tha Criosaidh ag iarraidh oir tha iad nas lugha agus nas brèagha na Peugeots agus chan eil iad cho daor. Tha Dòmhnall ag iarraidh Peugeot oir tha iad nas luaithe agus nas motha. Chan eil Seumas ag iarraidh Fiesta no Peugeot idir. 'S e Volkswagen a tha e ag iarraidh oir 's iad as làidire agus as luaithe.

	Person	Car	Reasons for choice
(a)	_____	Fiesta	_____
(b)	Dòmhnall	_____	_____
(c)	_____	_____	strongest, fastest

14

THA MI AIR MO SHARACHADH

I'm fed up

In this unit you will learn how to

- state the condition of something
- ask what someone has done to something
- say that someone is involved in something
- say that something had happened
- say that someone wants to do something
- say that someone deserves something
- talk about personal possessions
- use some forms of personal names

Còmhradh

Marsaili NicFhionghain meets a neighbour Carina Mhoireasdan at the mobile shop. Carina appears to be rather disgruntled.

Marsaili	Tha i brèagha, a Charina.
Carina	Och, chan eil i cho blàth 's a bha i an-dè.
Marsaili	Chan eil ach tha i brèagha a dh'aindheoin sin.
Carina	Saoil?
Marsaili	Dè tha a' cur ort an-diugh, a Charina?
Carina	Och, a Mharsaili. Dh'fhòn an sgoil o chionn ghoirid. Chaill Dòmhnall againne a bhaga air an rathad chun na sgoile.
Marsaili	Ciamar a rinn e sin?

Carina	Uill, tha fhios agad gum bi iad ri mì-mhodh air a' bhus agus an-diugh bha iad a' cur am bagaichean a-mach air an uinneig. Fhuair gille air choireigin greim air baga Dhòmhnaill agus thilg e a-mach e. Tha mi air mo shàrachadh leis a' chloinn sin.
Marsaili	Nach do stad am bus?
Carina	O stad, ach bha iad a' dol seachad air an loch agus bha baga Dhòmhnaill air tuiteam a-mach an-sin. Bha e air a bhogadh agus cha b' urrainn dhaibh a thogail a-mach.
Marsaili	A bheil e air a chall buileach?
Carina	Tha ... agus bha e làn leabhraichean 's aodach-spòrs agus a h-uile rud.
Marsaili	Dòmhnall bochd. Bidh e air a nàrachadh.
Carina	Dòmhnall bochd? Tha e coma. Tha e cho gòrach 's a bha e riamh. Tha mise air mo nàrachadh leis a' pheasan bheag, cia tà. Nuair a chluinneas athair mu dheidhinn seo chan eil fhios agam dè chanas e; bidh e fiadhaich.
Marsaili	Bidh an t-eagal air Dòmhnall.
Carina	Tha mi 'n dòchas gum bi. Bidh athair airson a pheanasachadh agus tha e airidh air!

Marsaili NicFhionghain Marjory MacKinnon

Carina Mhoireasdan Carina Morrison

cho blàth 's a bha i an-dè as warm as it was yesterday

a dh'aindheoin sin despite that

Saoil? Do you think so?/Really?

o chionn ghoirid recently

chaill lost

a bhaga his bag

ri mì-mhodh up to mischief

am bagaichean their bags

a-mach air an uinneig out of the window

fhuair gille air choireigin some boy got

greim air baga Dhòmhnaill a hold of Donald's bag

Tha mi air mo shàrachadh leis a' chloinn sin. I'm fed up with those children.

Nach do stad am bus? Didn't the bus stop?

seachad air an loch past the loch

Bha a bhaga air tuiteam. His bag had fallen.

Bha e air a bhogadh. It was soaked.

Cha b' urrainn dhaibh a thogail a-mach. They couldn't lift it out.

A bheil e air a chall buileach? Has he lost it altogether?

làn full (of)

aodach-spòrs sports clothes

Bidh e air a nàrachadh. He will be humiliated.

Tha e coma. He couldn't care less.

cho gòrach 's a bha e riamh as daft as he ever was

leis a' pheasan bheag with the little brat

fiadhaich furious

Bidh athair airson a pheanasachadh. His father will want to punish him.

Tha e airidh air. He deserves it.

Obair

1 Cuir ceart.

(a) Tha Carina a' smaoineachadh gu bheil i nas blàithe an-diugh.

(b) Thilg Dòmhnall a bhaga a-mach air an uinneig.

(c) Bha baga Dhòmhnaill air a bhogadh.

(d) Tha Carina ag ràdh nach bi athair Dhòmhnaill fiadhaich.

2 Leugh agus sgrìobh.

(a) Cò bha a' fònadh gu Carina?

(b) Dè bhios a' chlann a' dèanamh air a' bhus?

(c) Càit' a bheil baga Dhòmhnaill a-nis?

(d) Dè bhios athair Dhòmhnaill airson a dhèanamh?

Abairtean cudromach

How to:

Say how something is compared to how it was
- Chan eil i cho blàth 's a bha i an-dè.
- Tha e cho gòrach 's a bha e riamh.

State the condition of someone or something
- Tha mi air mo shàrachadh.
- Bidh e air a nàrachadh.

Ask what someone has done to something
- A bheil e air a chall?

Say someone is involved in something
- Tha iad ri mì-mhodh.

Say something had happened
- Bha a bhaga air tuiteam.

Say someone wants to do something to someone
- Bidh athair airson a pheanasachadh.

Say someone deserves something
- Tha e airidh air.

Gràmar

1 Cho

Cho was first used in **Aonad 13** to show how to compare two things or people:

Tha an dreasa cho saor ris an sgiorta.
The dress is as cheap as the skirt.

Cho is also used in another way:

Chan eil i cho brèagha 's a bha i an-dè.
It's not as nice as it was yesterday.

In this construction, **cho** is followed by an adjective then **'s a** and a verb:

Tha e cho gòrach 's a bha e riamh.   *He is as daft as he ever was.*

The verb used is the normal form of the particular tense, but if the future tense is used it must be the '-s' future:

Chan eil iad cho mì-mhodhail 's a shaoileas tu.
They aren't as badly behaved as you think.

2 Possessives

The Gaelic words for '*my, your, his*', etc. are given below:

mo	*my*	ar	*our*
do	*your*	ur	*your*
a	*his*	an/am	*their*
a	*her*		

mo, do and **a** (*his*) lenite the following word: **mo bhràthair** (*my brother*), **do bhean** (*your wife*), **a chàr** (*his car*). If the following word begins with a vowel, **mo** becomes **m'**, **do** becomes **d'** and **a** drops out altogether:

m' athair   *my father*
d' aodach   *your clothes*
airgead   *his money*

A (*her*) does not lenite the following word: **a baga** (*her bag*). If the following word begins with a vowel, **h-** is placed before the word:

a h-athair   *her father*

Ar (*our*) and **ur** (*your*) do not lenite the following word: **ar dachaigh** (*our home*), **ur pàrantan** (*your parents*). If the following word begins with a vowel, **n-** is placed before the word:

ar n-athair   *our father*
ur n-eathar   *your boat*

An or **am** (*their*) do not lenite the following word: **an càraichean** (*their cars*), **am bagaichean** (*their bags*). If the following word begins with **b**, **f**, **m** or **p** you use **am**: **am piuthar** (*their sister*) but **an nighean** (*their daughter*).

As **am** and **an** (*their*) could often be mistaken for the word 'the' and because **a** (*his*) drops out altogether before vowels, some confusion could arise on occasion. For these reasons the construction **an taigh agam** (*my house*) is the one used more often to convey possession.

3 Forenames (genitive case)

Forenames or Christian names can also change according to how they are used in a sentence: 'Donald's father', where 'Donald' becomes 'Donald's'. Gaelic forenames can also have a genitive form: **mac Dhòmhnaill** (*Donald's son*). The rules for forming the genitive case of forenames are simple and are listed below:

(*a*) **Masculine names**: these are changed in the same way as for the vocative case, viz: the initial consonant is lenited if possible, and an **i** is inserted before the final consonant(s):

taigh Chaluim   *Calum's house*
athair Dhòmhnaill   *Donald's father*

Names such as Iain which begin in a vowel and whose last vowel is already **i**, do not require to be changed:

seanmhair Iain   *Iain's grandmother*

The genitive forms of masculine forenames are found in many surnames:

| MacDhòmhnaill | *MacDonald, son of Donald* |
| MacIain | *Johnson, son of John/Iain.* |

Sometimes the vowels in a name change in the genitive case:

Niall (*Neil*) **but** MacNèill (*MacNeil, son of Neil*).

(*b*) **Feminine names**: these are changed by inserting an **i** before the final consonant(s) in the name:

| mac Mòraig | *Morag's son* |
| cù Annaig | *Annag's dog* |

Some names, such as those ending in a vowel, or whose last vowel is already **i**, do not change:

| taigh Peigi | *Peigi's house* |
| nighean Eilidh | *Eilidh's daughter* |

In some dialects the initial letter of feminine forenames is also lenited in the genitive case:

| seanair Chatrìona | *Catriona's grandfather* |
| taigh Mhòraig | *Morag's house* |

4 Air (action completed)

When used before a verbal noun in place of **a'** or **ag**, **air** conveys the meaning of an action completed (perfect and pluperfect tenses):

Bha an càr air briseadh sìos.   *The car had broken down.*

This construction alters slightly when a noun object is used:

Tha Màrtainn air litir a sgrìobhadh.   *Martin has written a letter.*

What happens is that **air** is followed by the noun which is in turn followed by **a** and the lenited form of a verbal noun:

Tha mi air an uinneag a dhùnadh.   *I have closed the window.*
Bha e air am baga a thilgeil a-mach.   *He had thrown the bag out.*

Note that it is the normal form of the noun which follows **air: am baga** (*the bag*), **an uinneag** (*the window*).

Note also that verbs beginning with a vowel or **f** followed by a vowel are not preceded by **a**:

Tha mi air an uinneag fhosgladh.	*I have opened the window.*
Bha e air dà phinnt leann òl.	*He had drunk two pints of beer.*

The **air** construction can be used with **mo** (*my*), **do** (*your*), etc. to describe a passive state (something which has happened to someone or something):

Tha mi air mo shàrachadh.	*I am fed up.*
An robh sibh air ur fiathachadh?	*Were you invited?*

In the **Còmhradh** there is an example of a passive construction (one in which something has been done **by** someone):

Tha mise air mo shàrachadh leis a' pheasan bheag.	*I am fed up of the little brat.*

Where the preposition **le** is the equivalent of the English '*by*':

Bha am baga air a lìonadh le Dòmhnall.	*The bag was filled by Donald.*
Bidh a' bhùth air a fosgladh leis a' phròbhaist.	*The shop will be opened by the provost.*

Although this is a very common way of expressing the passive, there are other forms which will be covered in later units.

5 Airson (wants to . . .)

In earlier units **airson** was used to express a desire to do something. **Airson** is used together with **mo** (*my*), **do** (*your*), etc. to say that someone wants to do something to someone:

Bidh athair airson a pheanasachadh.	*His father will want to punish him.*
Bha iad airson m' fhaicinn.	*They were wanting to see me.*

This construction is formed by **airson** followed by **mo** (*my*), **do** (*your*), etc. then the verbal noun (lenited if necessary).

Instead of **airson**, you can use **ag iarraidh** (*wanting*) to express the same meaning:

Chan eil mi ag iarraidh a cluinntinn. *I don't want to hear her.*
An robh iad ag iarraidh ar faicinn? *Were they wanting to see us?*

6 Ri *(up to/doing something)*

Ri followed by a noun or verbal noun implies being involved in or up to something:

Tha iad ri mì-mhodh. *They are up to mischief.*
Bha sinn ri snàmh. *We were swimming.*

Note that in Lewis Gaelic, **ri** often replaces **a'** or **ag** to form the normal participle, as in the second example above.

───────── Obair eile ─────────

1 Cuir còmhla.

(a) Tha _____ athair ag obair ann an Inbhir   (i)   ar
     Ghòrdain a-nis.
(b) An do bhris _____ chàr ùr sìos?   (ii)   am

(c) Cha toil le _____ n-athair a bhith a' coimhead   (iii)   an
     an telebhisein.
(d) Chuala mi gu bheil _____ màthair anns an   (iv)   m'
     ospadal.
(e) Cuin a chunnaic sibh _____ seanair?   (v)   do

2 Leugh agus sgrìobh. Change the following sentences from ones using **mo, do**, etc. to ones using **agam, agad**, etc. The first one has been done for you.

(a) Tha a taigh ùr nas lugha. *This becomes:*
     Tha an taigh ùr aice nas lugha.
(b) Càit' an do chaill thu do bhaga?
(c) Cha chreid mi gu bheil a thidsear a' còrdadh ris.
(d) Chan eil am bùth fosgailte idir a-nis.

(e) Fhuair mi mo chàr ann an Dùn Eideann.

(f) Bha ur n-òran uabhasach brèagha.

3 Lìon na beàrnan.

(a) Tha m' _____ agus mo _____ a' falbh air làithean-saora a-màireach.

(b) 'S e a _____ , Iain, as fheàrr leatha.

(c) A bheil ur _____ nas sine na ur màthair?

(d) Cò às a tha do _____ ?

(e) Cheannaich an _____ aodach ùr dhaibh.

---

n-athair   mhàthair   seanmhair   athair   phàrantan   bràthair

---

4 Cuir còmhla.

(a) Chuala mi gun robh Ailean . . .	(i) air do shàrachadh
(b) Cha robh a' bhùth . . .	leotha
(c) Bha iad ag ràdh gun robh sibh . . .	(ii) air a bhogadh
(d) Cha chreid mi nach bi thu . . .	(iii) air mo pheanasachadh
(e) Bha mi ri mì-mhodh 's bha mi . . .	(iv) air ur nàrachadh
	(v) air a fosgladh an-dè idir.

5 Leugh agus sgrìobh. Read the following passage about the inhabitants of a small crofting township and complete the information in the grid below.

Tha Raghnall agus Mòrag a' fuireach ann an taigh Dhonnchaidh Mhòir ach tha iad airson taigh ùr a thogail cho fad 's a bhios an t-airgead aca. 'S e mac Eachainn agus Annaig a tha ann an Raghnall agus 's e nighean Dhòmhnaill agus Oighrig a tha ann am Mòrag. Tha Niall, bràthair Raghnaill, a' fuireach air a' chroit as fhaisge orra agus tha e pòsda aig Màiri Anna, nighean Chaluim agus Seonaig. 'S e taigh Catrìona nighean Sheumais an t-ainm a tha air an taigh aca. Ri taobh taigh Catrìona tha taigh Mhurchaidh Bhig, agus tha Murchadh, mac Mhurchaidh Bhig agus Norma, a' fuireach ann còmhla ri bhean Doileag, nighean Ruairidh agus Maireid. Tha Iain Alasdair, mac Sheòrais agus Ceitidh, a' fuireach leis fhèin ann an taigh Phàdraig Ruaidh.

---

leis fhèin *on his own*

	Inhabitants	Their parents	Original owner of house
(a)	Raghnall	_____	Donnchadh Mòr
	_____	Dòmhnall, Oighrig	
(b)	_____	Eachann, Annag	_____
	Màiri Anna	_____	
(c)	_____	Murchadh Beag, Norma	_____
	Doileag	_____	
(d)	_____	_____	Pàdraig Ruadh

6 Leugh agus sgrìobh. Change the form of the following sentences to show the different way of expressing possession. The first one has been done for you.

(a) Tha an nighean aig Niall air a sàrachadh leis an obair. *This becomes:*
Tha nighean Nèill air a sàrachadh leis an obair.

(b) Cha chreid mi nach bi am mac aig Mòrag a' seinn a-nochd.

(c) Tha an taigh aig Dùghall cho snog 's a bha e riamh.

(d) Bha m' athair ag ràdh gun robh a' chlann aig Calum ri mì-mhodh.

(e) Cha bhi a' bhean aig Màrtainn toilichte nuair a chluinneas i.

(f) Bha an càr aig Anna air briseadh sìos air an rathad mhòr.

7 Cuir air dòigh.

(a) airson/bha/ann/d'/Sìne/fhiathachadh

(b) a/airson/bheil/leughadh/a/thu

(c) thu/cuin/m'/tha/fhaicinn/a/airson

(d) Sheumais/òl/mac/airson/tha

(e) airson/an/sibh/fosgladh/robh/a

(f) iad/eil/ann/chan/n-iarraidh/airson/ar

8 Leugh agus sgrìobh.

'S mise Pàdraig MacTheàrlaich. Bha mi air mo thogail ann an Ìle, ach chaidh mi a dh'fhuireach a Ghlaschu nuair a dh'fhàs mi sgìth dhen eilean. Tha Glaschu cho math 's a bha e riamh, ach 's fheàrr leam Ìle a-nis. Tha e nas sàmhaiche agus nas glaine na am baile mòr agus tha mòran dhaoine air tighinn a dh'fhuireach dhan eilean. Tha taigh agam ann am Port Ilein, taigh Dhòmhnaill Bhàin, ach chan eil mi air fhaicinn o chionn ghoirid. Nuair a dh'fhàsas mi sgìth de Ghlaschu cha chreid mi nach tèid mi air ais a dh' Ìle.

(a) Càit' an robh Pàdraig air a thogail?
(b) Cuin a chaidh e a dh'fhuireach a Ghlaschu?
(c) A bheil Glaschu nas fheàrr na bha e?
(d) An tàinig mòran dhaoine a dh'fhuireach a dh'Ile?
(e) Cò bha a' fuireach ann an taigh Phàdraig an toiseach?
(f) An robh Pàdraig aig an taigh o chionn ghoirid?

MacTheàrlaich *MacKerlich*	**Port Ilein** *Port Ellen*
sàmhach *quiet*	**fàs** *become, grow*

9 **Leugh agus sgrìobh.** Change the following sentences so that they report what is said rather than quote directly. The first one has been done for you.

(a) Dòmhnall: 'Tha mi air mo shàrachadh leis a' pheasan sin.'
This becomes:
Tha Dòmhnall ag ràdh gu bheil e air a shàrachadh leis a' pheasan sin.

(b) Sìle: 'Tha sinn air ar fiathachadh chun a' phartaidh.'
_____

(c) Mìcheal: 'Bha mi air mo thogail ann am Barraigh.'
_____

(d) Ealasaid: 'Bidh thu air do pheanasachadh airson sin.'
_____

(e) Artair: 'Cha robh sibh air ur n-iarraidh an-seo.'
_____

partaidh (m) *a party*

15

THA DÙIL AGAINN FALBH

We expect to go

In this unit you will learn how to

- ask when something will happen
- discuss intentions and future actions
- tell the time
- say that someone is or was afraid of doing something
- say that someone is hungry
- make suggestions and give warnings
- express a desire to do something
- make comparisons
- use forms of courtesy

Còmhradh

While awaiting the departure of their plane, Seònaid and Niall are discussing their travel plans with another couple, Anna and Dùghlas.

Anna   Dè 'n uair a ruigeas sibh Ibiza, a Sheònaid?

Seònaid	Leth-uair an dèidh trì anns a' mhadainn, Anna.
Anna	Leth-uair an dèidh trì! Tha sin mì-chiatach.
Seònaid	Tha dùil againn cadal fhaighinn air a' phlèan. Cha do chaidil mise idir a-raoir.
Anna	Cha do chaidil no mise. Bha eagal orm gun do dhìochuimh-nich mi rudeigin.
Dùghlas	Tha mi 'n dòchas nach do dhìochuimhnich!
Niall	Cò ghabhas cupa cofaidh? A Sheònaid? Anna? A Dhùghlais?
Dùghlas	Bha dùil againne biadh a ghabhail, a Nèill. Tha an t-acras orm.
Anna	Cha do dh'ith sinn càil mus do dh'fhàg sinn an taigh. Cuin a dh'fhalbhas am plèan agaibhse?
Seònaid	Cairteal gu còig.
Anna	Tha uair a thìde agaibh fhathast. Nach gabh sibh biadh còmhla ruinn?
Seònaid	Cha chreid mi gun gabh, tapadh leibh. Ma dh'itheas mi dad an-dràsda, tha eagal orm gum bi mi tinn air a' phlèan.
Niall	Feumaidh sinn a dhol tron Chuspainn a dh'aithghearr cuid-eachd. Ann an cairteal na h-uarach, tha mi a' smaoineach-adh.
Dùghlas	Feuch nach toir sibh cus troimhe.
Niall	Och, cha d' fhiach e. Tha rudan mar bhiadh is deoch fada nas saoire thall thairis co-dhiù.
Anna	B' fheàrr leam gun robh sinne a' dol a-null thairis cuideachd.
Seònaid	A bheil dùil agaibh saor-làithean a ghabhail am bliadhna idir?
Anna	Chaidh sinn a-null dhan Fhraing as t-Earrach agus tha mise airson tilleadh a-rithist, 's dòcha as t-Fhoghar.
Seònaid	An ann ann am Paris a bha sibh?
Anna	'S ann.
Seònaid	An do chòrd e ruibh?
Anna	O chòrd. Bha e na bu bhòidhche na bha dùil agam, ach bha e fada na bu thrainge cuideachd. Bha sinn claoidhte mus do thill sinn dhachaigh.

Loudspeaker makes a muffled announcement.

Seònaid	Dè bha sin, a Nèill?
Niall	Am plèan againne. Feumaidh sinn a dhol troimhe.
Dùghlas	Uill, bha e math tachairt ruibh.
Anna	Bha gu dearbh. Tha mi 'n dòchas gum bi saor-làithean matha agaibh. Turas math dhuibh.
Seònaid	Tapadh leibh. Mar sin leibh.

Dùghlas *Douglas*

Dè 'n uair a ruigeas sibh Ibiza? *What time will you reach Ibiza?*

Leth-uair an dèidh trì. *Half past three.*

mì-chiatach *dreadful*

Tha dùil againn cadal fhaighinn. *We expect to get some sleep.*

Cha do chaidil mise idir a-raoir. *I didn't sleep at all last night.*

Cha do chaidil no mise. *Neither did I.*

Bha eagal orm gun do dhìochuimhnich mi rudeigin. *I was afraid that I had forgotten something.*

Cò ghabhas cupa cofaidh? *Who will have a cup of coffee?*

Bha dùil againne biadh a ghabhail. *We were intending to have a meal.*

Tha an t-acras orm. *I'm hungry.*

mus do dh'fhàg sinn an taigh *before we left the house/home*

Cuin a dh'fhalbhas am plèan agaibhse? *When does your plane leave?*

Cairteal gu còig. *Quarter to five.*

uair a thìde *an hour*

Ma dh'itheas mi dad . . . *If I eat anything . . .*

tinn *ill, sick*

tron Chuspainn *through Customs*

cairteal na h-uarach *quarter of an hour*

Feuch nach toir sibh cus troimhe. *Watch you don't take too much through.*

Cha d' fhiach e. *It's not worth it.*

mar bhiadh is deoch *like food and drink*

thall thairis *abroad*

B' fheàrr leam gun robh sinne a' dol a-null thairis. *I wish we were going abroad.*

Bha e na bu bhòidhche na bha dùil agam. *It was more beautiful than I had expected.*

na bu thrainge *busier*

claoidhte *exhausted*

mus do thill sinn *before we returned*

Feumaidh sinn a dhol troimhe. *We'll have to go through.*

Bha e math tachairt ruibh. *It was good to meet you.*

Turas math dhuibh. *Have a good journey.*

mar sin leibh *farewell*

Mìneachadh

Abroad

A-null thairis is used when motion is being expressed:

Bha sinn a' dol a-null thairis.   *We were going abroad.*

Thall thairis implies location abroad rather than motion:

Bha sinn thall thairis an-uiridh.   *We were abroad last year.*

Obair

1 Cuir ceart.

(*a*) Ruigidh Seònaid is Niall Ibiza feasgar.

(b) Tha Niall a' dol a cheannach biadh.
(c) Tha an t-acras air Dùghlas.
(d) Chaidh Anna is Dùghlas dhan Fhraing as t-Earrach.
(e) Cha toil le Anna Paris.

2 Leugh agus sgrìobh.

(a) An do chaidil Anna a-raoir?
(b) Dè bha dùil aig Dùghlas a dhèanamh?
(c) Carson nach eil Seònaid ag iarraidh biadh?
(d) An ann ann an Cannes a bha Anna?
(e) An robh Anna agus Dùghlas sgìth an dèidh Paris?

Abairtean cudromach

How to:

Ask when something will happen
- Dè 'n uair a ruigeas sibh Ibiza?
- Cuin a dh'fhalbhas am plèan agaibhse?

Ask/Tell if someone expects/ intends to do something
- A bheil dùil agaibh saor-làithean a ghabhail?
- Tha dùil againn cadal fhaighinn air a' phlèan.
- Bha dùil againne biadh a ghabhail.

Tell the time
- Tha e leth-uair as dèidh trì.
- Tha e cairteal gu còig.

Say someone is/was afraid of doing something
- Tha eagal orm gum bi mi tinn air a' phlèan.
- Bha eagal orm gun do dhìochuimhnich mi rudeigin.

Say someone is hungry
- Tha an t-acras orm.

Suggest that someone does/ does not do something
- Nach gabh sibh biadh còmhla ruinn?
- Feuch nach toir sibh cus troimhe.

Express a wish to do something
- B' fheàrr leam gun robh sinne a' dol a-null thairis.

Say something was more e.g. beautiful
- Bha e na bu thrainge.
- Bha e na bu bhòidhche na bha dùil agam.

Tell someone it was nice to meet them
- Bha e math tachairt ruibh/riut.

Wish someone a good journey
- Turas math dhuibh/dhut.

Bid someone farewell
- Mar sin leibh/leat.

Gràmar

1 Relative future tense (the '-s' future')

A different form of the future tense is used after question words (**dè**, **cò**, **ciamar**, **carson**, **cuin**) and a meaning *which* (see **Aonad 11, Gràmar**). The form used is called the relative future or '-s' future tense, and occurs in the following examples from the **Còmhradh**:

Dè 'n uair a ruigeas sibh Ibiza?   *What time do/will you reach Ibiza?*

Cuin a dh'fhalbhas am plèan agaibhse?   *When does/will your plane leave?*

As can be seen from these examples, this form of the verb can also convey a present tense meaning.

The '-s' future is made by leniting the root of the verb and adding **-as** at the end, or **-eas** if the last vowel in the root is an **i**:

Root	'-s' form	Example	
cluinn	chluinneas	Dè chluinneas sinn?	*What will we hear?*
gabh	ghabhas	Cò ghabhas deoch?	*Who will have a drink?*

If the root begins with a vowel or **f** + vowel, you place **dh'** before it and add **-as/-eas** at the end. Note that the **f** is also lenited:

ith	dh'itheas	Cuin a dh'itheas sinn?	*When will we eat?*
falbh	dh'fhalbhas	An tè a dh'fhalbhas.	*The one who goes.*

The '-s' form is always followed by **tu** rather than **thu**:

Dè ghabhas tu?   *What will you have?*

The '-s' form is frequently encountered in proverbs:

Am fear as ìsle a bhruidhneas,   *He who speaks lowest hears best.*
's e as fheàrr a chluinneas.

2 The time ('past' and 'to')

Cairteal means *quarter* and **leth-uair** means *half an hour*. In telling the time, these are followed by **an dèidh** or **as dèidh** (*past/after*) or **gu** (*to*):

cairteal gu còig   *quarter to five*

| leth-uair an dèidh deich | *half past ten* |
| cairteal an dèidh naoi | *quarter past nine* |

Frequently after **an dèidh**, the number designating the hour is preceded by **a** (or **a h-** if the number begins with a vowel):

| cairteal an dèidh a naoi | *quarter past nine* |
| leth-uair an dèidh a h-ochd | *half past eight* |

Aon uair deug and **dà uair dheug (dà reug)** are used in full:

| leth-uair an dèidh aon uair deug | *half past eleven* |
| cairteal gu dà uair dheug | *quarter to twelve* |

When telling the time using minutes, such as *five (minutes) past three*, the appropriate form of the word **mionaid** is included:

còig mionaidean an dèidh a sia	*five past six*
dà mhionaid dheug gu trì	*twelve minutes to three*
fichead mionaid gu dà uair dheug	*twenty to twelve*
còig mionaidean fichead an dèidh a ceithir	*twenty five past four*

Mionaid or its appropriate form cannot be omitted in the way that 'minutes' can be omitted in English.

3 A thìde *(duration)*

To express duration of time, as in *the train takes two hours*, **a thìde** (*of time*) is placed after the number of hours in question:

| Tha uair a thìde agaibh fhathast. | *You still have an hour.* |
| Tha an trèan a' toirt dà uair a thìde. | *The train takes two hours.* |

A thìde removes any ambiguity that might arise owing to the use of **uair/uairean** as *o'clock*, i.e. **dà uair** (*two o'clock*) but **dà uair a thìde** (*two hours*).

An alternative to **a thìde** is **an uaireadair** (*of the watch*):

| Tha am prògram a' tòiseachadh ann an leth-uair an uaireadair. | *The programme starts in half an hour's time.* |

4 Dùil *(intend/expect)*

Dùil covers meanings of intention, anticipation and expectation, according to context and is followed by the verbal noun, or a linking construction using **gun/gum** or **nach**:

Tha dùil againn falbh.	*We intend to go.*
Bha dùil aig Beathag seinn.	*Beth expected to sing.*
Bha dùil againn gun robh Dòmhnall a' dol a shnàmh.	*We expected/thought that Donald was going to swim.*
Tha dùil aig Iain nach bi duine a-staigh.	*Iain anticipates/thinks that there will not be anybody in.*

The last two examples show that **dùil** can be used in situations where English would use 'think', rather than 'expect' or 'anticipate'.

Where an object is used, the word **a** and the lenited form of the verbal noun follow the object:

Bha dùil againn biadh a ghabhail.	*We intended to have a meal.*

If the verbal noun begins with **f** followed by a vowel the word **a** is dropped:

Tha dùil agam airgead fhaighinn.	*I expect to get some money.*

If the verbal noun begins with a vowel only the verbal noun itself is used:

Bha dùil aig Marsaili am fìon òl.	*Marsaili intended to drink the wine.*

5 Conditions

When discussing conditions, such as **acras** (*hunger*) or **eagal** (*fear*), these conditions are expressed using forms of **air**:

Tha an t-acras air Dùghlas.	*Douglas is hungry.*
Bha an t-eagal orm.	*I was afraid.*

Other conditions thus expressed are **am pathadh** (*thirst*), **an cnatan** (*the cold*), **an cianalas** (*homesickness, longing, nostalgia*), **an dèideadh** (*toothache*):

Tha am pathadh air a' chloinn.	*The children are thirsty.*
An robh an cianalas ort nuair a bha thu a' fuireach thall thairis?	*Were you homesick when you were living abroad?*

6 Mus (before)

Mus is always followed by the part of the verb which follows **nach** or **gun/gum**:

Mus **cuir** mi air an telebhisean, nì mi cupa cofaidh.

Before I put on the TV, I'll make a cup of coffee.

Cha do dh'ith mi càil mus **do dh'fhàg** mi an taigh.

I didn't eat anything before I left the house.

7 Invitations/suggestions

A common way of inviting or suggesting to someone to do something is to use the negative question form (**nach**) of the future tense:

Nach gabh thu biadh còmhla ruinn Latha na Sàbaid?

Won't you have a meal with us on Sunday?/Have a meal with us on Sunday.

Nach tig sibh a-steach?

Won't you come in?/Come in.

Nach tèid sinn a-mach a-nochd?

Won't we go out tonight?/Let's go out tonight.

8 Tro (through)

Tro means *through* and, like most simple prepositions, can be amalgamated with the personal pronouns **mi, thu,** etc.:

Fuirichibh dà mhionaid agus cuiridh mi troimhe sibh. *Wait a moment and I'll put you through/connect you.*

The amalgamated forms are listed here:

The amalgamated versions of **tro** also have emphatic forms, which are formed in the usual way, but which are seldom used.

tro +	mi	becomes	tromham
	thu		tromhad
	e		troimhe
	i		troimhpe
	sinn		tromhainn
	sibh		tromhaibh
	iad		tromhpa

When used with the word for 'the', **tro** becomes **tron**:

Thàinig clach tron uinneig.

A stone came through the window.

Bha am bàta a' seòladh tron mhuir. *The boat was sailing through the sea.*

Tro thus amalgamates with 'the' in the same way as the prepositions **bho/o, do, fo** and **ro**.

9 Feuch *(make sure . . .)*

When giving warning or advice, **feuch** is placed before the question forms of the future tense (those beginning with **am/an** or **nach**), to convey 'watch/make sure/see':

Feuch nach toir thu cus troimhe. *Watch you don't take too much through.*

Feuch am bi thu modhail. *Make sure you are polite.*

Feuch can also be used with the present or past tense to convey the meaning *to see/check if*:

Thill i dhachaigh feuch an robh an doras glaiste. *She returned home to check if the door was locked.*

Fònaidh mi feuch a bheil e a-staigh. *I'll phone to see if he is in.*

10 Mar *(like, as, such as)*

Mar lenites the following word, if possible: **mar bhiadh is deoch** (*like food and drink*), **mar Chalum** (*like Calum*).

Instead of **mar**, certain dialects use **man**, which does not lenite:

Man biadh is deoch; man Calum.

11 Comparison of adjectives

In **Aonad 13** the comparison of adjectives was discussed: **nas fheàrr** (*better*), **nas òige** (*younger*). **Nas** and **as** are used in connection with the present or future tense, but in other tenses such as past and conditional (see **Aonad 21**), **nas** is replaced with **na bu** and **as** with **a bu**. **Bu** lenites the following adjective:

Bha an cafaidh fada na bu thrainge. *The café was far busier.*

Bha am biadh anns an Spàinnt na *The food in Spain was cheaper*
bu shaoire na ann an Alba. *than in Scotland.*

If the adjective begins with a vowel or **f** + vowel, **bu** is reduced to **b'**:

Bha Catrìona na b' òige na Seumas. *Catherine was younger than*
James.

Bha an taigh againne na b' àirde *Our house was higher than*
na am fear acasan. *their one.*

A bu is used in a similar way to **as**:

'S e Dòmhnall a b' àirde. *Donald was the tallest. (Lit. 'It*
is Donald who was tallest'.)

An e Cairistìona a bu bhòidhche? *Was Christine the most*
beautiful?

The past tense forms of **'S e**, **An e**, **Chan e** and **Nach e** may be used in
the construction shown above. These forms are **B' e**, **Am b' e**, **Cha b' e**
and **Nach b' e** respectively, and may be used thus:

B' e Dòmhnall a b' àirde. *Donald was the tallest. (Lit. 'It*
was Donald who was
tallest'.)

Am b' e Cairistìona a bu bhòidhche? *Was Christine the most*
beautiful?

These forms are not frequently used in speech, but may be encountered
in writing.

 ——————— **Obair eile** ———————

1 **Cuir còmhla.**

(a) Dè ghabhas tu?   (i) Falbhaidh e aig dà uair.
(b) Cuin a dh'fhalbhas am bus?   (ii) Ruigidh sinn e ann an uair
(c) Cò dh'itheas am biadh?   a thìde.
(d) Cuin a ruigeas sinn Colbhasa?   (iii) Gabhaidh mi pinnt leann.
    (iv) Ithidh Sìne am biadh.

2 Lìon na beàrnan.

(a) Ma _____ tu ris a' phrògram seo, cluinnidh tu ceòl math.

(b) Ciamar a _____ tu sin ann an Gàidhlig?

(c) An glas thu an doras nuair a _____ tu an taigh anns a' mhadainn?

(d) Bidh mise a' faireachdainn tinn nuair a _____ mi cus.

> dh'itheas   dh'fhàgas   dh'èisdeas   chanas

3 Cuir ceart. Complete the following sentences using the emphasised word in its correct form. The first one has been done for you.

(a) Cuin a **falbh** am bus? _This becomes:_ **Cuin a dh'fhalbhas am bus?**

(b) Ciamar a **cuir** tu air a' bhidio?

(c) Nuair a **òl** tu cus, bidh ceann goirt agad.

(d) Gheibh am fear a **cluich** as fheàrr duais mhòr.

(e) Ma **ruig** tu an taigh romhamsa, cuir air an teine.

> **duais** (f) _a prize_   **goirt** _sore_
> **bhidio** (f) _video_

4 Tagh an rud ceart.

(a) 6.15 ● **cairteal gu sia/cairteal an dèidh a sia**

(b) 4.30 ● **leth-uair an dèidh a trì/leth-uair an dèidh a ceithir**

(c) 2.45 ● **cairteal gu trì/cairteal an dèidh a trì**

(d) 5.20 ● **fichead mionaid an dèidh a còig/fichead mionaid gu còig**

(e) 8.50 ● **deich mionaidean gu naoi/deich mionaidean an dèidh a h-ochd**

(f) 11.05 ● **còig mionaidean an dèidh aon uair deug/còig mionaidean gu aon uair deug**

5 Cuir air dòigh. Rewrite the following paragraph so that the sentences are in time sequence.

Bidh mi a' faighinn a' bhus aig leth-uair an dèidh a h-ochd agus bidh e a' toirt mu leth-uair a thìde a ruighinn a' bhaile. Bidh sinn a' gabhail biadh mu chairteal gu uair. A h-uile latha o Dhiluain gu Dihaoine bidh mi ag èirigh aig cairteal an dèidh a seachd. Bidh mi a' tilleadh dhachaigh air a' bhus aig cairteal gu sia. Bidh mi a' tòiseachadh ag obair mu naoi uairean. Bidh mi a' gabhail mo bhracaist aig ochd uairean. Bidh sinn a' dol air ais a dh'obair aig cairteal an dèidh uair.

| a' toirt *taking* (referring to time) |

6 Lìon na beàrnan.

(a) Tha Iain _____ motha na Alasdair.

(b) Bha dùil agam gun robh Gàidhlig _____ fhasa na Spàinnis.

(c) Bha an trèan _____ luaithe na am bus.

(d) B' e Dòmhnall _____ òige den teaghlach.

7 Cuir air dòigh.

(a) nas/nach/cha/mi/bòidhche/a-nis/Cairistìona/chreid/eil

(b) sin/agam/ghlaine/gun/dùil/na/taigh/na/bha/robh/an/bu

(c) b' fheàrr/Alasdair/am/a/b' e

(d) am/an-diugh/thu/modhaile/bi/nas/feuch

8 Leugh agus freagair. Read the following passage and jot down the hitches and high points of Marsaili's trip.

Bha dùil aig Marsaili a dhol a dh'fhaicinn Tursachan Chalanais ann an Eilean Leòdhais an-uiridh, ach bha i air a leagail le càr agus cha b' urrainn dhi coiseachd. Bha i air leabhraichean agus leabhrain a leughadh mu na Tursachan agus cho luath 's a dh'fhàs i na b' fheàrr chaidh i ann. Fhuair i bus à Inbhir Nis gu Ulapul agus an uairsin ghabh i am bàt'-aiseig a-null a Steòrnabhagh. Cha robh i air na h-eileanan fhaicinn roimhe sin agus chuir Steòrnabhagh iongnadh oirre. Bha e na bu mhotha agus na bu thrainge na bha i a' smaoineachadh. Bha i airson fuireach ann an osdail òigridh ann an Steòrnabhagh, ach nuair a ràinig i, fhuair i a-mach nach robh osdail ann. B' fheàrr leatha gun robh, oir bha eagal oirre nach robh airgead gu leòr aice. Gu fortanach fhuair i àite ann an taigh teaghlaich faisg air meadhan a' bhaile agus chòrd e rithe glè mhath. An ath latha bha dùil aice a dhol cuairt chun an taigh-solais ach bha bus Chalanais a' fàgail tràth agus bha i airson am bus fhaighinn. Dh'fhàg i Steòrnabhagh aig leth-uair an dèidh a naoi agus ràinig i Calanais mu chairteal an dèidh a deich. Bha i uabhasach toilichte nuair a chunnaic i na Tursachan. Bha iad na b' àirde, na bu shine agus na bu bhòidhche na bha i an dùil. Gu mì-fhortanach bha i air a camara fhàgail ann an Inbhir Nis!

Tursachan Chalanais *Standing Stones of Callanish*	**a-null** *over*
leag *knock down*	**iongnadh** (m) *wonder, surprise*
leabhran (m) *booklet*	**gu fortanach** *fortunately*
bàt'-aiseig (m) *ferry*	**a dhol cuairt** *to go on a trip*
	taigh-solais (m) *lighthouse*

16

NACH TEID SINN GU DISCO?

Why don't we go to a disco?

In this unit you will learn how to

- seek and make suggestions about what to do
- express agreement and give reasons for doing so
- express strong likes and dislikes
- ask and say whether someone would like to do something
- say what someone ought to do
- use some forms of surnames

────────── Còmhradh ──────────

Two couples, Raibeart and Sarah and Dùghall and Magaidh, are discussing what to do one evening.

Raibeart Dè nì sinn a-nochd ma tha?

Dùghall Nach tèid sinn gu disco no gu dannsa?

Magaidh Cha tèid mise co-dhiù. Tha mi ro sgìth. Bha mi air mo chasan fad an latha. B' fheàrr leam fuireach a-staigh a-nochd.

Sarah Nach fhuirich sinn a-staigh 's nach coimhead sinn air film air bhidio?

Raibeart Am bu toil leibh idir a dhol a-mach a dh'àite air choireigin?

Dùghall Bu toil leamsa sin co-dhiù. Chan ann tric a gheibh sinn an cothrom a dhol a-mach còmhla.

Sarah Tha sin ceart, a Dhùghaill. Dè mu dheidhinn a dhol gu consairt no film no dealbh-chluich?

Magaidh O, ceart gu leòr ma tha. Thèid mi a-mach còmhla ruibh fhad 's a gheibh mi suidhe sìos far an tèid sinn.

Raibeart Sin thu fhèin, a Mhagaidh. Càit' an tèid sinn ma tha?

Sarah Bu chòir dhuinn coimhead anns a' phàipear feuch dè a th' air sa' bhaile.

Dùghall Tha am pàipear agam an-seo. Chì mi dè tha dol. Tha cèilidh is dannsa ann an Taigh-Osda MhicGuaire aig naoi uairean . . .

Magaidh Nach tuirt mi riut nach urrainn dhomh dannsadh a-nochd?

Dùghall Tha mi duilich. Dhìochuimhnich mi. Uill, tha cèilidh le Aonghas MacIain agus Clann Ulaidh ann an Talla na Bànrigh aig ochd uairean . . .

Raibeart 'S beag orm Aonghas MacIain agus 's lugha orm Clann Ulaidh.

Dùghall Dè mu dheidhinn a dhol gu dealbh-chluich ma tha? Tha tè ùr le Eideard MacThòmais san taigh-chluich aig leth-uair an dèidh a seachd.

Magaidh Bhiodh sin math. 'S fìor thoil leam dealbhan-cluich MhicThòmais.

Sarah Tha mi fhìn agus Raibeart glè dhèidheil orra cuideachd.

Raibeart Bu chòir dhuinn fònadh sa' mhionaid airson ticeadan.

Dùghall Bu chòir gu dearbh. Nach fhòn thu fhèin chun an taigh-chluich, a Raibeirt.

Raibeart Ceart gu leòr. Nì mi sin.

Raibeart *Robert*

Nach tèid sinn gu disco? *Why don't we go to a disco?*

Bha mi air mo chasan fad an latha. *I was on my feet all day.*

B' fheàrr leam fuireach a-staigh. *I would prefer to stay in (in the house).*

Nach fhuirich sinn? *Why don't we stay?*

Am bu toil leibh idir . . ? *Would you not like to . . ?*

àite air choireigin *some place or other, somewhere*

Bu toil leamsa sin. *I would like that.*

dealbh-chluich (f) *(a) play*

Chan ann tric a gheibh sinn an cothrom. *It's not often we get the chance.*

fhad 's a gheibh mi suidhe sìos *as long as I get to sit down*

far an tèid sinn *where we (will) go*

Sin thu fhèin, a Mhagaidh. *That's the stuff, Maggie.*

Bu chòir dhuinn. *We ought to/should.*

Taigh-Osda MhicGuaire *MacQuarrie's Hotel*

Nach tuirt mi riut? *Didn't I tell you?*

. . . nach urrainn dhomh . . . *that I cannot*

Talla na Bànrigh *Queen's Hall*

'S beag orm . . . *I really dislike . . .*

'S lugha orm . . . *I loathe . . .*
tè ùr le Eideard MacThòmais *a new one by Edward Thomson*
Bhiodh sin math. *That would be good.*
'S fìor thoil leam . . . *I really like . . .*

glè dhèidheil orra *very fond of them*
sa' mhionaid *immediately*
Bu chòir gu dearbh. *Yes indeed.*
Nach fhòn thu fhèin? *Why don't you phone?*

Mìneachadh

In and out

Gaelic has separate terms for the two discrete senses of the words *in* and *out*. 'In' meaning location in or inside is **a-staigh**, while motion in or inwards is **a-steach**:

A bheil duine a-staigh?   *Is there anyone in?*
Thig a-steach.   *Come in.*

It is not uncommon, however, to hear people use **a-staigh**, where you would normally expect **a-steach**:

Chaidh sinn a-staigh dhan rùm.   *We went into the room.*

Likewise, 'out' in the sense of being outside is **a-muigh**, while motion out or outwards is **a-mach**:

Bha sinn a-muigh anns a' ghàrradh.   *We were out in the garden.*
Chaidh iad a-mach cuairt.   *They went out for a walk.*

Obair

1 Cuir ceart.

(a) Cha robh Dùghall airson a dhol gu disco no gu dannsa.
(b) Thèid Magaidh a-mach ma gheibh i suidhe sìos far an tèid i.
(c) Tha cèilidh is dannsa ann an Taigh-Òsda MhicGuaire.
(d) Cha toil le Magaidh dealbhan-cluich MhicThòmais.
(e) Tha Raibeart a' dol a dh'fhònadh chun an taigh-chluich.

2 Leugh agus sgrìobh.

(a) Carson a bha Magaidh sgìth?

(b) Am bi Raibeart, Sarah, Dùghall agus Magaidh a' dol a-mach tric còmhla?

(c) Càit' a bheil Dùghall a' faicinn dè tha dol sa' bhaile?

(d) An toil le Raibeart Clann Ulaidh?

(e) Dè tha anns an taigh-chluich?

Abairtean cudromach

How to:

Ask for suggestions as to what to do
- Dè nì sinn a-nochd?

Suggest things to do
- Nach tèid sinn gu disco?
- Dè mu dheidhinn a dhol gu consairt?

Express agreement
- Ceart gu leòr.
- Tha sin ceart.

Give reasons for disagreeing
- Tha mi ro sgìth.
- B' fheàrr leam fuireach a-staigh.

Say you really dislike someone or something
- 'S beag orm Aonghas MacIain.

Say you loathe someone or something
- 'S lugha orm Clann Ulaidh.

Say you really like something
- 'S fìor thoil leam dealbhan-cluich MhicThòmais.

Say someone is very fond of something
- Tha mi fhìn agus Raibeart glè dhèidheil orra.

Ask if someone would like to do something, and reply
- Am bu toil leibh a dhol a-mach a dh'àite air choireigin?
- Bu toil leamsa co-dhiù.

Say someone should or ought to do something
- Bu chòir dhuinn coimhead anns a' phàipear.
- Bu chòir dhuinn fònadh sa' mhionaid airson ticeadan.

Gràmar

1 Suggesting I

A common way of suggesting something is to use the negative question form of the future tense of verbs:

Nach tèid sinn a-mach a-nochd?   *Why don't we go out tonight?*
Nach tig sibh a-steach?   *Won't you come in?*
Nach gabh sibh biadh còmhla ruinn? *Won't you have a meal with us?*

Verbs with future tense forms beginning in **f** followed by a vowel are lenited after **nach**:

Nach fhòn thu fhèin thuca?   *Why don't you phone them?*

To respond to suggestions, such as the above, which use the negative or **Nach** question form of the future tense, you use either the positive or negative form of the future tense of the verb concerned, followed by any reason you wish to give:

Nach dràibh thu fhèin?   *Why don't you drive?*
Dràibhidh. Bidh sin ceart gu leòr.   *Yes. That'll be fine.*
or
Cha dhràibh. Tha mi ro sgìth.   *No I'm too tired.*

2 Suggesting II

Another way of suggesting something is to use the words **Dè mu dheidhinn?** (*What/How about?*) followed by details of the suggestions. If the suggestion involves going somewhere, **Dè mu dheidhinn** is followed by the infinitive form **a dhol**:

Dè mu dheidhinn a dhol dhan   *How about going to Fort William?*
   Ghearasdan?
Dè mu dheidhinn a dhol a   *How about going fishing?*
   dh'iasgach?

If the suggestion involves only a verb or verb and extension, **Dè mu dheidhinn** is followed by the verbal noun of the particular verb:

Dè mu dheidhinn suidhe?   *How about sitting?*
Dè mu dheidhinn fuireach   *How about staying here tonight?*
   an-seo a-nochd?

Where the suggestion being made involves a noun as the object, **Dè mu dheidhinn** is followed by the noun, then **a** and the lenited form of the verbal noun:

Dè mu dheidhinn port a chluich?   *How about playing a tune?*
Dè mu dheidhinn bhidio a   *How about buying a video?*
   cheannach?

Note that **a** is dropped before verbal nouns beginning with a vowel or **f** followed by a vowel:

Dè mu dheidhinn geansaidh fhighe dha?	*How about knitting a jumper for him?*
Dè mu dheidhinn am biadh ithe a-nis?	*How about eating the food now?*

Responses to suggestions beginning with the phrase **Dè mu dheidhinn** vary according to the nature of the suggestion being made:

Dè mu dheidhinn a dhol a shnàmh?	*How about going swimming?*
Chan eil mi airson a dhol ann. Tha i ro fhuar.	*I don't want to go. It's too cold.*
Dè mu dheidhinn èisdeachd ris an teip ùr?	*How about listening to the new tape?*
Bhiodh sin math.	*That would be good.*

3 Suggesting III

A third and stronger way of suggesting something is to use the construction **Bu chòir do . . .** This conveys the meanings *should* and *ought to*. The **do** or prepositional part of the construction can be amalgamated with pronouns as in **Aonad 7, Gràmar**. Alternatively, a person's name can follow **do**. Names are lenited, where possible, after **do** and names which begin in vowels are preceded by **dh'**:

Bu chòir dhut sgrìobhadh thuca.	*You should write to them.*
Bu chòir do Choinneach a bhith faiceallach.	*Kenneth ought to be careful.*
Bu chòir do dh'Iseabail sin a dhèanamh.	*Ishbel ought to do that.*

The pattern of sentence following **Bu chòir do . . .** is the same as that for **Dè mu dheidhinn**:

Bu chòir dhaibh a dhol a sgitheadh.	*They should go skiing.*
Bu chòir dhuibh gearain.	*You ought to complain.*
Bu chòir dhi seacaid a chur oirre.	*She should put on a jacket.*

4 Expressing strong or intense dislike

The construction **Cha toil leam** (or its equivalent in some dialects **Cha chaomh leam**) encountered in **Aonad 4** is the most common way of expressing dislike of something. To express strong dislike, however, you use the construction **'S beag orm**:

'S beag orm an dath sin.   *I really dislike that colour.*

You can say what other people strongly dislike by changing the form of the prepositional pronoun or by adding the person's name to **air**:

'S beag oirre a bhith ag iarnaigeadh.   *She really dislikes/can't stand ironing.*

'S beag air Uilleam a bhith a' gàirnealaireachd.   *William really dislikes/can't stand gardening.*

To express intense dislike or loathing, you use the construction **'S lugha orm**:

'S lugha orm fighe.   *I loathe knitting.*

You can say what other people loathe by making adaptations similar to those above for **'S beag orm**:

'S lugha orra mocheirigh.   *They loathe an early rise.*

'S lugha air Rona a bhith a' fuaigheal.   *Rona loathes sewing.*

5 Stating preferences (B' fheàrr)

Preference is normally expressed using the construction **'S fheàrr le** (see **Aonad 12, Gràmar**):

'S fheàrr leam am fear donn.   *I prefer the brown one.*

'S fheàrr leotha ceòl traidiseanta.   *They prefer traditional music.*

If, however, you wish to state what your preference **would** be, you simply substitute **B'** for **'S** before **fheàrr**:

B' fheàrr leam snucar.   *I'd prefer snooker.*

B' fheàrr leinn fuireach an-seo.   *We'd prefer to stay here.*

6 *Surnames (genitive case)*

In **Aonad 14, Gràmar**, the genitive case of forenames was covered. Surnames can also change in the genitive case, and two examples are to be found in the **Còmhradh**, viz.:

Taigh-Osda MhicGuaire	*MacQuarrie's Hotel*
dealbhan-cluich MhicThòmais	*Thomson's plays*

The basic form of these surnames is MacGuaire and MacThòmais respectively, and the two examples show how 'Mac' surnames form their genitive, viz: **Mac** becomes **Mhic** but the rest of the name remains the same.

Female surnames beginning with **Nic** do not change their form in the genitive.

Other types of surname form their genitive differently. Names such as **Camshron** and **Caimbeul** are adjectives and are thus declined as any other adjective (see **Aonad 12, Gràmar**).

When surnames such as these stand on their own without an accompanying forename, they are turned into nouns by being preceded by 'the' and **-ach** or **-each** is added to the end:

Chunnaic mi **an Caimbeulach**.	*I saw Campbell.*
Bha mi a' bruidhinn ris **a' Chamshronach**.	*I was talking to Cameron.*

The genitive of such names is formed according to the regular rules for declining nouns (see **Aonad 9, Gràmar**):

taigh a' **Chaimbeulaich**	*Campbell's house*
bùth **an t-Siosalaich**	*Chisholm's shop*

 ——————————— **Obair eile** ———————————

1 **Leugh agus sgrìobh.** Read the following questions and statements and place them in the correct category below.

    (*a*) Tha an cù a-muigh anns a' ghàrradh.
    (*b*) Chaidh a' chlann a-steach dhan sgoil.
    (*c*) Cò tha a-staigh anns an taigh?

(d) Am bi sibh a' dol a-mach a-nochd?
(e) Fuirich a-staigh an-dràsda.
(f) Ruith a-mach dhan bhùth airson bainne, Anndra.

(i) Motion inwards   (iii) Static inside
(ii) Motion outwards   (iv) Static outside

2 Lìon na beàrnan.

(a) Nach _____ thu ort an còta?
   Cha chuir. Bidh mi ro bhlàth.
(b) Nach seas sinn an-seo gus an tig iad?
   _____ sheas. Tha i ro fhuar.
(c) Nach _____ mi an uinneag?
   Fosglaidh. Tha i cho blàth.
(d) Nach bruidhinn thu riutha an-dràsda?
   Cha _____ . Tha mi cho trang.
(e) Nach suidh sibh nas fhaisge air an teine?
   Cha _____ . Tha sinn ceart gu leòr an-seo.

3 Leugh agus sgrìobh. The responses to a number of suggestions are given below. Write the suggestions that were made.

(a) Chan fhòn sinn thuca a-nochd.
(b) Thèid sinn dhan taisbeanadh còmhla ruibh.
(c) Cha ghabh mi cèic. Chan eil an t-acras orm.
(d) Chan innis sinn dhaibh gu bheil ticeadan air fhàgail.
(e) Freagraidh mi fhèin am fòn.

4 Cuir air dòigh.

(a) gabh/cofaidh/thu/nach/cupa
(b) dannsa/mu/a/dheidhinn/gu/dè/dhol
(c) leat/an/bu/càr/a/toil/cheannach/am/sin
(d) an/bu/lèine/dhomh/iarnaigeadh/chòir/ùr
(e) coiseachd/leotha/dhachaigh/b' fheàrr

5 Leugh agus freagair. Read the following suggestions and responses and complete the blank spaces below.

(a) – Dè mu dheidhinn òran a sheinn, a Mhairead?
   • Tha mi duilich, a Mhàrtainn. Tha an cnatan orm.
(b) – Nach cluich thu port no dhà air a' phìob, a Mhurchaidh?
   • Ceart gu leòr, ma tha, Eilidh.
(c) – Dè mu dheidhinn a dhol dhan Spàinnt as t-Samhradh,
   a Thormoid?

- Bidh e ro theth an uair sin, Anna.
(d) – Bu chòir dhuinn botal fìon eile a cheannach, a Chairistìona.
- Chan eil airgead gu leòr agam, a Mhìcheil.
(e) – Nach iarr thu air Calum agus Marsaili tighinn chun a' phartaidh, a Sheònaid?
- Iarraidh gu dearbh, a Chailein. 'S fìor thoil leotha partaidhean.
(f) – Bu chòir dhut a dhol a chadal tràth, Eòghain.
- Thèid, a Cheiteag. Feumaidh mi èirigh tràth.

	Person being addressed	Person suggesting	Suggestion	Response
(a)	Mairead	_____	sing a song	_____
(b)	_____	Eilidh	_____	OK
(c)	_____	_____	going to Spain in the summer	_____
(d)	_____	_____	_____	doesn't have enough money
(e)	Seònaid	_____	_____	_____
(f)	_____	Ceiteag	_____	_____

6 Sgrìobh. Make up sentences similar to the above with the information provided below.

Type of suggestion	Person being addressed	Person suggesting	Suggestion	Response
(a) Nach	Una	Coinneach	Phone Peggy just now	She won't be in until 5 o'clock
(b) Dè mu dheidhinn	Iseabail	Catrìona	Go to town on Tuesday	That would be good. Must buy a new coat.
(c) Bu chòir	Eachann	Peadar	Read this book	Too long. Don't have the time.
(d) Nach	Daibhidh	Caitlin	Let's listen to radio tonight	Yes. Good concert at 20.30
(e) Dè mu dheidhinn	Ailios	Uilleam	Write letter to friend in London	Prefer to phone her
(f) Bu chòir	Flòraidh	Donnchadh	Let's walk to the station	So tired. On feet all day

7 Cuir còmhla.

(a) Tha iad dèidheil air ceòl traidiseanta.
(b) Bha Iomhar ag iarraidh orm a dhol a chèilidh air.
(c) Tha a' chailleag uabhasach sgìth.

(d) Dè nì sinn an-diugh?

(e) Tha an cnatan air Seonaidh.

(i) Bu chòir dhi a dhol dhan leabaidh.

(ii) Bu chòir dha deoch theth a ghabhail.

(iii) Bu chòir dhomh a dhol ga fhaicinn.

(iv) Bu chòir dhaibh tighinn dhan chonsairt còmhla ruinn.

(v) Bu chòir dhuinn an càr a ghlanadh.

8 Leugh agus cuir air dòigh. Below are statements which indicate what Dòmhnall Eòghan likes and dislikes. Arrange the statements in order from those he likes most to those he least likes.

(a) 'S lugha air Dòmhnall Eòghan a bhith a' sgrìobhadh litrichean.

(b) 'S caomh le Dòmhnall Eòghan a bhith a' coimhead an telebhisein.

(c) Cha toil le Dòmhnall Eòghan a bhith a' falbh air plèan.

(d) 'S beag air Dòmhnall Eòghan a bhith ag èirigh tràth.

(e) 'S fìor thoil le Dòmhnall Eòghan a bhith a' dràibheadh.

9 Ceart no ceàrr. Are the faces opposite each statement appropriate?

(a) 'S beag orm a bhith ag obair anns a' ghàrradh.

(b) 'S fìor thoil le Rhona a bhith a' sgitheadh air uisge.

(c) Cha chaomh le Fìona a bhith a' fighe.

(d) Tha Ailean dèidheil air a bhith a' cluich golf.

(e) 'S lugha oirre a bhith a' coimhead snucar air an telebhisean.

10 Leugh agus cuir air dòigh. Seòras and Caitlin Ross have moved into a new house and are debating where to position various items of furniture in the lounge.

Seòras   Càit' an cuir sinn an sòfa?

Caitlin   Nach cuir sinn ann am meadhan an làir e?

Seòras   Dìreach mu choinneimh an teine, an ann?

Caitlin   'S ann. Faodaidh sinn an dà sheathar a chur air gach taobh dhen teine.

Seòras   Agus càit' an cuir sinn am bòrd beag sgueathar?

Caitlin   Dè mu dheidhinn a chur eadar an sòfa agus an teine?

Seòras   Bhiodh sin glè mhath, tha mi a' smaoineachadh. Càit' an tèid na sgeilpichean-leabhraichean?

Caitlin	Nach fhaod sinn an cur ris a' bhalla air cùlaibh an t-sòfa agus thèid an lampa eadar na sgeilpichean agus an doras?
Seòras	Ceart gu leòr ma tha. Feumaidh sinn am piàna a chur ris a' bhalla eile faisg air an doras.
Caitlin	Dè mu dheidhinn an telebhisean a chur thall aig an uinneig?
Seòras	Cha chuir. Bidh e ro shoilleir airson an telebhisein aig an uinneig. Nach fheuch sinn anns an oisein e eadar am piàna agus an teine?
Caitlin	Feumaidh sinn an seathar a bha sinn a' dol a chur air an taobh sin dhen teine a chur thall aig an uinneig. Càit' an croch sinn na dealbhan?
Seòras	Nach croch sinn an tè mhòr os cionn an teine? Coimheadaidh i gu math an-sin. 'S fìor thoil leam i.
Caitlin	Tha mise glè dhèidheil oirre cuideachd. Dè mu dheidhinn an dà dhealbh dhen ghleann a chrochadh air gach taobh dhen phiàna?
Seòras	Bu toil leam sin. Tha mise gu math dèidheil orra ged is beag air a' chloinn iad.
Caitlin	Bu chòir dhuinn toimhsean a ghabhail mus toir sinn càil a-steach dhan rùm.

sòfa (m) *a sofa, couch*	**lampa** (m) *a lamp*
làr (m) *floor*	**piàna** (m) *a piano*
seathar (m) *a chair*	**oisean** (m) *a corner*
sgueathar *square* (adj)	**teine** (m) *(a) fire/fireplace*
sgeilpichean-leabhraichean (pl)	**croch** *hang* (vb)
bookshelves	**toimhsean** (pl) *measurements*
air cùlaibh *behind*	

Read the above conversation again and indicate on the room plan where Seòras and Caitlin agreed to position the various items of furniture.

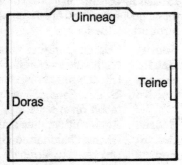

17

CHAN URRAINN DHOMH
A RADH LE CINNT

I can't say for sure

In this unit you will learn how to

- ask and say whether someone *can* do something
- ask whether someone *could* do something, and reply
- express approval
- ask where someone is from, specifically
- say that someone is or is not good at something
- say that someone is interested in something
- say that someone will enjoy something
- say that something will suit someone
- say someone has to do something

Còmhradh

Sandra, in the tourist information office, is telephoning a local guest house owner, Beasag, trying to get accommodation for a French couple.

Sandra An urrainn dhut càraid a ghabhail a-nochd, a Bheasag?

Beasag Tha mi duilich. Chan urrainn dhomh do chluinntinn ceart. (*Sandra tries again.*)

Sandra An urrainn dhut mo chluinntinn a-nis?

Beasag 'S urrainn. Tha sin nas fheàrr.

Sandra An tèid agad air dithis a ghabhail a-nochd?

Beasag Thèid. Tha dà rùm falamh agam an-dràsda – rùm le leabaidh dhùbailte agus rùm le dà leabaidh shingilte. Dè b' fheàrr leotha?

Sandra Fuirich agus faighnichidh mi dhaibh.
(Sandra confers with the French couple.)
Tha iad ag ràdh gum b' fheàrr leotha an rùm le leabaidh dhùbailte.

Beasag Bidh sin gasda. Cò às a tha iad co-dhiù?

Sandra As an Fhraing.

Beasag Dè 'm bad dhen Fhraing às a bheil iad?

Sandra Chan urrainn dhomh a ràdh le cinnt. A Provence, tha mi smaoineachadh.

Beasag An urrainn dhaibh Beurla a bhruidhinn?

Sandra 'S urrainn. Tha deagh Bheurla aca.

Beasag 'S math sin. Tha eagal orm nach urrainn dhomhsa Frangais a bhruidhinn. Chan eil mi math air cànanan idir. 'S bochd nach eil Fiona a-staigh. 'S urrainn dhise còmhradh ri Frangaich nan cànan fhèin.

Sandra Tha ùidh aca ann an ceòl Gàidhlig. Saoil am b' urrainn dhut teip no dhà a chluich dhaibh?

Beasag B' urrainn, ach tha an fheadhainn as fheàrr air falbh aig Fiona. Faodaidh iad èisdeachd ris an rèidio, cia tà. Tha prògram de dh'òrain air a-nochd.

Sandra Còrdaidh sin riutha. Am b' urrainn dhaibh tadhal an-dràsda leis na bagaichean aca?

Beasag B' urrainn gu dearbh. Freagraidh sin gu math ormsa.

Sandra Tha iad a' faighneachd cuideachd an tèid agad air dìnnear a thoirt dhaibh feasgar?

Beasag Cha tèid, tha eagal orm. Tha agam ri dhol gu coinneamh san Talla Choimhearsnachd aig leth-uair an dèidh seachd.

Sandra Canaidh mi sin riutha. Faodaidh iad biadh a ghabhail ann an taigh-òsda no ann an taigh-bìdh air choireigin.

An urrainn dhut càraid a ghabhail a-nochd, a Bheasag? 'S urrainn. *Can you take a couple tonight, Bessie? Yes.*	**An tèid agad air dithis a ghabhail?** **Thèid.** *Can you manage to take two (people)? Yes.*
Chan urrainn dhomh do chluinntinn ceart. *I can't hear you properly.*	**leabaidh dhùbailte** *(a) double bed* **leabaidh shingilte** *(a) single bed*

Dè b' fheàrr leotha? *Which would they prefer?*

Fuirich agus faighnichidh mi dhaibh. *Wait and I will ask them.*

gum b' fheàrr leotha *that they would prefer*

Bidh sin gasda. *That will be fine.*

As an Fhraing *From France*

Dè 'm bad dhen Fhraing? *Which part of France?*

Chan urrainn dhomh a ràdh le cinnt. *I can't say for sure.*

falamh *empty*

An urrainn dhaibh Beurla a bhruidhinn? *Can they speak English?*

Tha deagh Bheurla aca. *They have good English.*

'S math sin. *That's good.*

Tha eagal orm nach urrainn dhomhsa Frangais a bhruidhinn. *I'm afraid I can't speak French.*

math air cànanan *good at languages*

'S bochd nach eil Fiona a-staigh. *It's a pity that Fiona is not at home.*

'S urrainn dhise còmhradh ri Frangaich nan cànan fhèin. *She can speak to French people in their own language.*

Tha ùidh aca ann an ceòl Gàidhlig. *They are interested in Gaelic music.*

Saoil am b' urrainn dhut . . ? *Do you think you could . . ?*

teip *(a) tape*

an fheadhainn as fheàrr *the best ones*

air falbh *away*

prògram de dh'òrain *(a) programme of songs*

Còrdaidh sin riutha. *They will like that.*

Am b' urrainn dhaibh . . ? *Could they . . ?*

na bagaichean aca *their bags*

B' urrainn gu dearbh. *Yes indeed.*

Freagraidh sin gu math ormsa. *That will suit me well.*

a thoirt dhaibh *to give them*

Cha tèid. *No.*

coinneamh *(a) meeting*

san Talla Choimhearsnachd *in the Community Hall*

Obair

1 Cuir ceart.

(a) B' fheàrr leis na Frangaich rùm le dà leabaidh shingilte.

(b) Chan urrainn do na Frangaich Beurla a bhruidhinn.

(c) Tha ùidh aig na Frangaich ann an ceòl Gàidhlig.

(d) Cha tèid aig Beasag air dìnnear a thoirt do na Frangaich feasgar.

2 Leugh agus sgrìobh.

(a) Cia mheud rùm falamh a tha aig Beasag?

(b) An urrainn do Fiona Frangais a bhruidhinn?

(c) Dè tha air an rèidio?

(d) Càit' a bheil Beasag a' dol aig leth-uair an dèidh seachd?

─── Abairtean cudromach ───

How to:

Ask if someone can (manage to) do something, and reply
- An urrainn dhaibh Beurla a bhruidhinn?
- – 'S urrainn. Tha deagh Bheurla aca. or
- – Chan urrainn.

- An tèid agad air dithis a ghabhail a-nochd?
- – Thèid. Tha dà rùm falamh agam. or
- – Cha tèid.

Say someone can do something
- 'S urrainn dhise còmhradh ri Frangaich nan cànan fhèin.

Say someone cannot do something
- Chan urrainn dhomh do chluinntinn ceart.
- Chan urrainn dhomh a ràdh le cinnt.

Ask if someone could do something and reply
- Am b' urrainn dhuibh tighinn?
- – B' urrainn. or
- – Cha b' urrainn.

Respond with approval or approbation
- Bidh sin gasda.
- 'S math sin.

Ask which part of a country someone is from, and reply
- Dè 'm bad dhen Fhraing às a bheil iad?
- – A Provence.

Say someone is not good at something
- Chan eil mi math air cànanan idir.

Say someone is interested in something
- Tha ùidh aca ann an ceòl Gàidhlig.

Say someone will enjoy something
- Còrdaidh sin riutha.

Say something will suit fine
- Freagraidh sin gu math ormsa.

Say someone has to do something
- Tha agam ri dhol gu coinneamh.

 ─── **Gràmar** ───

1 Expressing capability I

There are two main ways of expressing ability to do something. The most common method is using the construction **'S urrainn do** ...

'S urrainn do . . . can be followed by a person's name or an amalgamated form of **do** can be used (see **Aonad 7, Gràmar**). The activity or thing which can be done is added after the name or the appropriate form of **do**:

'S urrainn do Raghnall snàmh.   *Ranald can swim.*
'S urrainn dhi sgitheadh.   *She can ski.*

Names are usually lenited after **do**. Names beginning in **l, n, r** or a vowel do not lenite and a **dh'** is placed before a name which begins with a vowel:

'S urrainn do Mhurchadh   *Murdo can drive.*
   dràibheadh.
'S urrainn do Nansaidh   *Nancy can dance.*
   dannsadh.
'S urrainn do dh'Eanraig   *Henry can paint.*
   peantadh.

When the activity referred to contains a noun, the noun comes immediately after the name or **do** form and is followed by **a** and the lenited form of the verbal noun:

'S urrainn dha Gàidhlig a   *He can speak Gaelic.*
   bhruidhinn.
'S urrainn do Rut an guitar   *Ruth can play the guitar.*
   a chluich.

If the verbal noun begins with a vowel or **f** followed by a vowel, the **a** is dropped:

'S urrainn dhuinn tacsaidh   *We can ask for a taxi to go*
   iarraidh airson a dhol dhan   *to the station.*
   stèisean.
'S urrainn dhuibh ceistean   *You can ask questions at the*
   fhaighneachd aig   *meeting.*
   a' choinneimh.

To say that someone cannot do something, you simply substitute **Chan** for the **'S** of **'S urrainn do** . . :

Chan urrainn dhuinn seinn.   *We can't sing.*
Chan urrainn dhomh càil a   *I can't say anything about it*
   ràdh mu dheidhinn an-dràsda.   *just now.*
Chan urrainn do dh'Ìna coiseachd   *Ina can't walk without a*
   gun bhata.   *stick.*

To ask if someone can do something, you replace the 'S of 'S urrainn do . . . with An:

An urrainn dhut cèic a dhèanamh?	*Can you make a cake?*
An urrainn do Sheònaid mo choinneachadh?	*Can Janet meet me?*

To answer the above questions, you say 'S urrainn for *Yes* and Chan urrainn for *No*.

If you wish to say that someone **could** do something, you change the 'S of 'S urrainn do . . . to B':

B' urrainn dhi fuaigheal agus fighe.	*She could sew and knit.*
B' urrainn do Theàrlach trì cànanan a bhruidhinn.	*Charles could speak three languages.*

To say that someone **could not** do something, you put Cha before the b' of b' urrainn do:

Cha b' urrainn dhomh fuireach na b' fhaide.	*I couldn't wait any longer.*
Cha b' urrainn do Dhiarmad còcaireachd.	*Diarmid couldn't cook.*

To ask if someone could do something, you put Am before the b' of b' urrainn:

Am b' urrainn do dh'Ealasaid an fhidheall a chluich?	*Could Elizabeth play the fiddle?*
Am b' urrainn dhuibh tighinn gu biadh Dihaoine?	*Could you come for a meal on Friday?*

To answer questions beginning in Am b' urrainn . . . you say B' urrainn for *Yes* and Cha b' urrainn for *No*.

2 Expressing capability II

The second way of expressing ability is by using the construction **Thèid aig . . . air**. This construction conveys the meanings *'will be able to'* and *'will manage to'* as well as *can* do something. The **aig** can either be followed by a person's name or it can change form to amalgamate with a pronoun subject as in **Aonad 3, Gràmar**. The activity or thing which can be done follows **air**:

Thèid aig Maoilios air sin a
thogail.

Myles can lift that.

Thèid aca air tighinn.

They will be able to come.

Thèid agam air Gearmailtis a
leughadh.

I can read German.

To say that someone cannot or will not be able to do something, you substitute **Cha tèid** for **Thèid** in the construction **Thèid aig ... air**:

Cha tèid aice air èirigh.

She can't get up.

Cha tèid aig Stiùbhart air a bhith
ann.

*Stewart won't be able
to be there.*

Cha tèid againn air an sgrìobhadh
aige a leughadh.

*We can't manage to read his
writing.*

To ask if someone can or will be able to do something, you replace **Thèid** with **An tèid?**:

An tèid aig Bobaidh air
pìobaireachd?

Can Bobby play the pipes?

An tèid agad air sin a dhèanamh?

Will you be able to do that?

An tèid agaibh air tadhal oirnn?

Will you manage to visit us?

To answer questions beginning in **An tèid?**, you say **Thèid** for *Yes* and **Cha tèid** for *No*.

3 Linking sentences or clauses (involving capability)

Sentences or clauses involving **urrainn do** can be linked to the first part of a sentence by substituting **gun** for the **'s** of **'s urrainn do**:

Tha mi a' smaoineachadh gun
urrainn dhi seinn.

I think that she can sing.

The negative form of **gun urrainn** is **nach urrainn**:

Tha e ag ràdh nach urrainn dha
cadal.

He says that he can't sleep.

Sentences or clauses involving **b' urrainn do** can be linked to the first part of a sentence by placing **gum** before **b' urrainn**:

Bha Tomaidh a' smaoineachadh gum b' urrainn do Lachlann an càr a chàradh.	*Tommy thought that Lachlan would be able to repair the car.*

The negative form of **gum b' urrainn** is **nach b' urrainn**:

Bha i ag ràdh nach b' urrainn dhi càil fhaicinn leis a' cheò.	*She was saying that she could not see anything with the fog.*

Sentences or clauses involving **thèid aig . . . air** can be similarly linked to the main part of a sentence by changing **thèid** to **gun tèid**:

Tha mi a' smaoineachadh gun tèid agam air faighinn ann.	*I think that I'll manage to get there.*

The negative form of **gun tèid** is **nach tèid**:

Tha e ag ràdh nach tèid aige air cromadh.	*He says that he isn't able to bend.*

4 Math air (good at)

Math (*Good*) and **air** (*on*) combine to mean *good at*:

Tha Fiona math air cànanan.	*Fiona is good at languages.*
A bheil thu math air iasgach?	*Are you good at fishing?*
Chan eil e math air dràibheadh.	*He's not good at driving.*

5 Expressing interest

To say that someone is interested in something, you use the construction **Tha ùidh aig . . . ann . . .** The **aig** is either followed by a person's name or it changes form to amalgamate with a pronoun subject (see **Aonad 3, Gràmar**). The thing in which someone is interested is added after **ann**:

Chan eil ùidh aca ann am bàrdachd.	*They are not interested in poetry.*
A bheil ùidh agad ann an stampaichean?	*Are you interested in stamps?*
Bha ùidh aig na Frangaich ann an ceòl Gàidhlig.	*The French were interested in Gaelic music.*

Strong interest can be expressed by inserting **mhòr** (*great*) after **ùidh**:

Tha ùidh mhòr aca ann an
eachdraidh.

They are very interested in history.

6 Expressing necessity and obligation

One of the two main ways of expressing necessity and obligation (using **feumaidh**) was covered in **Aonad 11, Gràmar**. The second way is to use the construction **Tha aig . . . ri . . .** which occurs in the **Còmhradh** section of this unit.

Aig can be followed by a person's name or it can change form as previously indicated in Sections 2 and 5 above. The activity or thing that one is obliged to do follows **ri**. Where an activity includes a noun, it is followed by **a** and the lenited form of the verbal noun:

Tha aig Sithbhan ri falbh an-dràsda.   *Siobhan has to go just now.*
A bheil agad ri deise ùr a cheannach?   *Do you have to buy a new suit?*
Cha robh aca ri càil a ghluasad.   *They didn't have to move anything.*

If the verbal noun begins with a vowel or **f** followed by a vowel, the **a** is dropped:

Bha agam ri uinneag fhosgladh.   *I had to open a window.*
An robh agaibh ri Gàidhlig
ionnsachadh?   *Did you have to learn Gaelic?*

If the noun is preceded by 'the', **ri** becomes **ris** and the noun goes into the dative case:

Bha againn ris a' chàr a phutadh.   *We had to push the car.*
Am bi aca ris an trèan fhaighinn
dhachaigh?   *Will they have to get the train home?*

Obair eile

---

1 **Cuir còmhla.** Match the following statements with the appropriate illustrations on page 210:

(a) 'S urrainn do Phàdraig sgitheadh.
(b) Chan urrainn dhomh snàmh.
(c) An urrainn dhut fighe?
(d) Am b' urrainn dhi dràibheadh?
(e) Cha b' urrainn do dh'Una seinn.

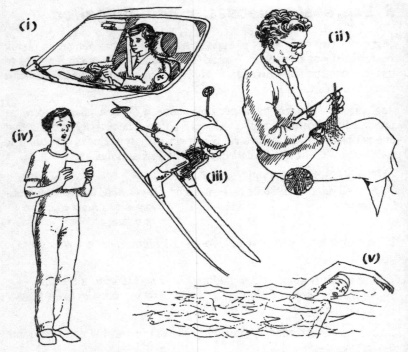

2 **Leugh agus sgrìobh.** The following are answers to questions. What were the questions asked?

(a) Chan urrainn dhomh èirigh.
(b) Thèid agam air tadhal Diardaoin.
(c) Cha b' urrainn do Mhata tighinn idir.
(d) Cha tèid aice air gluasad.
(e) B' urrainn dhi fuaigheal.

3 **Leugh agus freagair.** Read the following statements about what each person can and cannot do. Tick the activities each person can do and put a cross opposite each activity (s)he cannot do in the grid opposite.

Kevin: Thèid aig Kevin air snàmh agus sgitheadh ach cha tèid aige air seinn. Chan urrainn dha fighe no fuaigheal agus chan eil e math air còcaireachd.

Riona: 'S urrainn do Riona seinn agus dannsadh ach chan urrainn dhi teanas no snucar a chluich. Thèid aice air fighe agus tha i math air còcaireachd.

Shona: Cha tèid aig Shona air òran a sheinn ach tha i math air snàmh agus thèid aice air sgitheadh air uisge. Chan urrainn dhi fuaigheal.

Donaidh: 'S urrainn do Dhonaidh sgitheadh ach chan urrainn dha sgitheadh air uisge. Thèid aige air ball-coise agus teanas a chluich agus tha e math air còcaireachd.

Stiùbhart: Chan urrainn do Stiùbhart fighe ach 's urrainn dha fuaigheal. Thèid aige air dannsadh agus tha e math air snucar a chluich. Cha tèid aige air ball-coise no teanas a chluich.

Patricia: Thèid aig Patricia air seinn agus air dannsadh. Tha i math air còcaireachd ach chan eil i math air fighe no fuaigheal. 'S urrainn dhi snàmh agus sgitheadh ach chan urrainn dhi sgitheadh air uisge.

Activities	Kevin	Riona	Shona	Donaidh	Stiùbhart	Patricia
Snàmh						
Sgitheadh						
Sgitheadh air uisge						
Seinn						
Dannsadh						
Teanas						
Ball-coise						
Snucar						
Fighe						
Fuaigheal						
Còcaireachd						

4 Cuir còmhla. Match the following statements of capability with the appropriate reason or explanation:

(a) 'S urrainn dhi Gearmailtis a leughadh.
(b) Cha tèid aice air tadhal a-nochd.
(c) Cha b' urrainn dhuinn fuireach na b' fhaide.
(d) Chan urrainn dhomh sin a cheannach.
(e) Thèid aca air a chur anns a' chàr.

(i) Chan eil airgead gu leòr agam.
(ii) Chan eil e ro mhòr.
(iii) Rinn i anns an sgoil i.
(iv) Tha i ag obair anmoch.
(v) Bha cabhag oirnn.

5 Tagh an rud ceart.

(a) Chan urrainn dhomh **cluinntinn/èisdeachd**. 'S beag orm an ceòl sin.
(b) 'S urrainn dhi **ar coinneachadh/ar sàrachadh**. Bidh i anns a' bhaile co-dhiù.
(c) Cha tèid aig Sìleas air **sgrìobhadh/suidhe**. Bhris i a làmh.
(d) Thèid aca air **do chreidsinn/do thuigsinn**. Tha deagh Ghàidhlig aca.
(e) Cha b' urrainn do Sheòras am bocsa **fhosgladh/a thogail**. Bha e ro throm.

6 Cuir air dòigh. Join each pair of sentences below to form one compound sentence.

(a) Tha i ag ràdh. 'S urrainn do Thormod ceòl a leughadh.
(b) Tha Ciaran a' smaoineachadh. Chan urrainn dha tighinn a-màireach.
(c) Tha Eleanor ag ràdh. Thèid aice air fònadh thugainn às an ospadal.
(d) Tha iad a' smaoineachadh. Cha tèid aca air ar cuideachadh idir.
(e) Bha e ag ràdh. B' urrainn dha an telebhisean a chàradh.
(f) Bha sinn a' smaoineachadh. Cha b' urrainn dhaibh ar tuigsinn.

7 Leugh agus sgrìobh. Change the sentences below featuring **urrainn** into sentences with the same meaning using **thèid aig . . . air**. The first one has been done for you.

(a) 'S urrainn do Mhelanie Eadailtis a bhruidhinn. *This becomes:*
Thèid aig Melanie air Eadailtis a bhruidhinn.

(b) Chan urrainn do dh'Iomhar lèine iarnaigeadh.
(c) An urrainn dhut cèic a dhèanamh?
(d) 'S urrainn dhi a' chlàrsach a chluich.
(e) Chan urrainn do Lisa ceòl a leughadh.
(f) An urrainn dhuibh an uinneag fhosgladh?

8 Lìon na beàrnan.

(a) 'S caomh le Flòraidh a bhith a' cluich na fidhle. Tha ùidh _____ ann an ceòl.

(b) Cha toil le Brian a bhith a' cluich ball-coise no rugbaidh. Chan eil ùidh _____ ann an spòrs.

(c) 'S fìor thoil le Oighrig agus Sithbhan a bhith a' coimhead dealbhan-cluich. Tha ùidh mhòr _____ ann an dràma.

(d) 'S beag air Calum a bhith ag iarnaigeadh agus a' còcaireachd. Chan eil ùidh _____ ann an obair-taighe.

(e) Tha sinn dèidheil air leughadh. Tha ùidh mhòr _____ ann an leabhraichean.

(f) Tha Sìne math air dràibheadh. Tha ùidh _____ ann an càraichean.

9 Leugh agus freagair. Read the following instructions and then complete the grid below.

(a) A Dhùghaill, tha agad ris an oifis fhònadh ro chòig uairean.
(b) A Mharsaili, feumaidh tu èirigh aig leth-uair an dèidh seachd sa' mhadainn.
(c) A Pheigi, tha agad ri Sheila a choinneachadh aig cairteal gu h-ochd.
(d) Feumaidh tu an telebhisean a choimhead aig leth-uair an dèidh naoi, Ailig.
(e) Tha agad ri dhol dhan ospadal aig aon uair deug, a Lachlainn.
(f) Iseabail, tha agad ri Alison a thoirt dhan ionad-slàinte aig cairteal an dèidh dà reug.

Person being told	What (s)he has to do	When
(a)		
(b)		
(c)		
(d)		
(e)		
(f)		

10 **Leugh agus sgrìobh.** Change the following sentences using **Feumaidh** to ones using **Tha aig . . . ri**. The first one has been done for you.

(a) Feumaidh mi falbh aig cairteal gu seachd. *This becomes:*
   Tha agam ri falbh aig cairteal gu seachd.
(b) Feumaidh Beathag a dhol a choimhead orra.
(c) Chan fheum sinn an taigh a ghlanadh an-dràsda.
(d) Am feum thu ticead a cheannach?
(e) Feumaidh Bobaidh deise a chur air.
(f) Chan fheum iad tilleadh a-nochd.
(g) Am feum sibh an dotair fhaicinn?

18

DE B'ABHAIST DHUIBH A BHITH A' DEANAMH?
What did you do?

In this unit you will learn how to

- ask and say what someone is accustomed to doing
- ask and say what someone used to do
- state what job someone did
- state the sequence and duration of events
- identify years
- name certain places

Còmhradh

Mairead NicEacharna is interviewing Murchadh Mac a' Phì as part of an oral history project on behalf of the local Comann Eachdraidh (History Society).

Mairead   Dè b' àbhaist dhuibh a bhith a' dèanamh feasgar nuair a bha sibh na b' òige?

Murchadh   Uill, dè 's àbhaist dhut fhèin a bhith ris?

Mairead   Mise . . . 's àbhaist dhomh a bhith a' coimhead an telebhisein . . .

Murchadh   Sin agad aon rud nach robh againn – an telebhisean. B' àbhaist dhuinne a bhith a' cruinneachadh anns an taigh-chèilidh a dh'èisdeachd ri sgeulachdan 's òrain agus b' àbhaist dha na balaich a bhith ri spòrs is mì-mhodh a-muigh.

Mairead   Dè na rudan mì-mhodhail a b' àbhaist dhuibh a bhith a' dèanamh?

Murchadh   Nuair a bha sinn nar balaich òga, b' àbhaist dhuinn a bhith a' falbh air feadh a' bhaile a' gnogadh air dorsan 's air uinneagan 's a' cur an eagail air daoine.

Mairead   Ciamar a bha sibh a' dèanamh sin?

Murchadh   Le bhith a' leigeil oirnn gun robh sinn air bòcain no solais fhaicinn. B' àbhaist dha sin a bhith a' cur eagal am beatha air na caileagan òga, ach cha b' àbhaist dha na bodaich 's na cailleachan a bhith gar creidsinn.

Mairead   Agus an dèidh dhuibh an sgoil fhàgail, nach b' àbhaist dhuibh a bhith aig muir?

Murchadh   B' àbhaist gu dearbh. Bha mi nam iasgair air bòrd bàt'-iasgaich a bha a' seòladh a-mach à Malaig, 's an-sin bha mi nam sheòladair air bàta-smùid a-mach à Grianaig, taobh Ghlaschu.

Mairead   Cuin a bha sibh nur seòladair air a' bhàta-smùid?

Murchadh   Bha o naoi ceud deug trì deug air fhichead gu naoi ceud deug ochd deug air fhichead. Bha mi còig bliadhna aig muir. B' àbhaist dhuinn a bhith a' seòladh eadar na puirt bheaga air a' chost an iar o Cheann Loch Chille Chiarain a-nuas a Phort Rìgh anns an Eilean Sgitheanach.

Mairead   Agus an dèidh dhuibh na bàtaichean-smùid fhàgail, dè rinn sibh?

Murchadh   Bha mi nam shaighdear aig àm a' chogaidh.

Mairead   Am b' urrainn dhuibh beagan innse dhomh mu dheidhinn sin?

Murchadh   Uill, ghabh feadhainn dhe na gillean às an sgìre seo fhèin anns an Arm, agus ghabh mise ann cuideachd. Bha sinn nar saighdearan anns an Fhraing agus ann an Ceann a Tuath Afraca.

Mairead   Am b' àbhaist dhuibh a bhith a' tilleadh dhachaigh tric?

Murchadh   Cha b' àbhaist dha na saighdearan a bhith a' faighinn fòrlagh no làithean dheth. Bu mhòr am beud.

Mairead NicEacharna *Margaret MacEachern*

Murchadh Mac a' Phì *Murdo MacPhee*

Dè b' àbhaist dhuibh a bhith a' dèanamh feasgar? *What did you usually do in the evenings?*

Dè 's àbhaist dhut fhèin a bhith ris? *What do you usually get up to yourself?*

a' cruinneachadh anns an taigh-chèilidh *gathering in the meeting house*

sgeulachdan *stories*

spòrs *fun, sport*

a' falbh air feadh a' bhaile *roaming through the village*

a' gnogadh air dorsan *knocking on doors*

a' cur an eagail air daoine *frightening people*

a' leigeil oirnn *pretending*

Le bhith a' leigeil oirnn gun robh sinn air bòcain no solais fhaicinn. *By pretending that we had seen ghosts or lights.*

B' àbhaist dha sin a bhith a' cur eagal am beatha air na caileagan òga. *That used to terrify the young girls/ That used to put the fear of death into the young girls.*

an dèidh dhuibh an sgoil fhàgail *after you left school*

Nach b' àbhaist dhuibh a bhith aig muir? *Didn't you use to be at sea? (or You used to be at sea, didn't you?)*

Bha mi nam iasgair air bòrd bàt'-iasgaich. *I was a fisherman on board a fishing boat.*

Bha mi nam sheòladair. *I was a sailor.*

bàta-smùid *(a) steamer*

Grianaig, taobh Ghlaschu *Greenock, by Glasgow*

Cuin a bha sibh nur seòladair? *When were you a sailor?*

naoi ceud deug trì deug air fhichead *nineteen thirty-three*

naoi ceud deug ochd deug air fhichead *nineteen thirty-eight*

a' seòladh eadar na puirt bheaga air a' chost an iar *sailing between the small ports on the west coast*

o Cheann Loch Chille Chiarain a-nuas a Phort Rìgh *from Campbeltown up to Portree*

Bha mi nam shaighdear aig àm a' chogaidh. *I was a soldier at the time of the war.*

Ghabh feadhainn dhe na gillean às an sgìre seo fhèin anns an Arm. *Some of the lads from this district enlisted in the Army.*

Bha sinn nar saighdearan. *We were soldiers.*

ann an Ceann a Tuath Afraca. *in North Africa*

fòrlagh no làithean dheth *leave or days off*

bu mhòr am beud *more's the pity*

Mìneachadh

Up and down

Gaelic has two words for 'up' and 'down' depending on the direction of motion and where the speaker is. The usual word for 'up' is **suas**, as in **Tha mi a' dol suas an staidhre** (*I am going upstairs*). This implies motion **away** from where the speaker is at present. However, if motion towards the speaker is implied, the word **a-nuas** is used for 'up', as in **Tha Mairead a' tighinn a-nuas on chidsin** (*Margaret is coming up from the kitchen*).

The usual word for 'down' is **sìos**, as in **Tha mi a' dol sìos an staidhre** (*I am going downstairs*), implying motion away from where the speaker is at present. **A-nuas** is also used for 'down' to imply motion towards the speaker, as in **Tha Mairead a' tighinn a-nuas on lobhta** (*Margaret is coming down from the loft*).

Obair

1 Cuir ceart.

  (*a*) B' àbhaist dha na balaich a bhith a' cruinneachadh anns an taigh-chluich.
  (*b*) B' àbhaist dhaibh a bhith a' cur an eagail air na caileagan òga.
  (*c*) Bha Murchadh na iasgair a-mach à Grianaig.
  (*d*) Aig àm a' chogaidh cha robh Murchadh tric aig an taigh.

2 Leugh agus sgrìobh.

  (*a*) Dè 's àbhaist do Mhairead a bhith a' dèanamh air an fheasgar?
  (*b*) Am b' àbhaist dha na balaich a bhith mì-mhodhail?
  (*c*) Cuin a bha Murchadh ag obair air a' bhàta-smùid?
  (*d*) An robh gillean eile às an sgìre anns an Arm aig àm a' chogaidh?
  (*e*) Am b' àbhaist dha na saighdearan a bhith a' faighinn fòrlagh?

Abairtean cudromach

How to:

Ask what someone is accustomed to doing, and reply	Ask what someone used to do, and reply
• Dè 's àbhaist dhuibh a bhith a' dèanamh? – 'S àbhaist dhomh a bhith a' coimhead an telebhisein.	• Dè b' àbhaist dhut a bhith a' dèanamh? – B' àbhaist dhuinn a bhith a' cruinneachadh anns an taigh-chèilidh.

Ask specifically what someone used to do	State what job someone did
• Dè na rudan mì-mhodhail a b' àbhaist dhuibh a bhith a' dèanamh?	• Bha mi nam sheòladair. • Bha sinn nar saighdearan.

Ask if someone used to do something, and reply

State the sequence of events

- Am b' àbhaist dhuibh a bhith a' tilleadh dhachaigh tric?
- B' àbhaist. or
- Cha b' àbhaist.

- An dèidh dhuibh an sgoil fhàgail . . .
- An dèidh dhuibh na bàtaichean-smùid fhàgail . . .

Say that someone used to do something to someone else

Say for how long someone did something

- B' àbhaist dhuinn a bhith a' cur an eagail air daoine.
- B' àbhaist dha sin a bhith a' cur eagal am beatha air na caileagan òga.

- Bha mi còig bliadhna aig muir.

Say it was a pity

- Bu mhòr am beud.

Gràmar

1 *Usual or frequent activity*

(*a*) Present tense

To say what someone usually or frequently does, you use the construction **'S àbhaist do** (followed by the subject or the amalgamated forms of **do** as in **Aonad 7, Gràmar**), then **a bhith** followed by the participle:

'S àbhaist dhomh a bhith a' coimhead an telebhisein anns a' mhadainn.	*I usually watch television in the morning.* (Lit. It is customary for me to be watching television in the morning.)
'S àbhaist dha na balaich a bhith a' dol a-mach feasgar.	*The boys usually go out in the evening.*
'S àbhaist do Mhòrag a bhith a' faighinn a' bhus dhachaigh.	*Morag usually gets the bus home.*

In the negative form, **'S** is replaced by **Chan**:

Chan àbhaist dhi a bhith a' snàmh anns a' mhuir.	*She doesn't usually swim in the sea.*
Chan àbhaist dhaibh a bhith mì-mhodhail.	*They aren't usually badly behaved.*

The question form has **An** instead of **'S**:

An àbhaist dhut a bhith a' cluich ball-coise Disathairne?	*Do you usually play football on Saturdays?*
An àbhaist do dh'Alasdair a bhith a' trod ri athair?	*Does Alasdair usually argue with his father?*

The response to such questions is **'S àbhaist** (*Yes*) or **Chan àbhaist** (*No*).

The linking forms are **gur** (*positive*) and **nach** (*negative*):

Tha mi a' cluinntinn gur àbhaist dhuibh a bhith a' dol a Thiriodh as t-samhradh.	*I hear that you usually go to Tiree in the summer.*
Tha mi a' tuigsinn nach àbhaist dha a bhith ag ithe feòil.	*I gather that he doesn't usually eat meat.*

(b) Past tense

This tense conveys the meaning 'used to':

B' àbhaist dhaibh a bhith a' seinn aig cèilidhean.	*They used to sing at ceilidhs.*
B' àbhaist dha na Greumaich a bhith a' fuireach ann an Inbhir Aora.	*The Grahams used to live in Inveraray.*

The negative is formed by placing **Cha** before **b'**:

Cha b' àbhaist do Chalum a bhith a' bruidhinn ri Clann 'IcLeòid.	*Calum used not to speak to the MacLeods.*
Cha b' àbhaist dhuinn a bhith ag òl fìon.	*We used not to drink wine.*

The question is formed by placing **Am** before **b'**:

Am b' àbhaist dhuibh a bhith a' tilleadh dhachaigh tric?	*Did you use to come back home often?*
Am b' àbhaist dha na gillean a bhith a' cluich air a' bhocsa?	*Did the boys use to play the accordion?*

The response to such questions is **B' àbhaist** (*Yes*) or **Cha b' àbhaist** (*No*).

The linking forms are **gum** (*positive*) and **nach** (*negative*):

Chuala mi gum b' àbhaist dhuibh a bhith ag obair thall thairis.

I heard that you used to work abroad.

Bha iad ag ràdh rium nach b' àbhaist dha a bhith ag òl idir.

They were telling me that he didn't use to drink at all.

2 Jobs and states

In **Aonad 8**, one way of telling someone's job or occupation was covered:

'S e saor a tha ann am Mìcheal.   *Michael is a joiner.*
'S e poileas a th' innte.   *She is a police officer.*

However, in the **Còmhradh** of this unit there are a number of examples of a different way of saying what someone's job is:

Bha mi nam iasgair.   *I was a fisherman.*
Cuin a bha sibh nur seòladair?   *When were you a sailor?*

This way involves using specialised words (**nam, nur,** etc.) which are possessive forms derived from the preposition **ann** (*in*), literally meaning *in my, in your,* etc. The complete list of such forms is given below:

nam	*in my*	nar	*in our*
nad	*in your*	nur	*in your*
na	*in his*	nam/nan	*in their*
na	*in her*		

(*a*) Note that **nam, nad** and **na** (*in his*) lenite the following noun if possible:

Bha mi nam mharaiche.   *I was a mariner.* (Lit. 'I was in my mariner.')

Bidh thu nad fhear-lagha fhathast.   *You'll be a lawyer yet.*
A bheil Cailean na shaighdear?   *Is Colin a soldier?*

(*b*) **Na** (*in her*) does not lenite, but if the following noun starts with a vowel **h-** is inserted between the **na** and the noun:

| Tha Sìne na dotair ann an Obar Dheadhain. | *Jane is a doctor in Aberdeen.* |
| Bha Mairead na **h-**oifigear anns an Arm. | *Margaret was an officer in the Army.* |

(c) **Nar** and **nur** do not lenite, but if the following noun starts with a vowel, **n-** is inserted between **nar** or **nur** and the noun:

Nuair a bha sinn nar balaich.	*When we were boys.*
Bha mi fhìn agus Fionnlagh nar n-iasgairean air a' chost an ear.	*Finlay and I were fishermen on the east coast.*
An robh sibh nur tuathanaich?	*Were you farmers?*
Cuin a bha sibh nur n-actairean?	*When were you actors?*

(d) Neither **nam** nor **nan** lenite. **Nam** (*in their*) is used before nouns starting with **b, f, m** and **p**, and **nan** is used before all other nouns.

| Tha Màili agus Flòraidh nan clèirich. | *May and Flora are secretaries.* |
| A bheil na balaich nam pìobairean? | *Are the boys pipers?* |

Nam, nad, etc. can have the meaning 'as' in sentences such as:

Tha Doileag ag obair na breabadair.	*Dolina is working as a weaver.*
B' àbhaist dhomh a bhith aig muir nam iasgair.	*I used to be at sea as a fisherman.*
An robh thu ag obair nad chlachair ann an Diùra?	*Were you working as a stonemason in Jura?*

This construction is not only used to talk about jobs:

| Bha Mairead an-siud na h-òinseach còmhla ris. | *Margaret was there, like a fool, with him.* |

This construction is also used in a specialised way to describe certain states in which someone may be:

A bheil Alasdair na chadal?	*Is Alasdair sleeping?* (Lit. Is Alasdair in his sleeping?)
Bha mi nam sheasamh an-siud.	*I was standing there.*
Tha an cù na laighe aig an doras.	*The dog is lying at the door.*
Bha iad nan suidhe air an làr.	*They were sitting on the floor.*

The construction is **not** used with all verbs, but only with those which could be said to be describing a state or condition. The four verbs listed are the most frequently used with this construction.

3 An dèidh (after/having done)

To form a subordinate clause such as 'Having gone home . . .' or 'After I
went . . .', you use the construction **an dèidh do** followed by a name, or
an amalgamated prepositional pronoun derived from **do**, and a verbal
noun:

An dèidh do Mhurchadh tighinn dhachaigh chaidh e dhan leabaidh.	*After Murdo came home he went to bed.* **or** *Having come home Murdo went to bed.*
An dèidh dhaibh èirigh ghabh iad am bracaist.	*After they got up they had their breakfast.* **or** *Having got up they had their breakfast.*

If there is a direct object in the first part of the sentence, the object comes
immediately after the **do** form and it is followed by **a** and the lenited
verbal noun:

An dèidh dhuinn an càr a cheannach bhris e sìos.	*After we bought the car it broke down.*
An dèidh dhan bhalach an uinneag a dhùnadh shuidh e sìos.	*After the boy shut the window he sat down.*

If the verbal noun starts with a vowel or **f** followed by a vowel, **a** is
dropped before the lenited form:

An dèidh dhuibh an sgoil fhàgail dè rinn sibh?	*After you left school what did you do?*
An dèidh do Bharabal am biadh ithe dh'fhàs i tinn.	*After Barbara ate the food she became ill.*

4 Taobh (via, by)

Taobh is a masculine noun meaning *side* or *direction*, but it is also used
as a preposition taking the genitive case and meaning *via* or *beside*:

Tha iad a' tilleadh dhachaigh taobh an Obain.	*They are coming home via Oban.*
Bha mi nam sheòladair air bàta-smùid a-mach à Grianaig, taobh Ghlaschu.	*I was a sailor on a steamer out of Greenock, by Glasgow.*

5 Years

In the **Còmhradh** there are two examples of how to give the names of years:

naoi ceud deug trì deug air fhichead	*nineteen thirty-three*
naoi ceud deug ochd deug air fhichead	*nineteen thirty-eight*

The first part of the date, giving the century, includes the word **ceud** (*hundred*):

naoi ceud deug	*nineteen hundred*
seachd ceud deug	*seventeen hundred*
còig ceud deug	*fifteen hundred*

The second part is the straightforward number:

trì deug air fhichead	*thirty-three*
ceithir fichead 's a dhà dheug	*ninety-two*

When the second part is a number less than twenty it is preceded by **'s a** (*and*):

naoi ceud deug 's a còig	*nineteen hundred and five*
seachd ceud deug 's a trì deug	*seventeen thirteen*

When the second part is **leth-cheud** (*fifty*) or a multiple of twenty it is preceded by **'s**:

ochd ceud deug 's leth-cheud	*nineteen fifty*
naoi ceud deug 's trì fichead	*nineteen sixty*

6 Duration

To state how long someone has been doing something, you simply say:

Bha mi còig bliadhna aig muir.	*I was five years at sea.* or *I was at sea for five years.*
Bha Steaphan trì mìosan anns an ospadal.	*Stephen was in hospital for three months.*

Note that it is the singular form *bliadhna* which follows the number.

Obair eile

1 **Cuir ceart.**

   (a) 'S àbhaist (do + mise) _____ a bhith a' dol a-mach a h-uile h-oidhche.

   (b) Cha b' àbhaist (do + iad) _____ a bhith ag obair Diardaoin.

   (c) An àbhaist (do + thu) _____ a bhith dol dha na bùithean Disathairne?

   (d) B' àbhaist (do + sinn) _____ a bhith a' dol dhan sgoil còmhla.

   (e) Am b' àbhaist (do + sibh) _____ a bhith aig muir?

2 **Leugh agus sgrìobh.** Read the following statements made by various people and report what each person said. The first one has been done for you.

   (a) Coinneach: 'B' àbhaist dhomh a bhith a' falbh a-mach còmhla ri Cairistìona.' *This becomes:*
   Tha Coinneach ag ràdh gum b' àbhaist dha a bhith a' falbh a-mach còmhla ri Cairistìona.

   (b) Magaidh: ''S àbhaist dhomh a bhith ag ithe iasg Dihaoine.'

   (c) Niall: 'Chan àbhaist dhuinn a bhith a' coimhead an telebhisein.'

   (d) Ceiteag: 'Chan àbhaist dhomh fhìn 's do Mhurchadh a bhith a' falbh air làithean-saora idir.'

   (e) Seumas: 'B' àbhaist dhomh a bhith a' dràibheadh bus eadar Inbhir Nis agus Obar Dheadhain.'

3 **Leugh agus sgrìobh.** Read the following reports of what people have said and write their original statements similar to those in **Obair eile 2** above.

   (a) Thuirt Ailean gum b' àbhaist dha a bhith ag obair ann an Canada.

   (b) Tha Marsaili ag ràdh nach àbhaist dhi a bhith ag èisdeachd ri ceòl.

   (c) Thuirt na balaich nach b' àbhaist dhaibh a bhith dìcheallach anns an sgoil.

   (d) Thuirt Siùsaidh gur àbhaist dhi a bhith a' dol a shnàmh a h-uile seachdain.

   (e) Bha Oighrig ag ràdh gum b' àbhaist dhaibh a bhith ag ionnsachadh Laideann nuair a bha i òg.

dicheallach *hard-working*　　　　Laideann (f) *Latin*

4 Cuir còmhla. Match the picture to the relevant statement.

(a)　Tha Seonag na tidsear anns an àrdsgoil.
(b)　Bha Teàrlach ag obair na shaor.
(c)　Tha Peigi na h-oileanach anns a' cholaisde.
(d)　An robh thu nad chìobair anns an eilean?
(e)　Bha Murchadh na mhinistear.

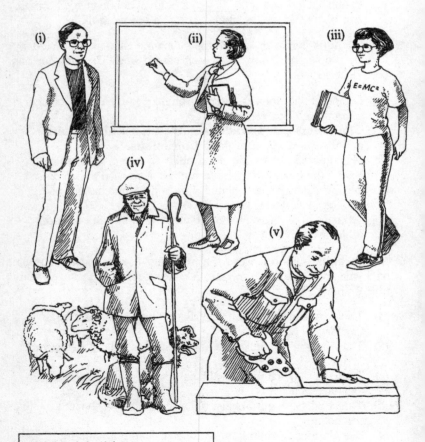

ministear (m) *minister*

5 Cuir air dòigh.

(a) againn/dhotair/am/na/tha/balach
(b) aig/na/bha/Chomhairle/a'/clèireach/chaileag/a'
(c) gillean/an/nan/robh/na/oileanaich
(d) àbhaist/nad/am/ag/a/chlachair/b'/obair/dhut/bhith
(e) sibhse/cha/n-iasgairean/robh/nur/robh/an

6 Tagh an rud ceart.

(a) Bha **Donna/Dòmhnall** airson a bhith na bean-teagaisg.
(b) B' àbhaist do **Sheòras/Sheònaid** a bhith na cheannaiche.
(c) Am b' àbhaist **dhut/dhuibh** a bhith nur n-iasgairean?
(d) Cha b' àbhaist **dhomh/dha** a bhith nam gheamair.
(e) Bha **sinn/iad** nam poilis ann an Glaschu.

ceannaiche (m) *salesman*	**geamair** (m) *gamekeeper*

7 Leugh agus sgrìobh.

Read the information in the columns, then rewrite the information in sentence form. The first one has been done for you.

Duine	**Obair**
(a) Fearchar	Dorsair
(b) mise	Tidsear
(c) Sìne	Oileanach
(d) Iseabail	Dotair
(e) sibhse	Iasgairean
(f) Raibeart	Cìobair
(g) Ealasaid agus Anna	Nursaichean
(h) Steaphan agus Raghnall	Breabadairean
(i) sinne	Oileanaich
(j) thusa	Seinneadair

(a) **Tha Fearchar na dhorsair.**

dorsair (m) *janitor*	**seinneadair** (m) *singer*

8 Cuir còmhla.

(a) 1628   (i) naoi ceud deug ceithir fichead is a dhà dheug
(b) 1655   (ii) ochd ceud deug dà fhichead 's a còig
(c) 1805   (iii) sia ceud deug leth-cheud 's a còig

(d)	1845	(iv) naoi ceud deug 's dà fhichead
(e)	1940	(v) ochd ceud deug 's a còig
(f)	1992	(vi) sia ceud deug ochd air fhichead

9 Leugh agus freagair. Transfer the information in the passage below to the grid that follows:

Clann 'IcCoinnich

An dèidh do Dhòmhnall Ailig MacCoinnich a' cholaisde fhàgail ann an naoi ceud deug trì fichead 's a dhà dheug, thòisich e ag obair na thidsear. Cha robh an obair a' còrdadh ris idir agus chaidh e a Shasann a dh'obair na ceannaiche. Thill e a dh'Alba ann an naoi ceud deug trì fichead 's a h-ochd deug agus fhuair e obair aig companaidh mòr ann an Dùn Eideann. Bha e còig bliadhna anns an obair sin, ach bha an cianalas air agus bha e ag iarraidh dhachaigh. Fhuair e croit a phàrantan agus tha e ag obair a-nis na chroitear ann an Siorrachd Rois.

Bha a phiuthar Seònaid airson a bhith na h-einnseanair agus an dèidh dhi an oilthigh fhàgail, chaidh i a dh'obair a dh'Amaireaga ann an naoi ceud deug trì fichead 's a còig deug. Bha i naoi bliadhna an-sin, ach bha i airson tilleadh. Thill i agus chòrd e rithe. Tha i ag obair na h-einnseanair ann an Obar Dheadhain fhathast.

An dèidh dha na gillean òga, Anndra agus Fionnlagh, an sgoil fhàgail ann an naoi ceud deug trì fichead 's a naoi deug dh'fhuirich iad aig an taigh. Bha Anndra ag obair na chlachair agus bha Fionnlagh na iasgair air bàt'-iasgaich a-mach à Ulapul. An dèidh do dh'Anndra pòsadh ann an naoi ceud deug ceithir fichead 's a sia chaidh e a dh'fhuireach a dh'Inbhir Pheofharain. Ann an naoi ceud deug ceithir fichead 's a deich fhuair Fionnlagh obair na ceannaiche do chompanaidh èisg à Inbhir Nis agus tha e a' dèanamh sin fhathast.

companaidh (m) *company*	**einnseanair** (m) *engineer*
Siorrachd Rois (f) *Ross-shire*	**oilthigh** (f) *university*

Person	Year	Event
Dòmhnall Ailig	1972	left college
Seònaid		
Anndra		
Fionnlagh		

19

DE THUIRT I?
What did she say?

In this unit you will learn how to

- ask and report what someone said
- tell what someone was saying
- ask and tell whether someone remembers something
- ask what news someone has, and reply
- use more forms of surnames

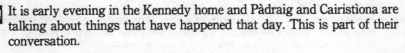

Còmhradh

It is early evening in the Kennedy home and Pàdraig and Cairistìona are talking about things that have happened that day. This is part of their conversation.

Cairistìona	A bheil cuimhn' agad air Anna NicArtair a b' àbhaist a bhith a' fuireach faisg air taigh mo mhàthar?
Pàdraig	Tha. Tha cuimhn' agam oirre. Bha i glè mhath dha do mhàthair, nach robh?
Cairistìona	Bha gu dearbh. Nach do thachair mi rithe aig àm dìnneir an-diugh?
Pàdraig	Càite?
Cairistìona	Ann am bùth MhicCoinnich. Bha mi cho toilichte a faicinn.
Pàdraig	An robh dad a naidheachd aice?
Cairistìona	O, bha gu leòr. Bha i ag innse dhomh mu na Caimbeulaich

a thàinig a dh'fhuireach a thaigh nan Granndach.

Pàdraig   Dè thuirt i mun deidhinn?

Cairistìona   Thuirt i gun robh iad glè laghach. 'S e einnseanair a th' annsan agus 's e rùnaire a th' inntese. Tha dithis chloinne aca, nighean aois còig bliadhna deug agus gille aois trì deug.

Pàdraig   An tuirt i guth mu na daoine ùra a th' aig ceann shìos na sràide?

Cairistìona   Thuirt i nach fhaca i fhathast iad ach gun cuala i gur e Cuimrich a th' annta.

Pàdraig   Dè na naidheachdan eile a bh' aice?

Cairistìona   Bha i ag ràdh nach do cheannaich duine fhathast 'Achnamara' agus nach do thòisich na Camshronaich air an taigh ùr aca a thogail.

Pàdraig   An tuirt i sian mun t-sagart ùr?

Cairistìona   Cha tuirt, ach thuirt i gun do phòs an nighean as òige aig Cathaidh agus Tomaidh o chionn cola-deug. Bha i ag innse dhomh cuideachd gun deach an gille aca a ghoirteachadh ann an tubaist-rathaid agus gun robh e greis san ospadal.

Pàdraig   Dè thachair?

Cairistìona   Chan eil cuimhn' agam a-nis dè thuirt i a thachair. Tha mi a' smaoineachadh gun tuirt i gun do bhuail e ann an càr eile.

Pàdraig   An robh e air a dhroch ghoirteachadh?

Cairistìona   Cha chreid mi gun robh. Thuirt i gun robh e glè fhortanach.

A bheil cuimhn' agad air Anna NicArtair? *Do you remember Anne MacArthur?*

Tha. Tha cuimhn' agam oirre. *Yes. I remember her.*

Nach do thachair mi rithe aig àm dinneir? *Didn't I meet her at lunch time?*

Bùth MhicCoinnich *MacKenzie's shop*

toilichte a faicinn *pleased to see her*

dad a naidheachd *any news*

na Caimbeulaich a thàinig a dh'fhuireach a thaigh nan Granndach *the Campbells who came to stay in the Grants' house*

Dè thuirt i mun deidhinn? *What did she say about them?*

Thuirt i gun robh iad glè laghach. *She said that they were very nice.*

einnseanair (m) *engineer*

rùnaire (m) *secretary*

dithis chloinne *two children*

An tuirt i guth mu na daoine ùra? *Did she say anything about the new folk?*

ceann shìos na sràide (m) *the lower end of the street*

Thuirt i nach fhaca i fhathast iad. *She said she hasn't seen them yet.*

. . . **gun cuala i gur e Cuimrich a th' annta.** . . . *that she heard that they were Welsh (people).*	**o chionn cola-deug** *a fortnight ago*
. . . **nach do cheannaich duine** . . . *that no-one bought*	. . . **gun deach an gille aca a ghoirteachadh.** . . . *that their son had been injured.*
. . . **nach do thòisich na Camshronaich air an taigh ùr aca a thogail.** . . . *that the Camerons haven't started to build their new house.*	**tubaist-rathaid** (f) *(a) road accident*
sian *anything*	**greis** (f) *a while*
sagart (m) *(a) priest*	**Chan eil cuimhn' agam.** *I don't remember.*
Cha tuirt. *Didn't say. (No.)*	**gun tuirt i** *that she said*
. . . **gun do phòs an nighean as òige aig Cathaidh agus Tomaidh.** . . . *that Cathie and Tommy's youngest daughter (got) married.*	. . . **gun do bhuail e ann an càr eile.** . . . *that he struck another car.*
	air a dhroch ghoirteachadh *badly injured*
	Cha chreid mi gun robh. *I don't think so.*
	glè fhortanach *very fortunate*

Mìneachadh

Dialect variations

Different words are used in different areas to convey the meaning *anything*. In Lewis and Harris **càil** is the term used, while in the Uists, Barra and Skye **dad** is the most common form used. **Sian** is an alternative form in Uist, **sgath** an alternative in Barra, while Skye usage includes **heit** and **but**. The nearest to a standard form is the word **nì** which is widely used in Argyll, though **stuth** is very common in Islay.

Obair

1 Cuir ceart.

(a) B' àbhaist do dh'Anna NicArtair a bhith a' fuireach faisg air taigh màthair Cairistìona.

(b) Chan eil cuimhn' aig Pàdraig air Anna NicArtair.

(c) Tha an nighean aig na Caimbeulaich nas òige na an gille aca.

(d) Thuirt Anna gum faca i na daoine ùra a th' aig ceann shìos na sràide.

(e) Bha Anna ag ràdh nach do cheannaich duine 'Achnamara'.

2 Leugh agus sgrìobh.

(a) Cuin a thachair Cairistìona ri Anna NicArtair?

(b) Cò thàinig a dh'fhuireach a thaigh nan Granndach?
(c) Dè thuirt Anna mu na Camshronaich?
(d) Cuin a thuirt Anna a phòs an nighean as òige aig Cathaidh agus Tomaidh?
(e) Dè bha Anna ag innse do Chairistìona mun ghille aig Cathaidh agus Tomaidh?

Abairtean cudromach

How to:

Report what someone said
- Thuirt i gun robh e glè fhortanach.
- Thuirt i gun cuala i gur e Cuimrich a th' annta.

Ask if someone said something, and reply
- An tuirt i guth mu na daoine ùra?
- Thuirt i nach fhaca i fhathast iad.
- An tuirt i sian mun t-sagart ùr?
- Cha tuirt.

Ask what someone said about someone else, and reply
- Dè thuirt i mun deidhinn?
- Thuirt i gun robh iad glè laghach.

Report what someone was saying
- Bha i ag innse dhomh gun deach an gille aca a ghoirteachadh ann an tubaist-rathaid.
- Bha i ag ràdh nach do cheannaich duine fhathast 'Achnamara'.

Say what you think someone said
- Tha mi a' smaoineachadh gun tuirt i gun do bhuail e ann an càr eile.

Ask if someone remembers someone or something, and reply
- A bheil cuimhn' agad air Anna NicArtair?
- Tha. or
- Chan eil.

Say someone remembers someone or something
- Tha cuimhn' agam oirre.

Say someone does not remember someone or something
- Chan eil cuimhn' agam a-nis dè thuirt i a thachair.

Ask if someone had any news, and reply
- An robh dad a naidheachd aice?
- O, bha gu leòr.

Ask what other news someone had, and reply
- Dè na naidheachdan eile a bh' aice?
- Bha i ag ràdh nach do thòisich na Camshronaich air an taigh ùr aca a thogail.

Gràmar

1 Reported speech

(a) using the verb *to be* (past tense): To report what someone was saying, you use the construction set out in **Aonad 10, Gràmar** for linking sentences or clauses in the past tense:

Bha Gòrdan ag ràdh gun robh iad fortanach.	*Gordan was saying that they were fortunate.*
Bha Sorcha ag ràdh nach robh duine a-staigh.	*Claire was saying that there was no-one in.*

To report what someone said, you use the same type of construction, but replace **Bha X ag ràdh** with **Thuirt X**, as in the following examples:

Thuirt Anna gun robh na Caimbeulaich glè laghach.	*Ann said that the Campbells were very nice.*
Thuirt Deirdre nach robh i a' dol dhan oilthigh idir.	*Deirdre said that she wasn't going to university at all.*

(b) using verbs other than *to be* the same type of construction is used. When reporting what someone was saying or said, you use the negative past tense of the appropriate verb, replacing **cha** with **gun** or **nach** as required. If, for example, you are using the verb **tòisich** (*begin*) **cha do tòisich** becomes **gun do thòisich** or **nach do thòisich**. Positive statements are introduced by **gun**, negative ones by **nach**.

Bha Marc ag ràdh gun do bhris Dùghlas a chas.	*Mark was saying that Douglas broke his leg.*
Thuirt e nach do dh'innis e dad dhaibh.	*He said that he didn't tell them anything.*

(c) using irregular verbs: these do not conform, in whole or in part, to the normal pattern in the formation of tenses (see **Aonadan 10** and **11, Gràmar**). A list of the past tense forms of the main irregular verbs is given overleaf.

Root	Positive	Past tense negative	Question
rach	chaidh	cha deach	an deach?
(go)	(went)	(didn't go)	(did . . . go?)
dèan	rinn	cha do rinn	an do rinn?
(do/make)	(did/made)	(didn't do/make)	(did . . . do/make?)
faic	chunnaic	chan fhaca	am faca?
(see)	(saw)	(didn't see)	(did . . . see?)
faigh	fhuair	cha d' fhuair	an d' fhuair?
(get)	(got)	(didn't get)	(did . . . get?)
cluinn	chuala	cha chuala	an cuala?
(hear)	(heard)	(didn't hear)	(did . . . hear?)
abair	thuirt	cha tuirt	an tuirt?
(say)	(said)	(didn't say)	(did . . . say?)
ruig	ràinig	cha do ràinig	an do ràinig?
(reach)	(reached)	(didn't reach)	(did . . . reach?)
thig	thàinig	cha tàinig	an tàinig?
(come)	(came)	(didn't come)	(did . . . come?)
thoir	thug	cha tug	an tug?
(give)	(gave)	(didn't give)	(did . . . give?)
beir	rug	cha do rug	an do rug?
(catch)	(caught)	(didn't catch)	(did . . . catch?)

Where the question forms of the irregular verbs includes **do** or the abbreviated **d'**, they conform to the reported speech pattern for normal verbs:

Bha Artair ag ràdh nach do rinn esan sin idir.

Arthur was saying that he didn't do that at all.

Thuirt Barabal gun d' fhuair i dreasa ùr.

Barbara said that she got a new dress.

When the question form of irregular verbs does not include **do** or **d'**, **cha** is replaced by **gun** in introducing positive statements, and by **nach** in introducing negative ones:

Thuirt e gun tàinig iad a-raoir.

He said that they came last night.

Thuirt Iain agus Sìne nach deach iad dhan Spàinn am bliadhna idir.

John and Jean said that they didn't go to Spain this year at all.

The negative form **Chan fhaca** becomes, as you would expect, **nach fhaca** in introducing negative statements. In positive statements, however, it changes to **gum faca**:

Thuirt cuideigin gum faca iad a' chlann air an tràigh.	*Someone said that they saw the children on the beach.*
Bha an gille aig Ceit ag ràdh nach fhaca e fiadh riamh.	*Kate's boy was saying that he never saw a deer.*

All the above variations of the same construction can be used to report what someone was thinking or what someone was telling somebody:

Bha a' chaileag a' smaoineachadh nach robh duine ga faicinn.	*The girl thought that no-one was seeing her.*
Bha i ag innse dhomh gun tug an dotair pilichean dha.	*She was telling me that the doctor gave him pills.*

2 Remembering

To say that someone remembers someone or something, you use the construction **Tha cuimhn' aig X air . . .** followed by whatever it is that X remembers:

Tha cuimhn' aig Fionnghal air facail an òrain sin.	*Flora remembers the words of that song.*

If the person remembering is not named but is referred to as *he, she*, etc. you use the appropriate amalgamated form of **aig** (see **Aonad 3, Gràmar**):

Tha cuimhn' aige air na seann sgeulachdan.	*He remembers the old stories.*

Where a question word or **nuair** (*when*) introduces the thing being remembered, the **air** is dropped:

Tha cuimhn' aig Rob dè thachair.	*Rob remembers what happened.*
Tha cuimhn' aice nuair a thog iad an taigh.	*She remembers when they built the house.*

The **air** is also dropped when the verb in the second part of the sentence has an object which precedes it:

Tha cuimhn' aig Sìle an cluinntinn air an rèidio.	*Sheila remembers hearing them on the radio.*
Tha cuimhn' aice Eanraig fhaicinn aig an stèisean.	*She remembers seeing Henry at the station.*

To say that someone forgets or does not remember something, you replace **Tha** with **Chan eil**:

Chan eil cuimhn' aice dè thuirt e.   *She doesn't remember what he said.*

If the second part of the sentence begins with the infinitive form of the verb *to be*, **air** is again omitted:

Tha cuimhn' aca a bhith   *They remember doing Latin in*
    a' dèanamh Laideann san sgoil.   *school.*

To ask if someone remembers something, you replace **Tha** with **A bheil**. **Tha** is the *Yes* answer, and **Chan eil** is the *No* answer to questions beginning with **A bheil**:

A bheil cuimhn' agad air an   *Do you remember their phone*
    àireamh fòn aca? Chan eil.   *number? No.*
A bheil cuimhn' aig Iseabail càit'   *Does Ishbel remember where she*
    an do chuir i an iuchair? Tha.   *put the key? Yes.*

The past tense forms of the verb *to be* can also be substituted for **Tha**:

Cha robh cuimhn' aig Mànas cuin   *Magnus didn't remember when*
    a choinnich e riutha.   *he met them.*
An robh cuimhn' agaibh air   *Did you remember the*
    a' choinneimh? Bha.   *meeting? Yes.*

Forms of the preposition **mu** (*about*) can, where appropriate, be substituted for **air** in this construction. The previous example could, for instance, be amended to:

An robh cuimhn' agaibh mun   *Did you remember the*
    choinneimh? Bha.   *meeting? Yes.*

Other examples of the **mu** usage are given below.

Cha robh cuimhn' aice mun   *She forgot about them.*
    deidhinn.
A bheil cuimhn' agad mun turas   *Do you remember (about) the*
    a bh' againn a dh'Ile? Tha.   *journey we had to Islay? Yes.*

Tha cuimhn' aig X can be linked to the relevant parts of the verb *to be* and of regular and irregular verbs in the same way as **Thuirt X** and **Bha X ag ràdh** were in **part 1** of the **Gràmar**. Here are some examples:

| Cha robh cuimhn' agam gun do dh'iarr e orm fònadh air ais. | *I forgot that he asked me to phone back.* |
| Bha cuimhn' aig Calum gum faca e roimhe iad. | *Calum remembered that he had seen them before.* |

3 Plural surnames

There are two plural forms of surname featured in the **Còmhradh**, viz: **na Caimbeulaich** (*the Campbells*) and **na Camshronaich** (*the Camerons*). Names which do not include **Mac** tend to form plurals in this way:

Na Stiùbhartaich *the Stewarts* Na Granndaich *the Grants*

Most **Mac** surnames have a plural form which incorporates the clan element **Clann**:

Clann 'IcLeòid	*the MacLeods*
Clann 'IcDhòmhnaill **or**	*the MacDonalds*
Clann Dòmhnaill	

Clann 'Ic is the common pronunciation and spelling of the more formal **Clann Mhic** . . . (*the children of Mac* . . .)

Some **Mac** surnames have both plural forms, notably **na Dòmhnallaich** (*the MacDonalds*) and **na Leòdaich** (*the MacLeods*).

Obair eile

1 Lìon na beàrnan.

(a) Thuirt athair gun _____ Coinneach mì-mhodhail.
(b) Bha Peigi ag ràdh nach _____ cheannaich i ad idir.
(c) Thuirt Sìm _____ faca e na Stiùbhartaich air an trèan.
(d) Bha Mairead ag _____ dhomh gun deach Clann 'IcAonghais dhan Ghrèig air làithean-saora.
(e) Bha Sarah a' _____ gun do chaill i a sporan

| do | smaoineachadh | innse | robh | gum |

2 Cuir air dòigh. Join each pair of sentences below to form one compound sentence.

(a)	Bha Aonghas ag ràdh.	Cha robh sin ceart.
(b)	Thuirt Alison.	Phost i na litrichean.
(c)	Bha an nurs ag ràdh.	Bha am bodach na chadal.
(d)	Bha Granaidh ag ràdh.	Cha do dh'èirich a' chlann fhathast.
(e)	Thuirt Niall.	Thàinig na Granndaich an-dè.
(f)	Thuirt an dràibhear.	Chan fhaca e an càr eile.

3 Leugh agus sgrìobh. Read the following statements made by various people and report what each person said. The first one has been done for you.

(a) **Anna**　'Bha mi uabhasach sgìth a-raoir.'
　　Thuirt Anna gun robh i uabhasach sgìth a-raoir.
(b) **Eòsaph**　'Cha do chaidil mi ro mhath idir.'
(c) **Seonag**　'Cha robh mi a' bruidhinn riutha fhathast.'
(d) **Artair**　'Dh'fhalbh iad tràth sa' mhadainn.'
(e) **Cathaidh**　'Rug na poilis air dithis.'
(f) **Alasdair**　'Cha do ràinig am bàta gu aon uair deug.'

4 Leugh agus sgrìobh. Read the following reports of what people have said and write the original statements made by the various people as in **Obair eile 3**.

(a) Thuirt Cailean gun do choisich e dhachaigh.
(b) Thuirt Eilidh nach robh i gan tuigsinn.
(c) Bha Fionnghal ag ràdh gun robh i a' sgitheadh Disathairne.
(d) Bha Dùghall ag ràdh gum faca cuideigin uilebheist Loch Nis an-diugh.
(e) Thuirt Shona nach deach iad a dh'iasgach idir.
(f) Thuirt Fionnlagh gun tug e na h-iuchraichean dhi.

---

uilebheist (f) *monster*

---

5 Leugh agus freagair. There has been an accident and a number of people are discussing what happened. Read what each person says and then complete the form:

Alison　Thuirt an nurs gun do thachair an tubaist mu chairteal gu uair sa' mhadainn.

Ailig   Thuirt e air an rèidio gun do dh'fhàg càr an rathad faisg air Loch an Eilein agus gun robh aon duine air a dhroch ghoirteachadh mun cheann.

Dolina   Bha Calum Angaidh ag ràdh gun robh dithis ghillean agus dithis nighean à Inbhir Mòr sa' chàr agus gun robh iad air an rathad dhachaigh o dhannsa ann an Drochaid na h-Eaglaise.

Mànas   Bha Tormod ag innse dhomh gum faca Uisdean an tubaist a' tachairt. Bha Uisdean ag ràdh ris gun robh an càr a' dol ro luath.

Time of accident: ....

Location: ....

Vehicle involved: ....

Persons involved: ....

Injuries sustained: ....

Reason for accident: ....

---

6 Leugh agus cuir ceart. The following incidents were reported on the **BBC Rèidio nan Gaidheal** early evening news.

'Bha helicopter Steòrnabhaigh a-muigh dà thuras sa' mhadainn an-diugh. Chaidh i a-mach an toiseach aig leth-uair an dèidh a sia nuair a thàinig fios gun robh bàt'-iasgaich à Sgalpaigh ann an duilgheadas mìle gu leth an iar air Rubha Bhatairnis san Eilean Sgitheanach. Bha einnsean a' bhàt' air stad agus bha a' ghaoth ga cur a-steach chun a' chladaich. Dh'fhuirich a' helicopter faisg air a' bhàta gus an do ràinig bàta-sàbhalaidh Mhalaig. Tharraing am bàta-sàbhalaidh am bàt'-iasgaich a-steach gu cidhe Uige. Cha robh a' helicopter ach fichead mionaid air ais ann an Steòrnabhagh nuair a bha aice ri falbh a-rithist gu Toirbheartan air Taobh Siar Rois. Bha fear air chall air Beinn Ailiginn agus bha Buidheann Sàbhalaidh Bheanntan Thoirbheartain ag iarraidh cuideachaidh on helicopter. Fhuair a' helicopter an duine mu mhìle troigh o mhullach na beinne. Bha e air tuiteam leth-cheud troigh agus bha a chas briste. Thog a' helicopter an duine agus thug iad e gu ospadal an Rathaig Mhòir ann an Inbhir Nis.'

---

duilgheadas (m) *difficulty*
Rubha Bhatairnis *Waternish Point*
einnsean (m) *engine*
bàta-sàbhalaidh Mhalaig *Mallaig
lifeboat*
tarraing *pull*
cidhe (m) *pier*

Beinn Alliginn *Ben Alligin*
**Buidheann Sàbhalaidh Bheanntan
Thoirbheartain** *Torridon Mountain
Rescue Group*
Ospadal an Rathaig Mhòir *Raigmore
Hospital*
ambulans (m) *ambulance*

Later that evening, these incidents are being related to others by people who heard the news item. Some of the information given is accurate but some is not. Correct the incorrect statements:

Patricia　Thuirt e air na naidheachdan gun robh helicopter Steòrnabhaigh a-muigh dà thuras sa' mhadainn an-diugh.

Kevin　Thuirt e air an rèidio gun deach i a-mach an toiseach aig sia uairean.

Gilleasbaig　Bha e ag ràdh air an rèidio gun do stad einnsean a' bhàt'-iasgaich agus gun robh a' ghaoth ga cur a-steach chun a' chladaich.

Morna　Thuirt e air na naidheachdan gun do dh'fhuirich a' helicopter faisg air a' bhàta gus an tàinig bàt'-iasgaich eile.

Kevin　Bha e ag ràdh air na naidheachdan nach robh a' helicopter ach fichead mionaid air ais ann an Steòrnabhagh nuair a bha aice ri falbh a-rithist.

Patricia　Thuirt e gun d' fhuair iad an duine a bha air chall air Beinn Ailiginn mìle gu leth troigh o mhullach na beinne.

Gilleasbaig　Tha mi a' smaoineachadh gun tuirt e air an rèidio gun do thuit an duine ceud troigh agus gun do bhris e a chas.

Morna　Bha e ag innse air na naidheachdan gun do thog a' helicopter an duine agus gun tug a' helicopter e gu ambulans airson a thoirt gu Ospadal an Rathaig Mhòir ann an Inbhir Nis.

7 Cuir air dòigh.

    (*a*) cuimhn'/dè/a/agad/thachair/bheil

    (*b*) robh/Mata/mun/cuimhn'/cha/chèilidh/aig

    (*c*) aca/chan/Granndaich/eil/air/cuimhn'/idir/na

    (*d*) an/do/Somhairle/bha/e/cuimhn'/ghlas/aig/doras/gun

    (*e*) air/an/cuimhn'/roimhe/tha/fhaicinn/àite/agam/choireigin

8 Leugh agus freagair. Read the following statements about what each person remembers or doesn't remember and then complete the grid below:

    (*a*) Tha cuimhn' aig Niall nuair a dh'fhosgail an drochaid agus air an latha a thàinig a' Bhanrigh dhan eilean. Chan eil cuimhn' aige idir air na daoine a b' àbhaist a bhith a' fuireach ann an Taigh nan Camshronach.

    (*b*) Tha cuimhn' aig Ceit air a' chiad latha a bha i anns an sgoil agus air an turas a chaidh i còmhla ri a pàrantan a dh'Eirinn. Chan eil cuimhn' aice cuin a chunnaic i plèan an toiseach.

    (*c*) Tha cuimhn' aig Seonaidh air a sheanair ach chan eil cuimhn' aige air a sheanmhair idir. Tha cuimhn' aige a bhith ag iasgach air an abhainn còmhla ri athair agus a sheanair.

Person	Remembers	Does not remember
Niall	(i) _____ (ii) the day the queen came to the island	(i) the people who used to live in the Camerons' house
Ceit	(i) the first day she was in school (ii) the time she went with her parents to Ireland	(i) _____
Seonaidh	(i) his grandfather (ii) _____	(i) his grandmother

9 Sgrìobh. Write statements similar to those in **Obair eile 8** with the information given in the grid below:

Person	Remembers		Does not remember
(a) **Criosaidh**	(i)	the old stories	(i) hearing Angus Cameron singing
	(ii)	the first time she was at a ceilidh	
(b) **Iomhar**	(i)	his grandfather and grandmother	(i) who lived in the Campbell's house
	(ii)	walking to the newsagent's shop with his grandfather	
(c) **Màiri**	(i)	her first teacher	(i) why the Stewarts went to, Glasgow
	(ii)	the day the hospital opened	

20

THA IAD AN DOCHAS UR FAICINN

They hope to see you

In this unit you will learn how to

- express hopes
- express congratulations
- convey good wishes
- wish someone a happy birthday
- say that someone misses someone else
- say that someone is willing to do something
- report what seems to have occurred

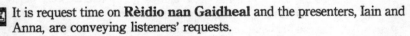

Còmhradh

It is request time on **Rèidio nan Gaidheal** and the presenters, Iain and Anna, are conveying listeners' requests.

Anna Tha a' chiad dùrachd agam an-seo a' dol gu Flòraidh NicEacharna, Taobh a Deas Loch Baghasdail, Uibhist a Deas a bhios aon air fhichead a-màireach. A' guidhe gach deagh dhùrachd dhut, a Fhlòraidh, tha d' Antaidh Lisa agus d' Uncail Raghnall anns a' Ghearasdan agus do cho-oghaichean, Catrìona agus Seonaidh ann an Glaschu. Tha iad an dòchas gum bi oidhche mhòr agad an ath-oidhch'.

Iain Tha dùrachd·eile an-seo gu Flòraidh bho a companaich air Comataidh Talla Dhalabroig. Thà iadsan ag ràdh gum faic iad aig a' phartaidh an ath-oidhch' thu agus tha iad an dòchas nach ith 's nach òl thu cus.

Anna Agus tha co-latha-breith aig cuideigin eile a-màireach cuideachd. Bidh Caitlin Nic a' Mhaoilein, Torr Fàire, Loch

– **243** –

Alainn còig bliadhn' deug a-màireach agus tha a pàrantan, Dùghall agus Criosaidh agus a bràthair Angaidh an dòchas gum bi co-latha-breith sona agad, a Chaitlin. Tha iad cuideachd an dòchas gum bi turadh ann airson a' bharbecue a gheall iad dhut.

Iain Barbecues agus partaidhean. Nach math a bhith òg! Co-latha-breith sona dhuibh a-màireach, a Fhlòraidh agus a Chaitlin; agus seo puirt aighearach air a' bhocsa bho Na Siosalaich airson ur cur ann an deagh shunnd.

(Dance music on the accordion.)

Anna Tha mi 'n dòchas gun do chuir an ceòl ud gu dannsadh sibh. Dùrachd a-nis gu Donaidh MacAsgaill, Sràid Choinnich ann an Steòrnabhagh a fhuair cead dràibhidh Diciadain. Tha an dùrachd a' tighinn bho do sheanair 's do sheanmhair ann an Lacasdal. Tha iad a' cur meala-naidheachd ort agus ag ràdh gu bheil iad an dòchas gun toir thu mach air chuairt iad bho àm gu àm.

Iain Meal do naidheachd, a Dhonaidh. Feuch nach cosg thu cus peatrail! Tha litir agam an-seo bho Alasdair MacAonghais, Baile Mhàrtainn ann an Tiriodh agus tha e ag ràdh mar seo: 'Tha mo nàbaidh Seòras MacFhionghain an-dràsda san ospadal ann an Glaschu agus bu mhath leam gach deagh dhùrachd a chur thuige. Tha e glè èasgaidh gu daoine a chuideachadh agus tha sinn ga ionndrainn gu mòr. Tha mi an dòchas nach fhada gus am bi e air ais dhachaigh agus ann an deagh shlàinte.' Uill, a Sheòrais, tha mi fhìn is Anna cuideachd an dòchas gum faigh thu air do chasan a-rithist a dh'aithghearr.

Anna A dhà no thrì dhùrachdan eile a-nis mus cluich sinn an ath òran. Tha e coltach gun robh Eairdsidh agus Peigi Stiùbhart a Bhaltos, Stafainn san Eilean Sgitheanach deich bliadhna fichead pòsda an-dè. Mealaibh ur naidheachd agus a h-uile beannachd dhuibh bho Thormod, Lena agus an teaghlach ann an Inbhir Pheofharain. Tha Sìne agus Calum MacRath anns a' Chaol ag innse dhuinn gu bheil sgioba às a' Chaol a' gabhail pàirt ann an rèis eathraichean sa' Phloc a-nochd. Tha iad an dòchas gum bi an aimsir fàbharach agus gun tèid gu math leibh anns an rèis.

Iain Agus mu dheireadh an-dràsda, dùrachd gu Mairead agus Aonghas MacAlasdair, Port Sgioba ann an Ile bho Lena agus Gòrdan MacThòmais, Sràid an Rìgh, Ceann a' Ghiùthsaich. Tha Lena agus Gòrdan airson taing a thoirt dhuibh airson ur

n-aoigheachd nuair a bha iad còmhla ruibh air làithean-saora o
chionn ghoirid agus tha iad an dòchas ur faicinn ann an Ceann
a' Ghiùthsaich as t-Fhoghar.

Anna Seo a-nis dhuibh uile an còmhlan 'Alba' le 'Far am bi mi fhìn
bidh mo dhòchas ann'.

---

dùrachd (f) *(a) request; (a) wish*
Taobh a Deas Loch Baghasdail *South
  Lochboisdale*
a' guidhe *wishing*
gach deagh dhùrachd *every good
  wish; all best wishes*
Antaidh (f) *Auntie*
Uncail (m) *Uncle*
co-oghaichean (m pl) *cousins*
tha iad an dòchas *they hope*
oidhche mhòr *a great night*
an ath-oidhch' *tomorrow night*
companaich (m pl) *companions, pals*
. . . gum faic iad aig a' phartaidh thu . .
  that they'll see you at the party
. . . nach ith 's nach òl thu cus . . . *that
  you won't eat and drink too much*
co-latha-breith (m) *birthday*
Loch Alainn *Lochaline*
pàrantan (m pl) *parents*
sona *happy*
turadh (m) *dry weather*
geall *promise*
Nach math? *Isn't it good?*
puirt aighearach (m pl) *lively tunes*
airson ur cur ann an deagh shunnd *to
  put you in a good mood/in fine
  fettle*
Tha mi 'n dòchas gun do chuir an ceòl
  ud gu dannsadh sibh. *I hope that
  music set you dancing.*
a fhuair cead dràibhidh *who got a
  driving licence/who passed the
  driving test*
Lacasdal *Laxdale*
Tha iad a cur meala-naidheachd ort.
  They congratulate you.
. . . gun toir thu mach air chuairt iad
  bho àm gu àm. . . . *that you'll take
  them out for a jaunt from time to
  time.*

Meal do naidheachd!
  Congratulations!
Feuch nach cosg thu cus peatrail.
  *See that you don't use too much
  petrol.*
Baile Mhàrtainn *Balemartine*
nàbaidh (m) *neighbour*
Bu mhath leam . . . *I would like . . .*
glè èasgaidh (gu) *very willing (to);
  very obliging*
Tha sinn ga lonndrainn gu mòr. *We
  miss him greatly.*
. . . nach fhada gus am bi e air ais
  dhachaigh. . . . *that it won't be long
  until he's back home.*
ann an deagh shlàinte *in good health*
air do chasan *on your feet; up and
  about*
Tha e coltach gun robh . . . *It seems
  that . . .*
a h-uile beannachd dhuibh *every
  blessing to you*
Inbhir Pheofharain *Dingwall*
sgioba (m) *(a) team*
a' gabhail pàirt *taking part*
rèis eathraichean (f) *dinghy race*
sa' Phloc *in Plockton*
anns a' Chaol *in Kyle*
aimsir (f) *weather*
fàbharach *favourable*
. . . gun tèid gu math leibh. . . . *that
  you get on well.*
mu dheireadh *finally*
Port Sgioba *Port Charlotte*
Ceann a' Ghiùthsaich *Kingussie*
aoigheachd (f) *hospitality*
Tha iad an dòchas ur faicinn. *They
  hope to see you.*
as t-Fhoghar *in the Autumn*
far *where*

Mìneachadh

Aunts and uncles

Gaelic does not have a single word for *aunt* or *uncle*. When reference is being made by name to a particular aunt or uncle, Gaelicised versions of these terms are used, viz. **Antaidh** and **Uncail**, as in the **Còmhradh**. When identifying and discussing relationships, however, you distinguish between maternal and paternal aunts and uncles as follows:

piuthar mo mhàthar	*my mother's sister*
piuthar m' athar	*my father's sister*
bràthair mo mhàthar	*my mother's brother*
bràthair m' athar	*my father's brother*

 # Obair

1 Cuir ceart.

(*a*) Tha companaich Flòraidh NicEacharna an dòchas gun ith 's gun òl i gu leòr aig a' phartaidh.

(*b*) Tha Seòras MacFhionghain à Baile Mhàrtainn ann an Tiriodh san ospadal an Glaschu.

(*c*) Bha Eairdsidh agus Peigi Stiùbhart dà fhichead bliadhna pòsda an-dè.

(*d*) Tha Lena agus Gòrdan an dòchas Mairead agus Aonghas fhaicinn ann an Ceann a' Ghiùthsaich as t-Fhoghar.

2 Leugh agus sgrìobh.

(*a*) Dè 'n aois a bhios Caitlin Nic a' Mhaoilein a-màireach?

(*b*) Cò tha a' cur dùrachd gu Donaidh MacAsgaill?

(*c*) Dè tha Alasdair MacAonghais an dòchas mu Sheòras MacFhionghain?

(*d*) Carson a tha Sìne agus Calum MacRath an dòchas gum bi an aimsir fàbharach a-nochd?

Abairtean cudromach

How to:

Express a hope
- Tha iad an dòchas gum bi an aimsir fàbharach agus gun tèid gu math leibh.
- Tha iad an dòchas nach ith 's nach òl thu cus.
- Tha mi an dòchas nach fhada gus am bi e air ais dhachaigh.

Express congratulations
- Meal do naidheachd, a Dhonaidh.

Say that someone is congratulating someone else
- Tha iad a' cur meala-naidheachd ort.

Convey good wishes from person to person
- A' guidhe gach deagh dhùrachd dhut, a Fhlòraidh, tha d' Antaidh Lisa agus d' Uncail Raghnall anns a' Ghearasdan.
- A h-uile beannachd dhuibh bho Thormod, Lena agus an teaghlach.

Say you would like to send good wishes to somebody
- Bu mhath leam gach deagh dhùrachd a chur thuige.

Wish someone a happy birthday
- Co-latha-breith sona, a Fhlòraidh.

Say that someone misses somebody
- Tha sinn ga ionndrainn gu mòr.

Say that someone is very willing to do something
- Tha e glè èasgaidh gu daoine a chuideachadh.

Say that it seems that something happened or took place
- Tha e coltach gun robh Eairdsidh agus Peigi Stiùbhart deich bliadhna fichead pòsda an-dè.

Gràmar

1 Expressing hope

To express hope you use the construction **Tha X an dòchas ...** followed by whatever it is the person hopes. If the statement which follows is a positive one, it is introduced by **gu**, **gun** or **gum**. If negative, it is introduced by **nach**.

(a) using the verb *to be*: if the statement which follows **Tha X an** dòchas . . . involves the verb *to be*, you use the dependent forms of the appropriate tense of the verb. These have already been covered in the **Gràmar** sections of **Aonad 6**, **Aonad 10** and **Aonad 11**, which deal with the linking of sentences or clauses.

When the present tense is used, **gu bheil** and **nach eil** are the appropriate positive and negative forms:

Tha mi an dòchas gu bheil am brot blasda.	*I hope that the broth is tasty.*
Tha Tòmas an dòchas nach eil càil ceàrr.	*Thomas hopes that there isn't anything wrong.*

In the past tense, **gun robh** and **nach robh** are the forms used:

Tha Mina an dòchas gun robh sibh riaraichte leotha.	*Mina hopes that you were satisfied with them.*
Tha sinn an dòchas nach robh iad nan dragh dhuibh.	*We hope that they weren't a nuisance to you.*

In the future tense, you use the forms **gum bi** and **nach bi**:

Tha mi an dòchas gum bi i ciùin a-nochd.	*I hope that it will be calm tonight.*
Tha Màrtainn an dòchas nach bi an t-uisge ann.	*Martin hopes that it won't be raining.*

(*b*) using other verbs: where the statement which follows **Tha X an dòchas** . . . involves a regular verb, you use the appropriate dependent form of that verb. The present tense of most verbs, as noted in **Aonad 6, Gràmar**, is conveyed by a combination of the present tense of the verb *to be* and the participle of the verb. You use **gu bheil** or **nach eil** to introduce the positive or negative statement which includes the *-ing* part of the verb:

Tha Ciorstaidh an dòchas gu bheil ticeadan agad airson an dannsa.	*Kirsty hopes that you have tickets for the dance.*
Tha mi an dòchas nach eil thu a' dol a-mach an-dràsda.	*I hope that you're not going out just now.*

In the past tense, **gun do** and **nach do** are the forms used to introduce positive and negative statements respectively.

Tha Greum an dòchas gun do dh'fhòn Tracy.	*Graham hopes that Tracy phoned.*
Tha do mhàthair an dòchas nach do ghabh thu cus fion.	*Your mother hopes that you didn't have too much wine.*

In the future tense, **gun** or **gum** introduce positive statements while **nach** introduces negative statements. **Gum** is used before verbs beginning in **b, f, m** and **p**:

Tha Mòr an dòchas gun glas Ruairidh dorsan a' chàir.	*Marion hopes that Roderick will lock the car doors.*
Tha athair an dòchas gum pòs Ailean Raonaid.	*His father hopes that Alan will marry Rachel.*
Tha mi an dòchas nach tòisich i a' sileadh.	*I hope that it won't start raining.*

(c) using irregular verbs: in the past tense, **Tha X an dòchas . . .** is followed by one of the three different types of dependent form of irregular verbs. These alternative forms are set out in Section 1 (c) of **Aonad 19, Gràmar**. The following are examples of irregular verb usage:

Tha Ronaidh an dòchas nach do rinn iad tuilleadh dhiubh.	*Ronnie hopes that they didn't make (any) more of them.*
Tha mi an dòchas gun tuirt thu sin riutha.	*I hope that you said that to them.*
Tha na poilis an dòchas gum faca cuideigin na mèirlich.	*The police hope that somebody saw the thieves.*

In the future tense, **Tha X an dòchas . . .** is followed by **gun** or **gum** when introducing positive statements, and by **nach** when introducing negative ones. The dependent future form of irregular verbs is similar to the question form minus **an** or **am**. A list of all future tense forms of the irregular verbs is given on page 250.

Future Tense

Root	Positive	Negative	Question
rach	thèid	cha tèid	an tèid?
(go)	(will go)	(won't go)	(will . . . go?)
dèan	nì	cha dèan	an dèan
(make/do)	(will make/do)	(won't make/do)	(will . . . make/do?)
faic	chì	chan fhaic	am faic?
(see)	(will see)	(won't see)	(will . . . see?)
faigh	gheibh	chan fhaigh	am faigh?
(get)	(will get)	(won't get)	(will . . . get?)
cluinn	cluinnidh	cha chluinn	an cluinn?
(hear)	(will hear)	(won't hear)	(will . . . hear?)
abair	their	chan abair	an abair?
(say)	(will say)	(won't say)	(will . . . say?)
ruig	ruigidh	cha ruig	an ruig?
(reach)	(will reach)	(won't reach)	(will . . . reach?)
thig	thig	cha tig	an tig?
(come)	(will come)	(won't come)	(will . . . come?)
thoir	bheir	cha toir	an toir?
(give)	(will give)	(won't give)	(will . . . give?)
beir	beiridh	cha bheir	am beir?
(catch)	(will catch)	(won't catch)	(will . . . catch?)

In positive statements **gum** precedes **faic**, **faigh** and **beir**, and **gun** introduces the rest. **Nach** introduces all negative statements and causes lenition in **faic** and **faigh**:

Tha mi an dòchas gum beir na poilis orra.	*I hope that the police (will) catch them.*
Tha sinn an dòchas gun tig tòrr dhaoine chun na fèille.	*We hope that a lot of people will come to the sale.*
Tha mi an dòchas nach fhaigh thu am fuachd.	*I hope that you won't catch cold.*
Tha d' athair an dòchas nach dèan thu a-rithist e.	*Your father hopes that you won't do it again.*

(d) using a direct object: when the statement which follows **Tha X an dòchas . . .** contains a direct object such as a noun or possessive pronoun, the object is placed immediately after **dòchas** and before the verbal noun:

Tha na Moireasdanaich an dòchas ur faicinn aig Fèis Bharraigh.	*The Morrisons hope to see you at Fèis Bharraigh.*

Tha iad an dòchas an taigh a reic a dh'aithghearr.

They hope to sell the house soon.

(*e*) using verbal nouns: when the statement following **Tha X an dòchas** . . . does not contain a direct object, the verbal noun is placed immediately after **dòchas**:

Tha Seasaidh an dòchas fuireach gu Diluain.

Jessie hopes to stay until Monday.

(*f*) using '**nach fhada**': **Tha X an dòchas** . . . can also be followed immediately by **nach fhada gu(s)** . . . to convey the hope that it will not be long until . . .

Tha i an dòchas nach fhada gus an till iad.

She hopes that it won't be long until they return.

In many of the uses above, other parts of the verb *to be* can be substituted, as appropriate, for **Tha** in the construction **Tha mi an dòchas**:

A bheil thu an dòchas litir fhaighinn bhuaithe an-diugh?

Do you hope to get a letter from him today?

Bha sinn an dòchas nach robh sinn ro anmoch.

We hoped that we weren't too late.

2 Expressing congratulations

To congratulate someone, you say **Meal do naidheachd** (Lit. *Savour your news*). If you are being formal, polite, or congratulating more than one person, you say **Mealaibh ur naidheachd**.

To convey congratulations, you say **Tha X a' cur meala-naidheachd air** . . . followed by the person being congratulated. The **air** changes to **ort, oirbh, orra** depending on the person(s) being addressed:

Tha Brenda a' cur meala-naidheachd ort, a Bheitidh.

Brenda congratulates you, Betty.

Tha Sìle agus Anndra a' cur meala-naidheachd air sgioba a' Chaoil.

Sheila and Andrew congratulate the Kyle team.

3 Conveying good wishes

Two of the main ways of conveying good wishes are featured in the **Còmhradh**. The first of these is **a' guidhe deagh dhùrachd do** which means *expressing a good wish to*. The recipient of the good wishes is identified after **do** or, if not referred to by name, by one of the amalgamated forms of **do**:

Tha Lena agus Dùghlas a' guidhe deagh dhùrachd do Dhòmhnall agus Eilidh.	*Lena and Douglas express good wishes to Donald and Helen.*
Tha Fearchar a' guidhe deagh dhùrachd dhut.	*Farquhar sends you best wishes.*

The warmth of the wish can be intensified by placing **gach** before **deagh**:

Tha d' Antaidh Mòrag a' guidhe gach deagh dhùrachd dhuibh.	*Your Aunt Morag sends you all best wishes.*

A' cur is often used as an alternative to **a' guidhe**. When **a' cur** is used **gu** replaces **do**:

Tha Linda agus Peadar a' cur gach deagh dhùrachd gu Ceana agus Dàibhidh.	*Linda and Peter send all best wishes to Kenna and David.*

A second way of expressing good wishes is to say **a h-uile beannachd (dhuibh)** which means *every blessing (to you)*. This can be used for a direct expression of good wishes to someone as well as for the relaying of good wishes. When used in the latter context **a h-uile beannachd**, and its variant **gach beannachd**, combines with **a' guidhe** in the same way as **deagh dhùrachd** does:

Tha do sheanmhair a' guidhe a h-uile beannachd dhut, Ailig.	*Your grandmother wishes you every blessing, Alex.*
Tha Torcuil agus Amanda a' guidhe gach beannachd dhuibh.	*Torquil and Amanda wish you every blessing.*

It is also common to link **a' cur** to the genitive plural form of **beannachd** as in the following example:

Tha iad a' cur bheannachdan thugad.	*They send you good wishes.* (Lit. *blessings.*)

Cus, **mòran** and **tòrr** (*many, a lot*) are often inserted before **bheannachdan** to intensify the warmth of the wish:

Tha Crìsdean agus Sandra
a' cur cus bheannachdan
thugaibh.

Christopher and Sandra send you all good wishes.

When expressing good wishes at the end of a letter, you use one of the following:

Le dùrachd — *Yours sincerely*
Le deagh dhùrachd — *With good wishes*
Le/Leis gach deagh dhùrachd — *With best wishes* (Lit. *With every good wish*).
Le meas — *Yours faithfully*
Leis na beannachdan — *With good wishes*
Le/Leis gach beannachd — *With best wishes* (Lit. *With every blessing*).

4 Saying 'Happy Birthday'

To wish someone a happy birthday, you say **Co-latha-breith sona (dhut)**, followed by the person's name in the vocative form. **Dhut** is optional:

Co-latha-breith sona, a Mhurchaidh. — *Happy Birthday, Murdo.*
Co-latha-breith sona dhut, Iseabail. — *Happy Birthday, Isobel.*

5 Bu mhath le . . . (. . . would like . . .)

The construction **Bu mhath le X** ... conveys the meaning *X would like to*. It is similar in form and in meaning to the **Bu toil le X** . . . construction encountered in **Aonad 16**. **Bu mhath le** . . . can be followed by a person's name or **le** can be amalgamated with pronouns as shown in **Aonad 4, Gràmar**:

Bu mhath le Siùsaidh ad ùr. — *Susan would like a new hat.*

Bu mhath leinn cofaidh, ma 's e ur toil e.	*We would like coffee please.*

When the statement which follows **Bu mhath le X . . .** contains a direct object such as a noun or possessive pronoun, the object precedes the verbal noun:

Bu mhath leam ceist fhaighneachd.	*I would like to ask a question.*
Bu mhath leatha am faicinn.	*She would like to see them.*

When the statement which follows does not contain a direct object, the verbal noun comes first:

Bu mhath le Seoc gluasad a dh'Inbhir Air.	*Jack would like to move to Ayr.*
Bu mhath leis bruidhinn riut.	*He would like to speak to you.*

The negative form of the construction is **Cha bu mhath le X . . .** and the question form is **Am bu mhath le X . . .?**:

Cha bu mhath leotha smocadh.	*They wouldn't like to smoke.*
Am bu mhath leibh an teip a chluinntinn? Bu mhath.	*Would you like to hear the tape? Yes.*

Where the subject of the construction is a noun preceded by *the*, **le** becomes **leis**:

Bu mhath leis a' pheantair tòiseachadh Diardaoin.	*The painter would like to start on Thursday.*

6 Adverbs

An adverb is formed by placing **gu** before an adjective:

mòr (*big, great*) becomes **gu mòr** (*much, greatly*)
math (*good*) becomes **gu math** (*well*)
socair (*quiet, slow*) becomes **gu socair** (*quietly, slowly*).

If an adjective begins with a vowel, an **h-** comes between it and **gu** when the adjective becomes an adverb:

ìosal (*low*) becomes **gu h-ìosal** (*below*)

Other common adverbs include:

gu dòigheil (*fine*)
gu dona (*badly*)
gu faiceallach (*carefully*)
gu làidir (*strongly*)

gu luath (*quickly*)
gu sgiobalta (*tidily, quickly*)
gu snog (*nicely*)
gu tric (*often*)

7 Tha e coltach *(It seems)*

To say *It seems that . . .*, you use the construction Tha e coltach . . . followed by the dependent form of whichever verb occurs in the statement being introduced. These forms are identified in the reported speech section of Aonad 19, Gràmar:

Tha e coltach gu bheil cabhag orra.	*It seems that they are in a hurry.*
Tha e coltach gun tàinig iad a' bhòn-dè.	*It seems that they came the day before yesterday.*
Tha e coltach nach d' fhuair Fearghas guth bhuapa.	*It seems that Fergus didn't get any word from them.*

Obair eile

1 Cuir còmhla.

(*a*) Tha Catrìona an dòchas gum bi turadh math ann a-màireach.
(*b*) Tha do chompanaich an dòchas gun tèid thu chun an dannsa còmhla riutha an ath-oidhch'.
(*c*) Tha e an dòchas nach bi an rathad ro thrang.
(*d*) Tha Sìm an dòchas nach tuirt thu guth riutha.
(*e*) Tha a bhean an dòchas gum faigh e obair a dh'aithghearr.

(i) someone hopes that another person will get a job.
(ii) someone hopes that the road won't be too busy.
(iii) someone hopes that another person didn't say anything.
(iv) someone hopes that the weather will be dry.
(v) someone hopes that another person will go to the dance.

2 Cuir air dòigh. Join each pair of sentences below to form one compound sentence:

(a)	Tha an tidsear an dòchas.	Bidh a' chlann modhail.
(b)	Tha an nurs an dòchas.	Thig an dotair gu sgiobalta.
(c)	Tha na h-iasgairean an dòchas.	Chan èirich a' ghaoth.
(d)	Tha a' bhana-chlèireach an dòchas.	Gheibh i pàigheadh nas fheàrr anns an obair ùir.
(e)	Tha an saor an dòchas.	Cha bhi e ag obair anmoch Disathairne.

---

pàigheadh (m) *pay*

---

3 Leugh agus freagair. Read the following sentences and complete the grid below:

(a) Tha na saighdearan an dòchas nach bi aig an rèiseamaid aca ri dhol a-null thairis am bliadhna.

(b) Tha Fearchar an dòchas nach fhada gus am faigh e a-mach às an ospadal.

(c) Tha Eilidh an dòchas gu bheil Iomhar math air rudan a chàradh.

(d) Bha na gillean an dòchas na nìghnean a thoirt chun an dannsa.

(e) Tha Cailean an dòchas bruidhinn ris a' chomhairliche aig a' choinneimh.

People expressing hope	About whom/what	Hope being expressed
the soldiers	their regiment	(i)
Farquhar	he	(ii)
(iii)	Ivor	that he will be good at repairing things
(iv)	the girls	to take them to the dance
Colin	the councillor	(v)

4 Sgrìobh. Write what hope someone might express in the following situations:

(a) hanging out the washing.

(b) to someone on a diet.

(c) to someone who has lost their keys.

(d) to someone who has a birthday on Tuesday.

(e) having been thumbing a lift at the roadside for some time.

5 Lìon na beàrnan.

(a) Tha Torcuil agus Nettidh a' cur meala- _____ air Peadar MacAoidh a fhuair _____ dràibhidh an-dè.

(b) Tha Seonag Mhoireasdan a' guidhe deagh _____ do a ban-acharaid Annabel NicRisnidh a tha an-dràsda san _____ ann an Inbhir Nis.

(c) Tha Eachann agus Lisa Mhàrtainn a' cur _____ bheannachdan gu Aonghas Iain agus Barabal Dhòmhnallach a bha còig _____ fichead pòsda Diluain seo chaidh.

(d) Co-latha-breith _____ dhut, a Sheonaidh.

(e) Tha do sheanmhair a' guidhe a _____ beannachd dhut, a Mharsaili.

(f) Tha do chompanaich a' cur gach deagh dhùrachd _____ , a Nèill.

sona	ospadal	bliadhna	thugad	naidheachd
h-uile	cead	mòran	dhùrachd	

6 Cuir air dòigh.

(a) leam/a/bu/ràdh/rudeigin/mhath

(b) èisdeachd/am/an/mhath/rèidio/leibh/bu/ris

(c) litir/e/d'fhuair/coltach/iad/againn/nach/an/tha

(d) bu/dragh/leinn/orra/cha/chur/mhath/a

(e) duine/coltach/càil/tha/fhaca/e/nach

7 Cuir còmhla.

(a) Cha bu mhath leinn fuireach ann an Lunnainn.

(b) Bu mhath le Clann 'IcAmhlaigh taigh a cheannach an-seo.

(c) Cha bu mhath leis an t-iasg a chumail.

(d) Am bu mhath leat a dhol chun a' ghèam?

(e) Bu mhath le Monica a dhol dhan Ròimh air làithean-saora.

(i) Tha iad glè dhèidheil air an àite.

(ii) Fhuair mi dà thiocad.

(iii) Is urrainn dhi Eadailtis a bhruidhinn.

(iv) Tha e ro mhòr agus ro thrang.

(v) Bha e cho beag.

8 Sgrìobh. Make up sentences based on **bu mhath le** using the information provided on page 258:

Positive/Negative/ Question	Person(s)	Activity
(a) Positive	I	
(b) Negative	she	
(c) Question	you (singular)	
(d) Negative	Charles	

9 **Leugh agus freagair.** Moira and Fiona from Mull have met Angus and Dougie from Edinburgh at the youth hostel in Broadford on Skye. They are discussing what they hope to do in the next couple of days.

Aonghas Càit' a bheil sibh a' dol a-màireach?

Fiona Tha sinn an dòchas a dhol sìos gu Slèite sa' mhadainn. Tha e coltach gu bheil Ionad Chlann Dòmhnaill gu math inntinneach.

Dugaidh O, tha e uabhasach fhèin math. Thadhail sinn ann air an rathad an-seo. Tha tòrr eachdraidh co-cheangailte ris.

Aonghas Agus càit' a bheil sibh an dòchas a dhol feasgar?

Moira Tha sinn an dòchas a dhol gu Sabhal Mòr Ostaig feasgar. Tha caraid dhomh airson fiosrachadh fhaighinn mu na cùrsaichean aca. Bu mhath leatha Gàidhlig ionnsachadh.

Fiona Tha sinn an dòchas tilleadh an-seo an ath-oidhch'. Dè tha sibhse dol a dhèanamh a-màireach?

Aonghas Tha dùil againn Blàbheinn a shreap.

Fiona	Tha mi 'n dòchas gum bi an aimsir nas fheàrr na bha i an-diugh ma tha.
Aonghas	Tha mi 'n dòchas gum bi.
Dugaidh	Tha mi 'n dòchas nach bi ceò ann co-dhiù.
Moira	Dè tha sibh dol a dhèanamh an làrna-mhàireach?
Dugaidh	Tha sinn a' dol suas a Phort Rìgh. Tha e coltach gu bheil deagh amar-snàmh ann. Thèid sinn a shnàmh sa' mhadainn agus cuiridh sinn cuairt air an Taobh Sear feasgar. Chì sinn Bodach an Stòrr agus a' Chuithraing.
Aonghas	Dè tha sibh fhèin a' dol a dhèanamh an làrna-mhàireach?
Moira	Cha chreid mi nach tèid sinn gu Caisteal Dhùn Bheagain sa' mhadainn. Bu toil leinn caisteal Chlann 'IcLeòid fhaicinn.
Fiona	Tha sinn an dòchas Cille Mhoire a ruighinn feasgar. Bu mhath leinn an uaigh aig Fionnghal NicDhòmhnaill, agus an taigh-tasgaidh a tha faisg air, fhaicinn.
Dugaidh	Am bi sibh ann an Osdail Uige an oidhche sin?
Fiona	Tha sinn an dòchas gum bi.
Aonghas	Bidh agus sinne.

Slèite *Sleat*	**an Taobh Sear** *Staffin*
Ionad Chlann Dòmhnaill *The Clan Donald Centre*	**Bodach an Stòrr** *Old Man of Storr – pinnacle*
inntinneach *interesting*	**a' Chuithraing** *Quirang*
uabhasach fhèin math *awfully good*	**Dùn Bheagain** *Dunvegan*
co-cheangailte ris *connected with it*	**Cille Mhoire** *Kilmuir*
cùrsaichean (pl) *courses*	**uaigh** (f) *grave*
Blàbheinn *Blaven*	**taigh-tasgaidh** (m) *museum*
ceò (m) *mist*	**Osdail Uige** *Uig Hostel*
làrna-mhàireach *day after tomorrow*	**Bidh agus sinne** *So will we*

Read the conversation again and then write out an itinerary:

(a) for Moira and Fiona, and
(b) for Angus and Dougie.

Identify where and when they are going and what they intend to do for each of the next two days.

21

BHIODH SIN MATH

That would be good

In this unit you will learn how to

- ask and tell what someone did regularly
- say that someone was on the point of doing something
- say what someone did despite certain conditions
- express opinions on what someone did regularly

 ——————— **Còmhradh** ———————

Raonaid Bhochanan is the presenter of a television chat-show. She is interviewing Mairead Nic a' Phì about her experiences as a nurse working with orphans in Romania.

Raonaid Dè bhiodh sibh a' dèanamh gach latha anns an ospadal?

Mairead Uill, bhiomaid ag èirigh mu shia uairean agus a' nighe 's a' biadhadh na cloinne. An dèidh dhan chloinn am bracaist a ghabhail, bhiodh an fheadhainn mhòra a' falbh dhan sgoil. Bha tòrr dhen chloinn gu math tinn agus bhiodh na nursaichean a' coimhead as an dèidh agus a' feuchainn ri an dèanamh cho cofhurtail 's a b' urrainn dhaibh.

Raonaid Tha fhios gur e obair chruaidh a bh' agaibh.

Mairead 'S e. 'S e obair gu math cruaidh a bh' againn. Bhithinn fhìn gu fannachadh leis an sgìths a h-uile feasgar, ach air cho cruaidh 's a bha an obair, chòrd i rium.

Raonaid Tha mi cinnteach nach biodh sibh ag ràdh sin aig an àm.

Mairead Sinne nach biodh! Bha cianalas orm an ìre mhath a h-uile latha an toiseach, ach dh'fhàs nithean na b' fheàrr agus dh'fhàs mi fhìn cleachdte ris an àite 's ris na daoine. Bha iad uabhasach deiseil gu daoine a chuideachadh. Tha cuimhn' agam mar a bhiodh na tuathanaich, a dh'aindheoin cho bochd 's a bha iad fhèin, a' toirt biadh thugainn, ged nach biodh mòran air fhàgail dhaibh fhèin.

Raonaid Tha fhios gum biodh sibh a' faicinn rudan a bha uabhasach, cia tà.

Mairead Bhiodh gu dearbh. Nuair a ràinig sinn bha an t-ospadal ann an staid a bha sgreataidh. Cha bhiodh na nursaichean aca fhèin a' glanadh an àite mar bu chòir agus cha robh iad ro choibhneil ris a' chloinn a bharrachd.

Raonaid Ciamar a tha thu a' faireachdainn a-nis, an dèidh dhut tighinn dhachaigh? Saoil am biodh tu deònach tilleadh a Romàinia?

Mairead Tha mi uabhasach toilichte a bhith air ais ann an Alba, ach tha mi smaoineachadh gum bithinn glè dheònach tilleadh air ais a Romàinia. Tha an obair riatanach agus fàsaidh duine cleachdte ri rud sam bith.

Raonaid Anns an dealachadh, a bheil comhairle agad do dhuine sam bith a bhiodh airson a dhol a-null a dh'obair a Romàinia?

Mairead Tha. Feumaidh iad a bhith tapaidh, èasgaidh agus deònach air obair ann an suidheachadh glè thruagh. Mura bheil, bhiodh e fada na b' fheàrr airgead fhèin a chur a-null. Tha cruaidh fheum air nursaichean, ach feumaidh an trèanadh a bhith agad, no nì thu barrachd call na feum.

Raonaid Tapadh leat, a Mhairead.

Mairead Tapadh leibhse.

Raonald Bhochanan *Rachel Buchanan*

Dè bhiodh sibh a' dèanamh gach latha anns an ospadal? *What did you do each day in the hospital?*

Bhiomaid ag èirigh. *We would get up.*

a' biadhadh na cloinne *feeding the children*

tòrr dhen chloinn *many of the children*

cho cofhurtail 's a b' urrainn dhaibh *as comfortable as they could*

Tha fhios gur e obair chruaidh a bh' agaibh. *You must have had a hard job.*

Bhithinn fhìn gu fannachadh leis an sgìths. *I would be nearly fainting with tiredness.*

air cho cruaidh 's a bha an obair *no matter how hard the work was*

Tha mi cinnteach nach biodh sibh ag ràdh sin aig an àm. *I'm sure you didn't/wouldn't say that at the time.*

Sinne nach biodh! *We certainly didn't/ wouldn't!*

an ìre mhath *more or less; nearly*

Dh'fhàs mi fhìn cleachdte ris an àite. *I got used to the place.*

Tha cuimhn' agam mar a bhiodh na tuathanaich . . . *I remember how the farmers used to . . .*

a dh'aindheoin cho bochd 's a bha iad fhèin *despite how poor they were themselves*

ged nach biodh mòran air fhàgail dhaibh fhèin *even though there wouldn't be much left for themselves*

staid (f) *state; condition*

sgreataidh *disgusting*

na nursaichean aca fhèin *their own nurses*

mar bu chòir *properly*

a bharrachd *either*

Saoil am biodh tu deònach? *Do you think you would be willing?*

Romàinia (m) *Romania*

riatanach *essential*

Anns an dealachadh . . . *Finally; In closing . . .*

comhairle (f) *advice; counsel; council*

tapaidh *hardy*

suidheachadh glè thruagh *a very sad situation*

bhiodh e fada na b' fheàrr *it would be far better*

cruaidh fheum (m) *a crying need*

trèanadh (m) *training*

barrachd call na feum *more harm than good*

Obair

1 Cuir ceart.

(a) Bhiodh Mairead ag èirigh tràth sa' mhadainn.
(b) Cha bhiodh a' chlann a' falbh dhan sgoil idir.
(c) 'S e obair aotrom a bh' aig na nursaichean à Alba.
(d) Bhiodh na tuathanaich èasgaidh gu cuideachadh.
(e) Chan eil feum air nursaichean ann an Romàinia.

2 Leugh agus sgrìobh.

(a) Dè bhiodh na nursaichean a' dèanamh airson na cloinne a bha tinn?

(b) Ciamar a bhiodh Mairead a' faireachdainn feasgar?
(c) Am biodh biadh gu leòr aig na tuathanaich dhaibh fhèin?
(d) Dè an staid anns an robh an t-ospadal nuair a ràinig Mairead?
(e) Carson a bhiodh Mairead deònach tilleadh a Romàinia?

--------- **Abairtean cudromach** ---------

How to:

Ask what someone did on a regular basis, and respond
- Dè bhiodh sibh a' dèanamh gach latha?
- Bhiomaid ag èirigh mu shia uairean.

Say what someone did or did not do on a regular basis
- Bhiodh an fheadhainn mhòra a' falbh dhan sgoil.
- Cha bhiodh na nursaichean aca fhèin a' glanadh an àite.

Say someone was on the point of doing something
- Bhithinn fhìn gu fannachadh leis an sgìths.

Say despite how hard (etc.) something was . . .

- Air cho cruaidh 's a bha an obair . . .
- A dh'aindheoin cho bochd 's a bha iad fhèin . . .

Say someone remembers how someone used to do something
- Tha cuimhn' agam mar a bhiodh na tuathanaich a' toirt biadh thugainn.

Give an opinion on what someone did or did not do on a regular basis
- Tha fhios gum biodh sibh a' faicinn rudan a bha uabhasach, cia tà.
- Tha mi cinnteach nach biodh sibh ag ràdh sin aig an àm.

--------- **Gràmar** ---------

1 The conditional tense of the verb 'to be'

The conditional tense is the one which conveys the meaning *would*, and can refer to something which one might do in the future or what one did on a regular basis in the past. The usual form of the conditional tense of the verb *to be* is **bhiodh**, which is sometimes written **bhitheadh**, and means *would, would be* or *did*:

Dè bhiodh sibh a' dèanamh gach latha?	*What did you do (regularly) each day?*
Bhiodh e fada na b' fheàrr.	*It would be far better.*

Tu rather than **thu** is the form used after **bhiodh**:

Bhiodh tu deònach sin a dhèanamh, tha mi 'n dòchas.	*You would be willing to do that, I hope.*

There are special forms of the conditional for use with **mi** and **sinn**, in which **mi** and **sinn** are amalgamated with the verb:

Bhithinn uabhasach toilichte.	*I would be very pleased.*
Bhiomaid fada nur comain.	*We would be much in your debt.*

Bhithinn stands for **bhiodh mi**, and **bhiomaid** (sometimes written **bhitheamaid**) stands for **bhiodh sinn**. It should be noted that **bhiodh sinn** is used in certain dialects and that **bhiodh mi** is quite common among younger Gaelic speakers.

The negative form of the conditional tense of the verb *to be* consists of the above forms preceded by **cha**:

Cha bhiodh Alasdair idir riaraichte le sin.	*Alasdair wouldn't be at all satisfied with that.*
Cha bhithinn airson a dhol ann leam fhìn.	*I wouldn't want to go there by myself.*
Cha bhiomaid ga dhèanamh ro thric.	*We wouldn't do it too often.*

Cha bhiodh is sometimes written **Cha bhitheadh**, especially when being emphasised.

The question form is **Am biodh** (written **Am bitheadh** when emphasised), with the additional forms **Am bithinn** (referring to **mi**) and **Am biomaid**, or **Am bitheamaid** when emphasised, (referring to **sinn**):

Am biodh tu a' dùsgadh tràth?	*Did you wake up early?*
Am bithinn a' cur dragh oirbh?	*Would I be bothering you?*

The response to such questions is **Bhiodh/Bhitheadh** (*Yes*) or **Cha bhiodh/Cha bhitheadh** (*No*):

Am biodh Iain deònach a dhol ann? Bhiodh/Bhitheadh.	*Would Iain be willing to go there? Yes.*
Am biodh sibh toilichte le sin? Cha bhiodh/bhitheadh.	*Would you be happy with that? No.*

The positive linking forms are **gum biodh/bitheadh, gum bithinn** and **gum biomaid/bitheamaid**:

Bha iad ag ràdh gum biodh tu a-staigh aig trì uairean.	*They were saying that you would be in at three o'clock.*
Bha mi 'n dòchas gum bithinn a' dol a-mach a-nochd.	*I was hoping that I would be going out tonight.*
Bha sinn cinnteach gum biomaid a' faighinn fiathachadh chun a' phartaidh.	*We were sure that we would be getting an invitation to the party.*

The negative linking forms are **nach biodh/bitheadh, nach bithinn** and **nach biomaid/bitheamaid**:

Chuala mi nach biodh turadh ann an-diugh idir.	*I heard that it wouldn't be dry today at all.*
Thuirt mi nach bithinn deònach bruidhinn ris.	*I said that I wouldn't be willing to speak to him.*
Bha e a' smaoineachadh nach biomaid ann.	*He thought that we wouldn't be there.*

With the conditional tense you use **nam** followed by the unlenited form to mean *if*. Notice that Gaelic uses the conditional tense in situations where English would use the past:

Cha bhithinn ro thoilichte **nam biodh** an t-uisge ann.	*I wouldn't be too pleased if it rained.*
Nam bithinn a' dol a-null thairis air saor-làithean bhithinn airson a dhol dhan Eadailt.	*If I were going abroad on holiday I would want to go to Italy.*
Bhiodh iad toilichte **nam biomaid** ann.	*They would be happy if we were there.*

To express *unless* or *if not*, you use **mura** followed by the unlenited form:

Mura bithinn cho trang bhithinn deònach a dhol ann.	*If I weren't so busy I would would be willing to go.*

Cha bhithinn cho cruaidh orra mura
biodh iad fhèin cho mì-mhodhail.

*I wouldn't be so hard on
them if they weren't so
badly behaved.*

You use the straightforward question form to express *whether/if*:

Bha Calum a' faighneachd **am biodh**
tu ag iarraidh dannsadh còmhla
ris.
Cha robh e cinnteach **am bithinn**
airson a dhol a dh'iasgach.

*Calum was asking whether
you wanted to dance with
him.*
*He wasn't sure if I would
want to go fishing*

2 Nearly, almost

Normally the preposition **gu** means *to*, but when used instead of **a'** or **ag**
in a participle it means *nearly* or *almost*:

Bhithinn fhìn gu fannachadh leis
an sgìths.
Bha mi gu tuiteam nam chadal.

*I would be nearly fainting with
tiredness.*
I was almost falling asleep.

Gu bhith is also used with other parts of speech, e.g. adjectives:

Tha sinn gu bhith deiseil.
Tha e gu bhith dà uair.

We're almost ready.
It's almost two o'clock.

In some dialects **gus a bhith** is used instead of **gu bhith**:

Tha mi gus a bhith deiseil.

I am almost ready.

The **Còmhradh** contains another phrase meaning *almost* or *nearly*,
namely **an ìre mhath**, which can be used in place of **gu** or **gu bhith**,
and also in a wider range of situations:

Tha iad an ìre mhath deiseil.
Tha mi air a bhith an-seo an ìre
mhath dà uair a thìde.

They are more or less ready.
I've been here nearly two hours.

3 Mar (like, as)

Mar usually means *like* or *as*, but can have the meaning *how* in certain circumstances:

Bha mi a' faicinn mar a bha cùisean.   *I saw how things were.*
Bha sinn toilichte leis mar a bha an   *We were pleased with how the*
  taigh.   *house was.*

In other circumstances **mar** would be better translated into English as *what*:

A bheil cuimhn' agad mar a   *Do you remember what*
  thachair?   *happened?*

4 'No matter'

The **Còmhradh** contains some examples of how the above phrase is expressed in Gaelic:

air cho cruaidh 's a bha an obair   *no matter how hard the work was*
a dh'aindheoin cho bochd 's a   *no matter how poor they were*
  bha iad

The construction is formed by **air cho** or **a dh'aindheoin cho** followed by the adjective then **'s a** and the verb:

air cho bodhar 's a bha e   *no matter how deaf he was*
air cho cruaidh 's a bhruidhinn i   *no matter how loudly she spoke*

The last example shows that, in this construction, although Gaelic uses an adjective (**cruaidh**) the translation into English might use an adverb (**loudly**).

5 *Nouns with adjectives*

Adjectives describing nouns are normally placed after the noun:

gille socair   *an easy-going lad*
uinneag mhòr   *a big window*
facail ùra   *new words*

Certain adjectives, however, are always placed before the noun, leniting it:

deagh shìde	*good weather*
droch gheamhradh	*a bad winter*
fìor amadan	*an absolute fool*
sàr dhuine	*an excellent man*
seann chàr	*an old car*

Other adjectives can be placed in front of the noun, leniting it, but conveying a specialised meaning:

cruaidh fheum	*a crying need*
dearg nàire	*a total disgrace*

This construction is commonly found in the names of physical features of the landscape:

mòr bheinn	*great mountain*
garbh eilean	*rough island*

This last use of the adjective before the noun identifies the physical feature as being specific. **Eilean garbh** could refer to any rough island, but **garbh eilean** would refer to a particular island thus named.

6 *More*

Gaelic has several words which can be translated as *more* in English, each of which has a distinct meaning.

Tuilleadh has the meaning of more in addition to what is already there and puts any following noun into the genitive case:

Am faigh mi tuilleadh cofaidh?	*Can I have more coffee?* (over and above what I already have)
Chan eil tuilleadh ann.	*There isn't any more* (over and above what is already there).

Barrachd has the connotation of surplus or in comparison to something else and puts any following noun into the genitive case:

Fhuair mi barrachd airgid an-uiridh.	*I got more money last year* (compared to other years).
Tha barrachd tìde agam a-nis.	*I have more time now* (compared to other times).

An còrr suggests the remainder, or something left over and puts any following noun into the genitive case:

Thoir dhomhsa an còrr.	*Give me the rest* (whatever is left over).
Chan eil an còrr airgid agam.	*I have no more money.*

There is also a variety of ways of saying *more than*, the commonest being **barrachd air** and **còrr is**:

Tha barrachd air mìle duine a' fuireach ann am Barraigh.	*There are more than a thousand people living in Barra.*
Tha còrr is ceud not agam.	*I have more than one hundred pounds.*

Tuilleadh is can be followed by an adjective to mean *excessively*:

Bha Calum Beag tuilleadh is mì-mhodhail an-dè.	*Little Calum was excessively badly behaved yesterday.*
Tha i tuilleadh is dàna.	*She's too forward.*

7 Duine

Duine has a number of meanings – *man, husband* and *person*. In this unit, however, it has another meaning as shown in the **Còmhradh**:

Fàsaidh duine cleachdte ri rud sam bith.	*One gets used to anything.*

Where English uses *one* or *you* to express a non-specific person, Gaelic can use **duine**:

Tha duine buailteach sin a dhèanamh.	*One is inclined to do that.*

Duine has the further meanings of *anyone* or *someone*:

A bheil duine a-staigh?	*Is (there) anyone in?*
Chunnaic mi duine shìos aig a' chladach.	*I saw someone down at the shore.*

In negative sentences **duine** means *nobody*:

GAELIC

Cha tàinig duine chun
a' phartaidh aca.

Nobody came to their party.

Chan eil fhios aig duine.

Nobody knows.

Obair eile

1 Lìon na beàrnan.

(a) _____ deònach a dhol dhachaigh an-dràsda.

(b) Bha sinn an dòchas gum _____ an aimsir fàbharach.

(c) Cha _____ ag obair Disathairne idir. Bhiodh latha dheth
againn.

(d) _____ biodh Alasdair agus Marsaili a' seinn nuair a bha iad
òg?

(e) Cha _____ i ag òl uisge-beatha nuair a bhiodh i a' dràibheadh.

| biodh | bhiodh | am | bhithinn | bhiomaid |

2 Cuir còmhla. Link each pair of sentences below to form one
compound sentence.

(a) Bha Sìne cinnteach.   Bhithinn airson a dhol dhan eaglais.
(b) An robh sibh an dòchas?   Bhiodh latha brèagha ann.
(c) Chuala mi Dòmhnall ag   Cha bhiomaid ag obair gu cruaidh
    ràdh.   feasgar.
(d) Cò bha a' smaoineachadh?   Cha bhiodh airgead gu leòr aca.
(e) Bha fhios agam.   Cha bhiodh tu toilichte le sin.

3 Freagair na ceistean. Answer *Yes* or *No* to the following
questions.

(a) Am biodh sibh deònach cuideachadh
    a thoirt dhomh?

(b) Am biodh tu airson a dhol a-mach
    Oidhche Shathairne?

(c) Am biodh tu a' faighinn biadh math
    san taigh-òsda?

(d) Am biodh sibh ag iarraidh tighinn
    còmhla ruinn?

– 270 –

(e) Am biodh tu riaraichte leis
a' chàr bheag sin?

4 Leugh agus sgrìobh. Read the following statements made by various people and report what each person said. The first one has been done for you.

(a) **Ailig**   Bhithinn a' dol dhan sgoil anns a' bhus.
Thuirt Ailig gum biodh e a' dol dhan sgoil anns a' bhus.
(b) **Mòr**   Bhiodh a' chlann a' goid rudan às a' bhùth.
(c) **Seumas**   Cha bhiodh iad ag obair a h-uile Disathairne idir.
(d) **Ciorstaidh** Cha bhithinn deònach a dhol ann còmhla riutha.
(e) **Barabal**   Bhithinn uabhasach toilichte nam biodh iad ann.
(f) **Artair**   Cha bhiodh ise a' fuireach ann am Barraigh.

> **a' goid** *stealing*

5 Leugh agus sgrìobh. Read the following reports of what people have said and write the original statements made by the various people as in **Obair eile 4.**

(a) Bha Dòmhnall ag ràdh gum biodh e glè riaraichte leis an tuarasdal.
(b) Cha robh Fionnlagh a' creidsinn gum biodh iad ann.
(c) Chuala Ealasaid nach biodh iad a' falbh a-null thairis am bliadhna.
(d) Bha Anna a' smaoineachadh gum biodh iad aig an dannsa feasgar.
(e) Bha Dùghlas agus Eilidh ag ràdh nach biodh iad deònach a dhèanamh.

> **tuarasdal** (m) *salary, wages*

6 Leugh agus sgrìobh. Choose a suitable adjective from the list below in place of the underlined adjectives in the sentences and then rewrite the sentences.

(a) 'S e dotair <u>uabhasach math</u> a th' ann an Seòras.
(b) 'S e nàbaidhean <u>dona</u> a bh' anns na Granndaich.
(c) Bha sìde <u>mhath</u> ann an-dè.

(d) Bhiodh ar càirdean <u>aosda</u> a' tighinn a dh'fhuireach còmhla ruinn.

(e) Bhiodh Murchadh na amadan <u>ceart</u> aig amannan nuair a bha e òg.

deagh   seann   sàr   droch   fìor

> **aosda** *aged, old*

7 Cuir air dòigh. Rearrange the following sentences so that they are in the correct time sequence.

An uair sin bhiodh againn ris an teanta a thoirt a-nuas agus a chur anns a' phoca. Nuair a bha sinn anns a' Ghearmailt agus anns an Olaind bha na trèanaichean fìor mhath, ach cha bhiodh iad a' nochdadh ro thric anns a' Ghrèig agus bhiodh againn ris an oidhche a chur seachad ann an stèiseanan an-dràsda 's a-rithist. Nuair a bha sinn deiseil aig a' champa bhiomaid a' dèanamh air an stèisean agus a' faighinn a-mach cuin a bhiodh trèan ann. Cha do chòrd sin ruinn idir, oir ged a bhiodh i blàth tron latha, bhiodh i glè fhuar air an oidhche. Nuair a bha mi air saor-làithean a' campachadh anns an Roinn-Eòrpa bhithinn a' dèanamh an ìre mhath an aon rud a h-uile latha. Bha sinn trì seachdainean air falbh, ach ged a chunnaic sinn tòrr, cha bhithinn airson a dhol air ais air saor-làithean mar siud a-rithist. An dèidh dhuinn èirigh bhiomaid uile a' gabhail blasad bìdh. Bhiomaid a' gabhail a' chiad trèan a bhiodh a' dol an taobh a bhiomaid ag iarraidh agus thadhail sinn ann an iomadach àite annasach.

a' campachadh *camping*	**a' cur seachad** *spending* (time)
blasad (m) *taste, bite*	**an-dràsda 's a-rithist** *now and then*
teanta (m) *tent*	**iomadach** *many*
a' dèanamh air *making for*	**annasach** *unusual*

8 Leugh a-rithist. After rearranging the above passage into the correct time sequence, read through it and jot down the positive and negative features of the holiday.

22

AN CORDADH E RIUTSA?

Would you like it?

In this unit you will learn how to

- say that something would be good
- ask if someone would like something, and respond
- ask what someone would do
- suggest possibilities
- ask and tell where someone would go
- suggest alternatives and give reasons
- make stipulations
- ask and tell when or how someone would go somewhere
- ask and say whether something would be worthwhile

Còmhradh

Fearghas and Ceiteag are visiting their friends Dànaidh and Lorna one evening. In the midst of their conversation Fearghas comes up with an idea.

Fearghas	Bu chòir dhuinn a dhol air falbh còmhla a dh'àiteigin aon deireadh seachdain.
Lorna	Bhiodh sin math, nach bitheadh, a Cheiteag?

Ceiteag	Bhitheadh gu dearbh. Dhèanadh e ùrachadh dhuinn.
Fearghas	An còrdadh e riutsa, a Dhànaidh?
Dànaidh	Chòrdadh, ach dè dhèanamaid leis a' chloinn?
Lorna	Dh'fhaodamaid am fàgail còmhla ri an seanair is an seanmhair.
Dànaidh	Dè dhèanadh sibhse le Fearchar agus Valerie?
Ceiteag	Dh'fhaodadh iad fuireach còmhla ri mo phiuthar. Tha i glè dhèidheil air clann agus tha iad eòlach oirre.
Dànaidh	Càit' an d' rachamaid?
Fearghas	Chòrdadh e rium fhìn a dhol a Lunnainn.
Lorna	Chòrdadh agus riumsa. Dh'fhaodainn fhìn agus Ceiteag ruith mhath a thoirt air na bùithean!
Dànaidh	Cha b' fhiach dhuinn a dhol a Lunnainn airson dà latha. Bheireadh e cho fada a' siubhal ann agus chan fhaiceamaid mòran dhen bhaile. Dh'fheumamaid trì latha co-dhiù.
Ceiteag	Tha thu ceart. Bhiodh e na b' fheàrr nan gabhamaid Dihaoine agus Diluain dheth agus dh'fhaodamaid a dhol sìos Oidhche Ardaoin agus tilleadh Oidhche Luain.
Lorna	'S e sin a b' fheàrr. Ciamar a rachamaid a Lunnainn?
Fearghas	'S e am plèan a bu luaithe.
Dànaidh	Nach dèanadh an trèan no am bus an gnothach? Bhiodh am plèan cho daor.
Ceiteag	Bha banacharaid ag innse dhomh gum faigheadh tu ticeadan glè shaor air a' phlèan gu Lunnainn. Ach bha i ag ràdh nach fhaigheadh tu iad ach aig amannan sònraichte. Thuirt i gum faigheadh tu ann agus air ais air an aon phrìs ris an trèan.
Lorna	Gheibheamaid fios mu dheidhinn sin bho ionad-siubhail sam bith, nach fhaigheadh?
Fearghas	Shaoilinn gum faigheadh. Tha ionad-siubhail glè fhaisg air an oifis far a bheil mi ag obair agus dh'fhaodainn tadhal ann latha sam bith.
Dànaidh	Cuin a dh'fhalbhamaid, cia tà?
Ceiteag	'S caingeis leamsa cuin a rachamaid ann.
Fearghas	Chanainn gum biodh e na b' fheàrr fhàgail gu deireadh an Dàmhair. Cha bhi Lunnainn cho trang le luchd-turais an uairsin.
Dànaidh	Chan fhaighinn dà latha dheth roimhe sin co-dhiù.
Lorna	Agus bheireadh sin greis dhuinn airson gnothaichean a chur air dòigh.
Ceiteag	Nach dèan sinn suas ar n-inntinn a dhol ann?

Fearghas An tèid ma tha?
Dànaidh Carson nach tèid? Cho fad 's nach leig mi fhìn 's tu fhèin a leas a dhol dha na bùithean còmhla riuthasan!

àiteigin *somewhere*
deireadh seachdain (m) *(a) weekend*
Dhèanadh e ùrachadh dhuinn. *It would be refreshing for us.*
An còrdadh e riutsa? Chòrdadh. *Would you like it? Yes.*
Dè dhèanamaid leis a' chloinn? *What would we do with the children?*
dh'fhaodamaid am fàgail *we could leave them*
Dè dhèanadh sibhse? *What would you do?*
dh'fhaodadh iad fuireach *they could stay*
tha iad eòlach oirre *they know her*
Càit' an d' rachamaid? *Where would we go?*
chòrdadh e rium *I would like*
chòrdadh agus riumsa *I would like it also*
dh'fhaodainn fhìn agus Ceiteag ruith mhath a thoirt air na bùithean. *Katie and I could have a shopping spree.*
Cha b' fhiach dhuinn. *It would not be worth our while.*
Bheireadh e cho fada a' siubhal ann. *It would take so long travelling there.*
Chan fhaiceamaid mòran dhen bhaile. *We wouldn't see much of the town.*
dh'fheumamaid . . . *we would need . .*

nan gabhamaid Dihaoine agus Diluain dheth *if we took Friday and Monday off*
Dh'fhaodamaid a dhol sìos Oidhche Ardaoin agus tilleadh Oidhche Luain. *We could go down on Thursday night and return on Monday night.*
'S e sin a b' fheàrr. *That would be better.*

Ciamar a rachamaid a Lunnainn? *How would we go to London?*
'S e am plèan a bu luaithe. *The plane would be quickest.*
Nach dèanadh an trèan no am bus an gnothach? *Wouldn't the train or bus do?*
gum faigheadh tu ticeadan *that you could get tickets*
. . . nach fhaigheadh tu iad. *. . . that you wouldn't get them.*
air an aon phrìs ris an trèan *at the same price as the train*
gheibheamaid fios, . . . nach fhaigheadh *we would get information, . . . wouldn't we*
ionad-siubhail sam bith *any travel agency*
shaoilinn gum faigheadh *I would think so*
far a bheil mi ag obair *where I work*
Cuin a dh'fhalbhamaid? *When would we go?*
is caingeis leamsa *I don't mind*
chanainn gum biodh e na b' fheàrr fhàgail gu deireadh an Dàmhair *I would say it would be better to leave it until the end of October*
luchd-turais (m pl) *tourists*
Chan fhaighinn dà latha dheth roimhe sin co-dhiù. *I wouldn't get two days off before then anyway.*
bheireadh sin greis dhuinn *that would give us a while*
airson gnothaichean a chur air dòigh *to get things sorted out*
Nach dèan sinn suas ar n-inntinn. *Let's make up our minds.*
Carson nach tèid? *Why not?*
Cho fad 's nach leig mi fhìn is tu fhèin a leas a dhol dha na bùithean còmhla riuthasan. *As long as you and I don't need to go to the shops along with them.*

Obair

1 Cuir ceart.

(a) Bha Fearghas airson gum falbhadh iad còmhla airson seachdain.
(b) Dh'fhaodadh Fearchar agus Valerie fuireach còmhla ri piuthar Ceiteig.
(c) Cha chòrdadh e ri Lorna a dhol a Lunnainn.
(d) Rachadh iad sìos a Lunnainn Oidhche Haoine agus thilleadh iad madainn Diluain.
(e) Chan fhaigheadh Dànaidh dà latha dheth gu deireadh an Dàmhair.

2 Leugh agus sgrìobh.

(a) Càit' an robh Dànaidh agus Lorna a' dol a dh'fhàgail na cloinne?
(b) An toil le piuthar Ceiteig clann?
(c) Dè bhiodh Lorna agus Ceiteag airson a dhèanamh ann an Lunnainn?
(d) Carson a dh'fhaodadh Fearghas tadhal ann an ionad-siubhail latha sam bith?
(e) Carson a bhiodh e na b' fheàrr a dhol a Lunnainn aig deireadh an Dàmhair?

Abairtean cudromach

How to:

Say that something would be good, and respond in the affirmative
- Bhiodh sin math, nach bitheadh?
- Bhitheadh gu dearbh.

Ask if somebody would like something, and respond
- An còrdadh e riutsa?
- Chòrdadh. or
- Cha chòrdadh.

Suggest possibilities
- Dh'fhaodamaid am fàgail còmhla ri an seanair is an seanmhair.
- Dh'fhaodadh iad fuireach còmhla ri mo phiuthar.
- Dh'fhaodainn fhìn agus Ceiteag ruith mhath a thoirt air na bùithean.

Ask what someone would do
- Dè dhèanamaid leis a' chloinn?
- Dè dhèanadh sibhse?

Ask where someone would go, and respond
- Càit' an d' rachamaid?
- Chòrdadh e rium fhìn a dhol a Lunnainn.

Ask how someone would go somewhere, and respond
- Ciamar a rachamaid a Lunnainn?
- 'S e am plèan a bu luaithe.

Suggest alternatives
- Nach dèanadh an trèan no am bus an gnothach?

Give a reason and/or an explanation
- Bheireadh e cho fada a' siubhal ann.
- Chan fhaiceamaid mòran dhen bhaile.
- Bhiodh am plèan cho daor.

Make some stipulation or condition
- Cho fad 's nach leig mi fhìn 's tu fhèin a leas a dhol dha na bùithean còmhla riuthasan.

Ask when someone would go somewhere, and respond
- Cuin a dh'fhalbhamaid?
- Chanainn gum biodh e na b' fheàrr fhàgail gu deireadh an Dàmhair.

Say something would not be worth while
- Cha b' fhiach dhuinn a dhol a Lunnainn airson dà latha.

Gràmar

1 The conditional tense of regular verbs

As noted in **Aonad 21, Gràmar**, the conditional tense conveys the meaning *would* and refers to what one might do in the future or what one did on a regular basis in the past.

When the last vowel in the past tense form of the verb is **i**, you add the **-inn**, **-eamaid** and **-eadh** endings to form the conditional tense. Otherwise the **-ainn**, **-amaid** and **-adh** endings are added.

In the conditional tense the pronouns **mi** and **sinn** are amalgamated with the verb in special forms:

Ghabhainn balgam tì.   *I'd take a drink of tea.*
Choinnicheamaid sibh aig   *We'd meet you at the airport.*
  a' phort-adhair.

It is worth noting that **sinn** is sometimes used in combination with the **-adh** or **-eadh** form of the verb:

Dh'fhuiricheadh sinn gus an tigeadh iad.	*We'd wait until they arrived.*

Tu rather than **thu** is the form used with the conditional:

Thuigeadh tu dè tha mi a' ciallachadh nam faiceadh tu e.	*You'd understand what I mean if you saw him.*

The conditional tense of most verbs is formed by adding one of three endings to the past tense of the verb. These endings are **-ainn** or **-inn** for *I*, **-amaid** or **-eamaid** for *we* and **-adh** or **-eadh** for all other persons. The conditional forms of the verbs **lean** (*follow*) and **seinn** (*sing*) are thus:

leanainn	*I would follow*	sheinninn	*I would sing*
leanadh tu	*you would follow*	sheinneadh tu	*you would sing*
leanadh e	*he would follow*	sheinneadh e	*he would sing*
leanadh i	*she would follow*	sheinneadh i	*she would sing*
leanamaid	*we would follow*	sheinneamaid	*we would sing*
leanadh sibh	*you would follow*	sheinneadh sibh	*you would sing*
leanadh iad	*they would follow*	sheinneadh iad	*they would sing*

The negative of the conditional is formed by placing **cha** before the positive form:

Cha ghluaiseadh iad.	*They wouldn't move.*
Cha sguireadh e a bhruidhinn.	*He wouldn't stop speaking.*

When the positive form of the conditional includes **dh'**, the **dh'** is dropped and is replaced by **chan**:

Chan itheadh i greim.	*She wouldn't eat a bite.*
Chan fhanainn nas fhaide na uair.	*I wouldn't wait any longer than an hour.*

The question form of the conditional is obtained by placing **An** or **Am** before the unlenited positive form. **Am** is used before verbs beginning in **b, f, m** or **p**:

An iarradh tu oirre fònadh thugam?	*Would you ask her to phone me?*
Am postadh tu an litir seo dhomh?	*Would you post this letter for me?*

To answer *Yes* you use the positive form of the conditional. To answer *No* you use the negative form:

An creideadh tu e? Chreideadh. *Would you believe it? Yes.*
Am moladh sibh an taigh-òsda *Would you recommend that hotel?*
sin? Cha mholadh. *No.*

To link two sentences or clauses in a positive sense in the conditional, you place **gun** or **gum** before the question form, changing verb endings as required according to the person being referred to:

Bha Ailean ag ràdh gun *Alan was saying that we would*
tuigeamaid cuid mhath de *understand a fair amount of*
Ghaeilge. *Irish Gaelic.*
Thuirt Mòrag Anna gum *Morag Ann said that she would*
fosgladh ise an geata. *open the gate.*

When linking sentences or clauses in a negative sense, **nach** is placed before the question form:

Bha cuideigin ag innse dhomh *Someone was telling me that she*
nach bruidhneadh i ri a *wouldn't speak to her sister.*
piuthar.
Bha Cathal ag ràdh nach *Cathal was saying that he wouldn't*
tadhladh e a-rithist orra. *visit them again.*

Note that **nach** lenites verbs beginning in f followed by a vowel:

Bha Eòin an dòchas nach *Jonathan hoped that they wouldn't*
fhàgadh iad. *leave.*

When asking a rhetorical question, you use the negative question form of the conditional tense and place it at the end of the sentence:

Chuireadh sin stad orra, nach *That would stop them, wouldn't it?*
cuireadh?
Dh'fhàgadh iad bochd thu, *They would make you sick, wouldn't*
nach fhàgadh? *they?*

2 The conditional tense of irregular verbs

The conditional tense of irregular verbs is, with two exceptions, formed by adding one of the three endings identified above to the future tense of the verb or to an adaptation of it. The conditional of the verbs **dèan** (*do*) and **rach** (*go*) is, however, based on the root of the verb.

The main positive forms of the conditional tense of irregular verbs are as follows:

Verb root	Positive conditional forms		
abair	theirinn	theireadh e	theireamaid
(say)	(I would say)	(he would say)	(we would say)
beir	bheirinn	bheireadh e	bheireamaid
(catch)	(I would catch)	(he would catch)	(we would catch)
cluinn	chluinninn	chluinneadh e	chluinneamaid
(hear)	(I would hear)	(he would hear)	(we would hear)
dèan	dhèanainn	dhèanadh e	dhèanamaid
(do/make)	(I would do)	(he would do)	(we would do)
faic	chithinn	chitheadh e	chitheamaid
(see)	(I would see)	(he would see)	(we would see)
faigh	gheibhinn	gheibheadh e	gheibheamaid
(get)	(I would get)	(he would get)	(we would get)
rach	rachainn	rachadh e	rachamaid
(go)	(I would go)	(he would go)	(we would go)
ruig	ruiginn	ruigeadh e	ruigeamaid
(reach/arrive)	(I would reach)	(he would reach)	(we would reach)
tabhair/thoir	bheirinn	bheireadh e	bheireamaid
(give/take/bring)	(I would give)	(he would give)	(we would give)
thig	thiginn	thigeadh e	thigeamaid
(come)	(I would come)	(he would come)	(we would come)

As with regular verbs, **tu** (*you*) is used in place of **thu** with the conditional:

Dhèanadh tu gu math.   *You would do well.*

I (*she*), **sibh** (*you*) and **iad** (*they*) can be substituted for **e** (*he*) in the above list.

The negative, question and rhetorical conditional forms are loosely based on the root of the verb as can be seen in the table below:

Verb root	Negative form	Question form	Rhetorical form
abair	chan abradh e	an abradh e?	nach abradh?
beir	cha bheireadh e	am beireadh e?	nach beireadh?
cluinn	cha chluinneadh e	an cluinneadh e?	nach cluinneadh?
dèan	cha dhèanadh e	an dèanadh e?	nach dèanadh?
faic	chan fhaiceadh e	am faiceadh e?	nach fhaiceadh?
faigh	chan fhaigheadh e	am faigheadh e?	nach fhaigheadh?
rach	cha rachadh e	an rachadh e?	nach rachadh?
ruig	cha ruigeadh e	an ruigeadh e?	nach ruigeadh?
tabhair/thoir	cha toireadh e	an toireadh e?	nach toireadh?
thig	cha tigeadh e	an tigeadh e?	nach tigeadh?

When linking sentences with **gum** or **gun**, you use the question form above, substituting **gum** for **am** or **gun** for **an**:

Thuirt iad gun tigeadh iad air ais an ath bhliadhna.

They said that they would come back next year.

Bha Eachann ag ràdh gum faiceadh e Clann 'IcNèill a-màireach.

Hector was saying that he would see the MacNeills tomorrow.

To link sentences with **nach**, you use the same form as for rhetorical questions, changing the verb endings as required according to the person being referred to:

Bha Ciorstaidh ag innse dhomh nach toireadh an dotair an còrr philichean dhi.

Kirsty was telling me that the doctor wouldn't give her any more pills.

Thuirt am paidhleat nach fhaiceamaid mòran leis na bh' ann de sgòthan.

The pilot said that we wouldn't see much due to the cloud cover.

Below are some examples of different types of usage of irregular verbs.

Dhèanadh tu deagh actair.

You'd make a good actor.

Cha toirinn sgillinn dhaibh.

I wouldn't give them a penny.

Chan fhaigheamaid àite air a' phlèan.

We wouldn't get a seat on the plane.

An abradh tusa 'rabaid' no 'coineanach'? Dh'abrainnsa 'rabaid'.

Would you say 'rabaid' or 'coineanach' (rabbit)? I'd say 'rabaid'.

Am faighinn ann agus air ais anns an aon latha? Chan fhaigheadh.

Would I get there and back in the same day? No.

Bheirinn air an aiseag aig cairteal gu h-ochd, nach beireadh?

I'd catch the ferry at quarter to eight, wouldn't I?

3 Eòlach air *(knows)*

One way of saying that you know someone or something is to use the construction **Tha X eòlach air** followed by the name of the person or thing that you know:

Tha mi eòlach air an rathad sin. *I know that road.*

Tha Catrìona eòlach air na Moireasdanaich.	*Catherine knows the Morrisons.*

Other amalgamated forms of **air** (see **Aonad 3, Gràmar**) can be used after **eòlach**:

Tha Dòmhnall eòlach oirre.	*Donald knows her.*

Other parts of the verb can be used instead of **tha**:

A bheil sibh eòlach air duine ann an Colla? Chan eil.	*Do you know anyone in Coll? No.*
Cha robh iad eòlach air a chèile.	*They didn't know one another.*

To say that you know someone or something very well, you put **glè**, **fìor** or **uabhasach** before **eòlach**:

Bha m' athair fìor eòlach air bràthair d' athar.	*My father knew your uncle very well.*
Chan eil sinn glè eòlach orra.	*We don't know them very well.*
Cha robh mi uabhasach eòlach air na daoine.	*I didn't know the people very well.*

Other words such as **gu math** (*quite*) and **ro** (*too*) can also be used before **eòlach**:

Cha robh sinn ro eòlach air Colbhasa.	*We didn't know Colonsay too well.*
Tha Peadar gu math eòlach air na Dòmhnallaich.	*Peter knows the MacDonalds quite well.*

Eòlach air can also mean *used to* or *accustomed to*:

Cha robh e eòlach air an obair.	*He wasn't used to the work.*
Tha Etta eòlach air dràibheadh.	*Etta is accustomed to driving.*

4 The suffix -eigin

The suffix **-eigin** meaning *some* can be added to certain nouns like **àite**. When the noun ends in a vowel, the vowel is either dropped as in **àiteigin** (*somewhere*) or a hyphen is inserted as in **tè-eigin** (*someone, referring to a female*). Other examples of this usage are:

cuideigin	*someone*
duin'-eigin	*someone* (referring to a male)
feareigin	*someone* (referring to a male)
lath'-eigin	*some day*
rudeigin	*something*
uaireigin	*sometime*

The adjective **air choireigin** (*some; some . . . or other*) also includes the suffix **-eigin**.

5 B' fhiach do

To say that it would be worth while for someone to do something, you use the construction **b' fhiach do** followed by the person's name, then whatever would be worth while doing:

B' fhiach do Bhrìghde litir a chur thuca.   *It would be worth Bridget's while to send them a letter.*

Other amalgamated forms of **do** (see **Aonad 7, Gràmar**) can be used instead of a person's name:

B' fhiach dhut a dhol ann.   *It would be worth your while going there.*

If you want to say that it would not be worth while for someone to do something, you put **cha** before **b' fhiach**:

Cha b' fhiach dhaibh tighinn.   *It wouldn't be worth their while coming.*

To ask if something would be worth while, you place **Am** before **b' fhiach**. To answer *Yes* you say **B' fhiach**, and to answer *No* you say **Cha b' fhiach**:

Am b' fhiach dhomh fònadh airson ticeadan? B' fhiach.   *Would it be worth my while phoning for tickets? Yes.*

Am b' fhiach dhuinn sanas a chur sa' phàipear? Cha b' fhiach.   *Would it be worth our while putting an advertisement in the paper? No.*

Note that the part of the sentence that tells what would be worth doing is composed in the same way as in the constructions **bu chòir do** (**Aonad 16, Gràmar**), is **urrainn do** (**Aonad 17, Gràmar**) and is **àbhaist do** (**Aonad 18, Gràmar**).

When linking sentences or clauses in a positive way, you put **gum** before **b' fhiach**:

Tha mi a' smaoineachadh gum b' fhiach dhut iarrtas eile a chur a-steach.
I think it would be worth your while making another request.

Sentences or clauses can be linked in a negative way by putting **nach** before **b' fhiach**:

Bha Etta ag ràdh nach b' fhiach dhi barrachd uairean obrachadh.
Etta was saying that it wouldn't be worth her while to work more hours.

B' fhiach can also be used without **do** as in the examples below:

B' fhiach fheuchainn co-dhiù.
It would be worth trying anyway.

Cha b' fhiach an dannsa.
The dance was not worthwhile (i.e. The dance was rubbish).

Thuirt cuideigin nach b' fhiach e.
Someone said that it wasn't worth while.

Am b' fhiach an cumail? B' fhiach.
Would it be worthwhile keeping them? Yes.

6 Carson nach . . ? (Why not . . ?)

To respond *Why not?*, you say **Carson nach** followed by the verb used in the original question:

An tèid sinn a-mach a-nochd? Carson nach tèid?
Will we go out tonight? Why not?

An gabh mi latha dheth an ath sheachdain? Carson nach gabh?
Will I take a day off next week? Why not?

Am faighnich mi ceist dha? Carson nach fhaighnich?
Will I ask him a question? Why not?

Note that verbs beginning in **f** followed by a vowel are lenited after **nach**.

Obair eile

1 **Tagh an rud ceart.** Select the appropriate reason or reasons given after each statement below.

(a) Chan fhaigheamaid dhan eilean.
    (i) Bha an t-uisge ann.
    (ii) Cha robh an t-aiseag a' ruith.
    (iii) Bha am bàta làn.

(b) Reicinn an càr a-màireach.
    (i) Chan eil e earbsach.
    (ii) Tha mi ag iarraidh fear ùr.
    (iii) Tha e trom air peatrail.

(c) Cha chluinninn am fòn.
    (i) Bha mi ag èisdeachd ri teip.
    (ii) Bha an telebhisean cho ìosal.
    (iii) Bha mi shuas an staidhre.

(d) Dh'itheadh e rud sam bith.
    (i) Cha toil leis uighean.
    (ii) Cha do ghabh e greim bìdh an-diugh.
    (iii) Tha an t-acras mòr air.

(e) Cha phòsadh i idir e.
    (i) Bha e ro shean.
    (ii) Cha robh i deiseil airson pòsadh.
    (iii) Cha robh i airson fuireach singilte.

2 **Cuir còmhla.** Complete each sentence by selecting the appropriate condition.

(a) Thogamaid taigh ùr . . .
    (i) nam faigheadh i obair eile.

(b) Leughainn an leabhar . . .
    (ii) cho fad 's nach biodh e dorcha.

(c) Ghluaiseadh i . . .
    (iii) nam biodh tìde agam.

(d) Choisicheamaid ann . . .
    (iv) nan iarramaid orra.

(e) Ghabhainn òran . . .
    (v) nan ceannaicheadh cuideigin am fear seo.

(f) Thadhladh iad . . .
    (vi) nan cluicheadh tusa am bosca.

3 **Leugh agus sgrìobh.** Read the following questions and answer *Yes* or *No* as indicated.

(a) An tilleadh an cù dhachaigh leis fhèin? √
(b) An èisdeadh iad riut? ×
(c) Am fuaricheadh tu anns an taigh leat fhèin? ×
(d) Am freagradh còig uairean ort? √

(e) Am pàigheadh iad sibh?   ✕

4 Cuir air dòigh. Join each pair of sentences to form one compound sentence.

(a) Bha Agnes ag ràdh.	Choinnicheadh i sibh aig a' phort-adhair.
(b) Thuirt Seonaidh Ailig.	Chan iarradh e latha dheth idir.
(c) Bha Iomhar ag innse dhomh.	Bhruidhneadh e Gearmailtis.
(d) Bha Seasaidh ag ràdh.	Cha rachadh i dhan oilthigh am bliadhna.
(e) Bha Mr MacAonghais a' smaoineachadh.	Chan fhaiceadh e mòran dhen bhaile.

5 Leugh agus sgrìobh. Complete each of the rhetorical questions below.

(a) Chreideadh tu siud, nach . . .
(b) Dh'fhaodadh sibh innse dhaibh, nach . . .
(c) Gheibheadh sibh deagh phàigheadh, nach . . .
(d) Dh'èisdeadh iad riutsa, nach . . .
(e) Bheireadh sin gàire orra, nach . . .

---

gàire (f) *laugh, smile*

---

6 Leugh agus freagair. Read the following sentences and then complete the grid below.

(a) Cha rachamaid dhan Eadailt as t-Samhradh. Tha e ro theth an uairsin.
(b) Dh'innseadh Peigi dhut mu dheidhinn. Bidh fios aicese.
(c) Cha chuirinn an dath sin air idir. Is beag orm e.

Person/ Subject	Would/ Would not	What	Reason/ Explanation
(a) _____	would not go	to Italy in the summer	_____
(b) Peggy	_____	_____	She will know
(c) I	would not put	_____	_____
(d) _____	would say	that the place would be busy today	_____
(e) She	_____	_____	She would be afraid.

(d) Chanainn gum biodh an t-àite trang an-diugh. Tha an latha cho brèagha.

(e) Chan fhanadh i san taigh leatha fhèin air an oidhche. Bhiodh an t-eagal oirre.

7 Sgrìobh. Make up sentences similar to the above with the information given below

Person/ Subject	Would/ Would not	What	Reason/ Explanation
(a) He	would not drink	anything	He was driving
(b) We	would stop	in Perth	We have friends there
(c) The children	would stay	with Ann	They know her
(d) Angus	would help	you with the boxes	He'll be at home anyway
(e) They	wouldn't come	in	They were in a hurry

8 Cuir còmhla.

(a) Tha mo bhràthair eòlach oirre.
(b) A bheil thu eòlach air Calum?
(c) Chan eil sinn glè eòlach air na Rothaich.
(d) Cha bhi sibh eòlach air an taigh-òsda seo.
(e) Bha mi fìor eòlach air Dùn Eideann uaireigin.

(i) Thachair sinn riutha uair no dhà.
(ii) B' àbhaist dhomh a bhith ag obair ann.
(iii) Bha i san sgoil còmhla ris.
(iv) Chan eil mi eòlach air idir.
(v) Tha e gu math ùr.

9 Lìon na beàrnan.

(a) An coisich sinn chun an stèisein? – Carson nach _____
(b) Am _____ mi gu Lachlann? – Carson nach fhòn?
(c) An _____ e riut tighinn ann? – Cha chòrdadh.
(d) Am b' fhiach dhuinn a dhol dhan taisbeanadh san talla? – Cha _____

(e) Dh'fhaodadh tu faighneachd am bi iad a-staigh, nach _____

10 Leugh agus sgrìobh. Members of a 'Matter of Opinion' panel are asked how they would spend a large sum of money won in a competition. This is how two of them responded:

Artair

Leiginn dhìom mo dhreuchd agus bheirinn mo bhean Ealasaid air chuairt-mhara dhan Mhuir Mheadhain. Cha robh sinn riamh air chuairt mar sin agus tha fhios agam gun còrdadh e rithe. Cheannaichinn rud no dhà airson an taighe cuideachd. Dh'fhaodamaid telebhisean agus inneal-nigheadaireachd ùr fhaighinn. Tha an fheadhainn a th' againn a' fàs sean. 'S dòcha gum faigheamaid taigh-gloinne eile airson a' ghàrraidh. Tha an dithis againn dèidheil air gàirnealaireachd. Chuirinn an t-airgead a bhiodh air fhàgail dhan bhanca agus bhiomaid beò air an riadh.

Lorna

Cha rachainnsa air chuairt-mhara idir, idir. Bhithinn tinn le cur na mara! Bidh mi a' dèanamh tòrr sgrìobhaidh agus tha mi a' smaoineachadh gun cosgainn pàirt dhen airgead air computair fhaighinn dhomh fhìn. Fhuair mi càr ùr o chionn ghoirid agus tha mi a' pàigheadh air a shon gach mìos airson dà bhliadhna. Dh'fhaodainn an càr a phàigheadh san spot leis an airgead seo. Rachainn air làithean-saora gu Ceann a Deas Amaireaga le banacharaid dhomh agus bheirinn mo phàrantan air chuairt dhan Ear Mheadhan. Cha sguirinn a dh'obair idir. 'S toil leam an obair agam.

leig dhìot do dhreuchd *retire*	**riadh** (m) *interest on money*
air chuairt-mhara *on a cruise*	**cur na mara** (m) *sea sickness*
A' Mhuir Mheadhain (f) *The Mediterranean Sea*	**san spot** *immediately*
inneal-nigheadaireachd (f) *washing machine*	**Ceann a Deas Amaireaga** (m) *South America*
taigh-gloinne (m) *greenhouse*	**An Ear Mheadhan** (f) *The Middle East*

Write a response, similar in length to one of the above, telling how **you** would spend a large amount of prize money.

23

CUIN A CHAIDH AN TAIGH A THOGAIL?
When was the house built?

In this unit you will learn how to

- ask where someone lives
- ask and tell who owns something
- ask how many of something there are
- say that something must be done
- ask and tell when something was done
- refer to someone to whom one was talking
- say what can or may not be done
- say that something will be done
- emphasise a particular point in a sentence

Còmhradh

Fionnlagh MacGumaraid is discussing his application for a housing improvement grant with an official of the local authority.

Oifigeach Agus càit' a bheil an taigh anns a bheil sibh a' fuireach?
Fionnlagh Tha e ri taobh an rathaid mhòir eadar an sgoil agus talla na coimhearsnachd.

Oifigeach	Seadh. Agus cò leis a tha an taigh?
Fionnlagh	'S ann leam fhìn a tha e.
Oifigeach	'S cia mheud duine a tha a' fuireach ann?
Fionnlagh	Tha mi fhìn, mo bhean, dithis mhac agus nighean.
Oifigeach	Tapadh leibh. Tha mi duilich a bhith a' faighneachd uiread de cheistean, ach feumar am furm seo a lìonadh.
Fionnlagh	Feumar gu dearbh.
Oifigeach	Nis, cuin a chaidh an taigh a thogail?
Fionnlagh	Chaidh o chionn deich bliadhna air fhichead agus tha e an ìre mhath mar a bha e nuair a chaidh a thogail.
Oifigeach	Cha deach mòran a dhèanamh air, ma tha.
Fionnlagh	Cha deach sian agus thathar ag ràdh a-nis gum feumar seòmar-cadail air leth a dhèanamh dhan tè bhig.
Oifigeach	Thathar a' moladh sin gun teagamh. Cia mheud seòmar-cadail a tha anns an taigh an-dràsda?
Fionnlagh	Chan eil ach na dhà agus thuirt an t-oifigeach eile ris an robh mi a' bruidhinn gum faigheamaid cuideachadh-airgid airson seòmar eile a chur ris an taigh.
Oifigeach	Uill, chan fhaodar dad a ghealltainn aig an ìre seo, ach shaoilinnsa gum biodh deagh theansa ann gum faigheadh sibh rudeigin.
Fionnlagh	A bheil beachd agaibh cuin a chluinneas sinn bhuaibh?
Oifigeach	Bidh mise a' lìonadh nam furmaichean an-diugh fhathast agus thèid an cur air falbh a-màireach. 'S ann gu math slaodach a tha gnothaichean an-dràsda. Bheir e beagan ùine, ach chanainnsa gun cluinneadh sibh bhuainn ann am beagan sheachdainean.
Fionnlagh	Tha sin taghta. Tapadh leibh.

oifigeach (m) *(an) official*	**Feumar am furm seo a lìonadh.** *This form has to be completed.*
anns a bheil sibh a' fuireach *in which you live*	**Cuin a chaidh an taigh a thogail?** *When was the house built?*
eadar *between*	**chaidh a thogail** *it was built*
Cò leis a tha an taigh? *Who owns the house?; Who does the house belong to?*	**cha deach mòran a dhèanamh air** *not much has been done to it*
'S ann leam fhìn a tha e *I own it; It belongs it me*	**thathar ag ràdh** *it is said; they are saying; people are saying*
Cia mheud duine? *How many people?*	**air leth** *separate*
uiread de cheistean *so many questions*	**thathar a' moladh sin gun teagamh** *that is recommended certainly*

Chan eil ach na dhà. *Only the two.*	**deagh theansa** (m) *a good chance*
ris an robh mi a' bruidhinn *to whom I was speaking*	**Thèid an cur air falbh.** *They will be sent away.*
cuideachadh-airgid (m) *financial assistance*	**'S ann gu math slaodach a tha gnothaichean.** *Things are quite slow.*
chan fhaodar dad a ghealltainn aig an ìre seo *nothing can be promised at this stage; no-one can promise anything at this stage*	**Bheir e beagan ùine.** *It will take some time.*
	taghta *fine*

Obair

1 Cuir ceart.

(a) 'S ann le bean Fhionnlaigh a tha an taigh.
(b) Tha ceathrar a' fuireach anns an taigh.
(c) Chaidh an taigh a thogail o chionn deich bliadhna.
(d) Feumar seòmar-suidhe eile a chur ris an taigh.
(e) Chan fhaigh Fionnlagh cuideachadh-airgid sam bith.

2 Leugh agus sgrìobh.

(a) Carson a tha an t-oifigeach duilich?
(b) An deach mòran a dhèanamh air taigh Fhionnlaigh?
(c) Cia mheud seòmar-cadail a tha ann an taigh Fhionnlaigh?
(d) A bheil an t-oifigeach an dòchas gum faigh Fionnlagh airgead?
(e) Cuin a chluinneas Fionnlagh mun chuideachadh-airgid?

Abairtean cudromach

How to:

Ask where someone lives	**Ask how many of something there are**
• Càit' a bheil an taigh anns a bheil sibh a' fuireach?	• Cia mheud duine a tha a' fuireach ann?
Ask who owns something, and reply	• Cia mheud seòmar-cadail a tha anns an taigh?
• Cò leis a tha an taigh?	**Say that something must be done**
– 'S ann leam fhìn a tha e.	• Feumar am furm seo a lìonadh.

Ask when something was done, and reply
- Cuin a chaidh an taigh a thogail?
- Chaidh o chionn deich bliadhna fichead.

Tell what is being said or done
- Thathar ag ràdh gum feumar seòmar-cadail air leth a dhèanamh dhan tè bhig.
- Thathar a' moladh sin gun teagamh.

Talk about someone to whom you were talking
- Thuirt an t-oifigeach ris an robh mi a' bruidhinn gum faigheamaid cuideachadh-airgid.

Say what can or may not be done
- Chan fhaodar dad a ghealltainn aig an ìre seo.

Say that something will be done
- Thèid an cur air falbh a-màireach.

Say that something takes time
- Bheir e beagan ùine.

 —————————— **Gràmar** ——————————

1 Linking phrases

The **Còmhradh** contains a number of examples of phrases being linked in a new way:

an taigh **anns a bheil** sibh a' fuireach	*the house **in which** you live*
an t-oifigeach **ris an robh** mi a' bruidhinn	*the official **to whom** I was talking*

To make this construction you use the form of the preposition which precedes '*the*', such as **anns, ris, leis**, etc. followed by the question form of the verb:

an teip **ris am bi** mi ag èisdeachd	*the tape to which I will be listening*
an oifis **anns an do dh'obraich** mi	*the office in which I worked*
an sgioba **leis an cluich** mi	*the team with which I will play*

The preposition **do** (*to*) operates slightly differently. It becomes **dhan** (or **dham** if the following verb begins with **b, f, m** or **p**) and is followed directly by the verb without the question word **an** or **am**:

am baile dham bi mi a' dol	*the town to which I will be going*
na h-àiteachan dhan deach mi an-uiridh	*the places to which I went last year*

2 Emphasising an item in a sentence

Aonad 8 showed how to highlight a noun in a sentence using the phrase **'S e**. When you want to emphasise something which is not a noun or a pronoun you use **'S ann** instead of **'S e**:

'S ann ainneamh a chitheadh tu a shamhail.	*You would seldom see his like* (Lit. 'It is seldom that you would see his like').
'S ann ri Coinneach a bha mi a' bruidhinn.	*I was speaking to Kenneth.* (Lit. 'It is to Kenneth that I was speaking').

The negative form of **'S ann** is **Chan ann**:

Chan ann tric a bhios i an-seo.	*She's not here often.*

The question form is **An ann.** To answer *Yes* you say **'S ann** and to answer *No* you say **Chan ann**:

An ann ruadh a tha a falt? 'S ann.	*Is her hair red? Yes.*
An ann à Earra-Ghaidheal a tha i? Chan ann.	*Is she from Argyll? No.*

The linking forms are **gur ann**, to link sentences in a positive way, and **nach ann** to link in a negative way:

Tha mi a' smaoineachadh gur ann na chridhe no na bhroilleach a tha an cràdh.	*I think that the pain is in his heart or chest.*
Thuirt e nach ann a Pheairt a bha e a' dol.	*He said that he wasn't going to Perth.*

Past tense forms also exist, but they are not often used. The forms most commonly encountered are given below.

The past tense form of **'S ann** is **B' ann**:

| B' ann ag obair dhan riaghaltas a bha i. | *She was working for the government.* |

The negative form is **Cha b' ann**:

| Cha b' ann dubh a bha an deise ùr aige. | *His new suit wasn't black.* |

3 Expressing ownership

Ownership is expressed using the preposition **le** (*with*):

| Cò leis a tha an taigh? | *Who owns the house?* |

To say who owns something, you use **'S ann** followed by **le** then the person and what he or she owns:

| 'S ann le Alasdair a tha an càr sin. | *Alasdair owns that car.* |
| 'S ann leis na bràithrean a tha am bàta ud. | *The brothers own that boat.* |

Instead of a name or a noun, an amalgamated form of **le** can be used:

| 'S ann leam fhìn a tha e. | *I own it myself.* |
| An ann leatsa a tha an iuchair? | *Is the key yours?* |

Note that an emphatic form of the amalgamated pronoun is often used in this construction, as **leam fhìn** (*myself*) and **leatsa** (*you*) in the examples above.

The past tense forms **B' ann** and **Cha b' ann** may also be used with this construction:

| B' ann leis an nurs a bha an taigh. | *The nurse used to own the house.* |

4 Cia mheud? (How much?, how many?)

Cia mheud is followed by the singular form of the noun:

| Cia mheud duine a tha a' fuireach anns an taigh agaibh? | *How many people live in your house?* |

5 Impersonal verbs

Gaelic has impersonal verbs which are used without a subject, usually in formal situations. The **Còmhradh** includes a number of examples of these:

Feumar am furm seo a lìonadh. *This form has to be completed.*
Chan fhaodar dad a ghealltainn. *Nothing can/may be promised.*
Thathar a' moladh sin. *That is recommended.*

These verbs are equivalent to English *one* or *they* where no specific person is intended. They can also convey a passive sense.

Impersonal verbs are formed by adding **-ar** to the root of the verb, or **-ear** if the last vowel in the root is **i**:

feum + ar   feumar (*one must*)
ruig + ear   ruigear (*one will reach*)

Negative and question forms are made in the usual way:

Chan fhaodar dad a ràdh. *One cannot say anything.*
Am feumar sin a dhèanamh? *Does that have to be done?*

The negative of **thathar** (*one is*) is **chan eilear** (*one is not*), and the question form is **a bheilear?** (*is one?*):

Chan eilear idir toilichte leis na *No-one is at all happy with the*
  planaichean. *plans.*
A bheilear a' moladh sin a-nis? *Is that being recommended now?*

Impersonal verb forms are often used in proverbs:

Ged 's fhada an duan ruigear a *Although the song is long its end*
  cheann. *will be reached.*

In some areas the impersonal forms are made by adding **-as** rather than **-ar**:

Thathas an dòchas gum bi an *It is hoped that the work will be*
  obair ullamh a dh' aithghearr. *finished soon.*

6 Eadar (between)

Nouns following **eadar** stay in their basic form and do not need to change into the dative or genitive case.

Amalgamated forms of **eadar** exist only in the plural:
  Tha sinn a' pàigheadh a' mhàil eadarainn. *We pay the rent between us.*

Other pronouns such as **mi** and **thu** follow **eadar**:
  Eadar mi fhìn, 's tu fhèin.   *Between you and me.*

The amalgamated forms of **eadar** are:

  eadar + sinn = eadarainn
  eadar + sibh = eadaraibh
  eadar + iad   = eatarra

7 Expressing something being done

Several ways have already been shown of how to express passive
constructions, that is how to say that something is being done, was done,
will be done, etc. The **Còmhradh** in this unit shows another way:

  Chaidh an taigh a thogail.   *The house was built.*

This construction is formed by using the appropriate form of the verb
rach followed by the subject of the sentence then **a** and the lenited form
of the verbal noun.

Cha deach duine a mharbhadh anns an tubaist.	*Nobody was killed in the accident.*
Thèid an doras a dhùnadh aig ochd uairean.	*The door will be closed at eight o'clock.*

If the verbal noun begins with **f** followed by a vowel, then **a** is dropped
before the lenited verbal noun:

  Chaidh sin fheuchainn.   *That was tried.*

If the verbal noun begins with a vowel, the **a** is dropped and the verbal
noun is used on its own:

  An deach am biadh ithe gu lèir? *Was all the food eaten?*

When the subject of the sentence is a pronoun, the sentence has a slightly different structure:

Chaidh a thogail an-uiridh.	*It was built last year.*
Thèid an cur air falbh a-màireach.	*They will be sent away tomorrow.*

To make this construction, you use the appropriate form of **rach**, followed not by **mi, thu**, etc. but by **mo, do**, etc. then the verbal noun:

Chaidh **mo** ghoirteachadh gu dona.	*I was badly injured.*
Thèid **do** pheanasachadh airson sin.	*You will be punished for that.*
An deach **a** bhualadh? Chaidh.	*Was he hit? Yes.*
Càit' an deach **a** togail?	*Where was she brought up?*
Cha deach **ar** fiathachadh chun na bainnse.	*We weren't invited to the wedding.*
An deach **ur** ceasnachadh leis na poilis?	*Were you interrogated by the police?*
Thèid **an** toirt chun an aiseig.	*They will be brought to the ferry.*

This type of construction can also be used without an apparent subject:

Thèid innse dhaibh a-màireach.	*They will be told tomorrow.*
Chaidh iarraidh oirnn falbh.	*We were asked to leave.*

This construction is formed using the appropriate part of **rach** followed by the verbal noun:

Thèid tòiseachadh air an obair an ath bhliadhna.	*The work will be started next year.*

Obair eile

1 **Leugh agus freagair.** Read the statements below then match the owner to the object owned on page 298.

   (a) 'S ann leis an oileanach a tha an fhàinne.
   (b) 'S ann leis a' chloinn a tha na leabhraichean.
   (c) Chan ann leis na nursaichean a tha an telebhisean.
   (d) 'S ann leis a' chaileig òig a tha na dèideagan.
   (e) Chan ann leis a' bhodach a tha na toitein.

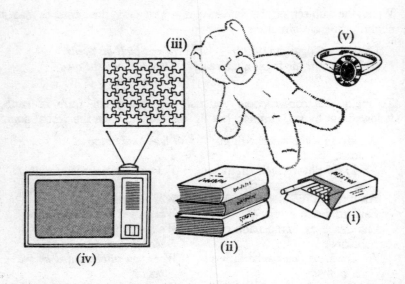

(iii)

(v)

(iv)

(ii)

(i)

---

fàinne (f) *a ring*   **toltean** (m) *a cigarette*
dèideag (f) *a toy*

---

2 Sgrìobh. Look at the pictures below then write in Gaelic telling who owns what.

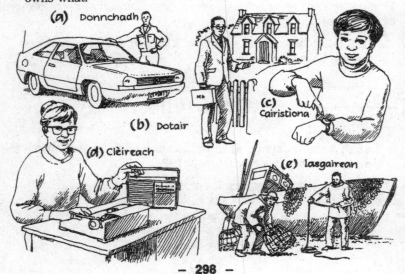

(a) Donnchadh

(b) Dotair

(c) Cairistìona

(d) Clèireach

(e) Iasgairean

3 Leugh agus sgrìobh. The sentences below highlight a particular item. Rewrite each sentence in a simpler form. The first one has been done for you.

(a) 'S ann liath a tha an lèine aig Mìcheal.
   Tha an lèine aig Mìcheal liath.
(b) An ann bodhar a tha Iain?
(c) Chan ann a dh'obair a tha Alasdair a' dol.
(d) Tha mi a' smaoineachadh gur ann ag èisdeachd ri ceòl a tha Sìne.
(e) 'S ann ann am Baile a' Ghobhainn a tha Marsaili a' fuireach.
(f) An ann air saor-làithean a tha na Greumaich?

> **Baile a' Ghobhainn** *Govan*

4 Leugh agus sgrìobh. Look at the pictures below and then answer the questions which follow.

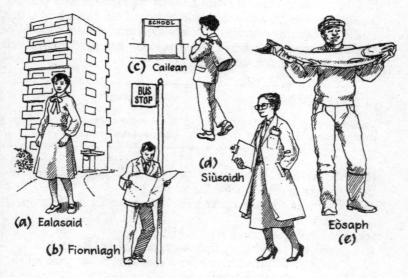

(a) Ealasaid
(b) Fionnlagh
(c) Cailean
(d) Siùsaidh
(e) Eòsaph

(a) An ann ann am flat a tha Ealasaid a' fuireach?
(b) An ann leis a' chàr a bhios Fionnlagh a' dol a dh'obair?
(c) An ann a' dol dhan sgoil a tha Cailean?
(d) An ann ag obair anns an ospadal a tha Siùsaidh?
(e) An ann anns an Arm a tha Eòsaph?

5 **Leugh agus cuir ceart.** Read the following statements about various people's favourite buildings, then correct any of the sentences below which are false.

Seònaid

'S e Tùr Eiffel as fheàrr leamsa. Nuair a chaidh a thogail anns an naoitheamh linn deug chaidh tòrr gearain a dhèanamh mu dheidhinn, ach tha mise a' smaoineachadh gu bheil e sònraichte. Chaidh duine no dhà a mharbhadh fhad 's a bhathar ga thogail, ach a dh'aindheoin sin, b' fhiach a thogail gun teagamh.

Niall

Mholainnsa an Taj Mahal anns na h-Innsean. Chaidh a thogail le rìgh air choireigin mar chuimhneachan air a bhean. 'S e uaigh a th' ann ach tha e nas coltaiche ri lùchairt. Tha e air a thogail le màrbal geal, ach bidh an dath ag atharrachadh nuair a bhios a' ghrian a' dol fodha.

Mairead

'S fheàrr leamsa Caisteal Dhùn Eideann na togalach sam bith eile. Tha e smaoineachail mar a chaidh a thogail air mullach a' chnuic mhòir sin ann am meadhan a' bhaile agus mar a chaidh uiread de thogalaichean eile a chur ris a' phàirt as sine. Chan eile fhios agam cia mheud rùm a tha ann, ach tha gu leòr!

tùr (m) a tower	**cuimhneachan** (m) a memorial
linn (f) century	**màrbal** (m) marble
marbh kill	**a' dol fodha** sinking
na h-Innsean (f pl) India	**smaoineachail** amazing

(a) Bha Tùr Eiffel air a thogail anns an naoitheamh linn deug.
(b) Bha daoine glè thoilichte leis an tùr.
(c) Bha mòran dhaoine air am marbhadh nuair a bha an tùr ga thogail.
(d) Thog rìgh Innseanach an Taj Mahal.
(e) Chaidh an Taj Mahal a dhèanamh de mhàrbal dathach.
(f) Tha Caisteal Dhùn Eideann air a thogail ri taobh cnuic mhòir.
(g) 'S e aon togalach mòr a tha anns a' chaisteal.

6 **Leugh agus sgrìobh.** Read the following sentences, then rewrite them in a formal way. The first one has been done for you.

(a) Tha iad a' bruidhinn an-dràsda mu bhith a' togail drochaid ùr aig Caol Loch Aillse.

   Thathar a' bruidhinn an-dràsda mu bhith a' togail drochaid ùr aig Caol Loch Aillse.

(b) Tha Dòmhnall a' creidsinn gum feum iad oifisean ùra fhosgladh.

(c) Feumaidh iad rathad eile a thogail a dh'aithghearr.

(d) Bha daoine ag ràdh nach robh an sgoil freagarrach idir.

(e) Chan fhaod duine càil a ràdh aig an ìre seo.

Caol Loch Aillse (m) *Kyle of Lochalsh*   **freagarrach** *suitable*

---

7 Lìon na beàrnan.

(a) A bheil thu eòlach air an nighean _____ an robh mi a' bruidhinn?

(b) Cuin a cheannaich sibh am flat _____ a bheil sibh a' fuireach a-nis?

(c) An toil leat an teip _____ an robh Annag ag èisdeachd?

(d) Dè 'n t-ainm a th' air an sgoil _____ deach clann nan Dòmhnallach?

(e) Dè am baile _____ a bheil do bhean?

---

anns   às   dhan   ris   ris

---

8 Leugh agus sgrìobh. Read the following conversation and then write the article that the reporter would have written for his or her newspaper.

Reporter   An tèid agaibh air innse dhomh mar a thachair an tubaist?

Witness   Thèid gu dearbh. Bha mise a' dol sìos Sràid a' Bhanca agus bha an càr buidhe a' tighinn a-nuas on taobh eile. Bhuail an càr ann an doras bùth nam pàipearan às an robh cailleach a' tighinn agus chaidh a goirteachadh.

Reporter   Dè cho luath 's a bha an càr a' dol?

Witness   Mu dhà fhichead mìle san uair.

Reporter   Bha e a' falbh ro luath, ma tha.

Witness   Chanainn gun robh. Feumar rudeigin a dhèanamh mu na dràibhearan cunnartach a tha sin.

Reporter   Feumar gu dearbh. Cia mheud duine a bha anns a' chàr?

Witness   Cha robh ann ach an dràibhear fhèin. Chan fhaca mi duine sam bith eile.

Reporter   Dè rinn sibh an uairsin?

Witness	Uill, bha agam ri ruith suas chun a' fòn agus iarraidh air an ambulans tighinn ann cho luath 's a b' urrainn dhaibh. Tha an t-ospadal pìos air falbh 's bidh na gnothaichean seo a' toirt beagan ùine.
Reporter	Dè cho fad 's a thug e?
Witness	Mu dheich mionaidean uile gu lèir.
Reporter	Dè thachair as dèidh sin?
Witness	Bha grunnan dhaoine timcheall na caillich agus chaidh a toirt a-steach chun na bùtha. Chaidh leabaidh a dhèanamh dhi agus bha i air a cur na laighe an-sin gus an tàinig an t-ambulans.
Reporter	An robh na poilis ann?
Witness	Nochd iad ann an ùine ghoirid, ach bha an dràibhear air falbh roimhe sin.
Reporter	An tug duine sam bith sùil air àireamh a' chàir?
Witness	Thug mise, agus chaidh innse dha na poilis. Thèid fiosrachadh a chur a-mach dha na càraichean aca agus tha mi 'n dòchas gun tèid an dràibhear a ghlacadh a dh'aithghearr.
Reporter	An cuala sibh a bheil a' chailleach nas fheàrr a-nis?
Witness	Thadhail mi oirre san ospadal agus chan eil i cho dona 's a bha i, ach cha chanainn gun robh i buileach ceart fhathast. Bheir e greis mus bi i air ais air a casan.

---

cunnartach *dangerous*
grunnan (m) *a few*
ùine (f) *time, a while*

thoir sùil air *look at*
glac *catch*

SUIL AIR AIS
Revision

1 **Leugh agus freagair.** A tour guide is briefing a party of Gaelic-speaking North American tourists about their excursion to Argyll the following day. Read what he says and write an outline of the proposed itinerary, indicating arrival and departure times, stops and places visited.

Fàgaidh sinn Glaschu aig ochd uairean sa' mhadainn agus thèid sinn a-mach seachad air Dùn Breatann. Seallaidh mi dhuibh an dùn air a bheil am baile air ainmeachadh air an làimh cheàrr, ach tha eagal orm nach urrainn dhuinn stad ga fhaicinn. Gabhaidh sinn an rathad suas taobh an iar Loch Laomainn. Ma bhios latha math ann, stadaidh am bus ann an àite no dhà aig taobh an locha gus am faigh sibh dealbhan a thogail.

Gabhaidh sinn an uairsin an rathad taobh Loch Long suas am bealach ris an canar Rest and Be Thankful. Tha an rathad seo gu math cas ach tha an dùthaich mun cuairt glè bhrèagha. Chithear Beinn Artair agus iomadh beinn eile on rathad seo. Cumaidh sinn oirnn gu Loch Fìne agus ruigidh sinn Inbhir Aora mu leth-uair an dèidh naoi. Chì sibh Caisteal Inbhir Aora air an làimh cheart. Thèid am bus suas chun a' chaisteil agus bheir neach-treòrachaidh timcheall a' chaisteil sibh. Mairidh a' chuairt sin mu uair a thìde. An dèidh sin gheibh sibh cofaidh ann an taigh-bìdh faisg air a' chidhe. Bidh sibh saor eadar cairteal an dèidh aon uair deug agus leth-uair an dèidh meadhan latha. Ma thogras sibh, faodaidh sibh a dhol a dh'fhaicinn seann phrìosan far a bheil taisbeanadh airson luchd-turais. Feumaidh sibh pàigheadh airson faighinn a-steach an-sin. Gheibhear diathad anns an taigh-bìdh aig a' chidhe aig leth-uair an dèidh dà reug agus tha dùil againn Inbhir Aora fhàgail aig leth-uair an dèidh uair.

Thèid sinn à Inbhir Aora dhan Oban taobh Loch Obha agus Loch Eite. 'S e loch mara a th' ann an Loch Eite. Stadaidh sinn aig Caisteal Dhùn Stafhainis mu thrì mìle bhon Oban. B' e caisteal Clann 'IcDhùghaill a bha seo agus is fhiach fhaicinn.

Bu chòir dhuinn a bhith san Oban mu chairteal an dèidh a trì agus bidh còrr is dà uair gu leth agaibh airson a dhol timcheall a' bhaile. Tha mòran ri fhaicinn agus ri dhèanamh san Oban. Ma thèid sibh suas gu Tùr 'IcCaoig gheibh sibh seallaidhean matha dhen bhaile agus dhen dùthaich mun cuairt. Ma 's e na bùithean as fheàrr leibh, tha feadhainn de gach seòrsa san Oban, gu sònraichte bùithean luchd-turais. Dh'fhaodadh sibh fiù 's a dhol air chuairt ghoirid ann am bàta timcheall bàgh an Obain. Tha mi 'n dòchas gum bi latha math ann a-màireach oir tha an t-Oban eireachdail nuair a tha deagh shìde ann.

Feumaidh sinn an t-Oban fhàgail aig sia uairean airson a bhith air ais an-seo airson ar dìnneir aig leth-uair an dèidh ochd. Thig sinn air ais rathad eile, taobh Chrìon Làraich agus chì sibh Loch Laomainn air fad. Cha bhithear a' stad air an t-slighe air ais idir. Tha mi a' smaoineachadh gum bi sibh gu math sgìth an ath-oidhch' ach tha mi cinnteach gun còrd ur cuairt ruibh. Tha mòran luchd-turais air a ràdh ruinn gur e a' chuairt seo an latha a b' fheàrr de na saor-làithean aca.

Dùn Breatann (m) *Dumbarton*	**prìosan** (m) *a prison*
Loch Long (m) *Loch Long*	**Loch Obha** (m) *Loch Awe*
bealach (m) *a pass*	**Loch Eite** (m) *Loch Etive*
ris an canar *called*	**Dùn Stafhainis** (m) *Dunstaffnage*
cas *steep*	**MacCaoig** *MacCaig*
Beinn Artair (f) *Ben Arthur or The Cobbler*	**sealladh** (m) *view*
iomadh *many*	**bàgh** (m) *bay*
Loch Fine (m) *Loch Fyne*	**eireachdail** *magnificent*
mair *last*	**Crìon Làraich** (m) *Crianlarich*
mun cuairt *around*	**air fad** *entirely*
dìathad (f) *lunch*	**slighe** (m) *way*

---

2 **Sgrìobh.** Imagine that you have been on the day trip described above. Write a brief account of the day for entry in your holiday diary.

3 **Leugh agus sgrìobh.** Read the following conversation between a customer and shopkeeper and then make up a similar conversation substituting your words for Anndra's part.

Shopkeeper	Tha i fuar an-diugh, Anndra.
Anndra	Tha gu dearbh. A bheil 'An t-Albannach' agaibh?
Shopkeeper	Tha mi duilich. Chan eil gin air fhàgail. Tha 'A' Herald' againn cia tà. A bheil sibh ga iarraidh?
Anndra	Cha chreid mi gu bheil. 'S fheàrr leam 'An t-Albannach'. 'S dòcha gum faigh mi e ann am bùth eile. An tàinig am Pàipear Beag a-steach fhathast?
Shopkeeper	Tha eagal orm nach tàinig. Tha e fadalach an t-seachdain seo.
Anndra	'S bochd sin. 'S toil leam a bhith ga leughadh an dèidh m' obair feasgar Dihaoine.
Shopkeeper	A bheil dad eile a dhìth oirbh?
Anndra	Tha. Tha mi ag iarraidh rud no dhà eile. Tha Sìle ag iarraidh pàipear sgrìobhaidh.
Shopkeeper	Dè 'n seòrsa? Pàipear geal no pàipear gorm?
Anndra	Bhiodh pàipear geal na b' fheàrr, tha mi a' smaoineachadh.
Shopkeeper	Pàipear le loidhnichean no gun loidhnichean?
Anndra	Gun loidhnichean ma 's e do thoil e. 'S beag oirre pàipear le loidhnichean.
Shopkeeper	An dèan am fear seo a' chùis?
Anndra	Tha mi a' smaoineachadh gun dèan. Dè a' phrìs a tha e?
Shopkeeper	Not ach sgillinn.
Anndra	Bidh sin ceart gu leòr. Dh'iarr Sìle orm rudeigin eile fhaighinn dhi cuideachd ach chan eil cuimhn' agam a-nis dè bh' ann. Sgrìobh mi sìos na rudan a bha a dhìth oirre air pìos pàipeir ach tha mi air am pàipear a chall. Bidh e air tuiteam às mo phòcaid. Nach mi tha truagh!
Shopkeeper	Dè mu dheidhinn fònadh dhachaigh a dh'fhaighneachd do Shìle dè bha i ag iarraidh? Tha fòn anns an oifis shìos an-sin.
Anndra	Am biodh sin ceart gu leòr?
Shopkeeper	Bhitheadh gu dearbh. Siuthad. Fhalbh agus fòn.
Anndra	Mòran taing. Sàbhailidh sin dhomh tilleadh a-rithist.

---

loidhnichean (m pl) *lines*
dean a' chùis *suffice*
not ach sgillinn *ninety-nine pence*
  (Lit. *a pound less a penny*)

pòcaid (f) *a pocket*
siuthad *go on*
sàbhail *save*

NA FREAGAIRTEAN
Key to the exercises

Aonad 1

Obair 1 (*a*) Sandra; (*b*) MacIomhair; (*c*) Chaimbeul; (*d*) Calum. **2** (*a*) (ii); (*b*) (iii); (*c*) (i).

Obair eile 1 a Phàdraig; Eilidh; Alasdair; Catrìona; a Raonaid. **2 Patient:** Tha gu math, tapadh leibh. **Boy:** Ciamar a tha sibh? **Grandmother:** Tha gu math, tapadh leat. **Member of the public:** Tha gu math, tapadh leibh. Ciamar a tha sibh fhèin? **3** (*a*) – Hallo. 'S mise Eòsaph MacNèill. ● Hallo. 'S mise Catrìona NicLeòid. – Cò às a tha sibh, a Chatrìona? ● Tha mi às na Hearadh. Cò às a tha sibh fhèin, Eòsaiph? – Tha mi à Barraigh. (*b*) – Hallo. 'S mise Dòmhnall MacDhòmhnaill. ● Hallo. 'S mise Iseabail NicRath. – Cò às a tha sibh, Iseabail? ● Tha mi às a' Ghearasdan. Cò às a tha sibh fhèin, a Dhòmhnaill? – Tha mi à Uibhist. (*c*) – Hallo. 'S mise Seumas Caimbeul. ● Hallo. 'S mise Eilidh Chamshron. – Cò às a tha sibh, Eilidh? ● Tha mi à Dùn Eideann. Cò às a tha sibh fhèin, a Sheumais? – Tha mi à Muile. **4** M Hallo. 'S mise Màiri NicAonghais. S Hallo. 'S mise Seumas MacNèill. M Ciamar a tha thu, a Sheumais? S Tha gu math, tapadh leat. Ciamar a tha thu fhèin? M Meadhanach math, tapadh leat. S Tha i brèagha an-diugh. M Tha gu dearbh. Cò às a tha thu, a Sheumais? S Tha mi à Barraigh. Cò às a tha thu fhèin, a Mhàiri? M Tha mi às na Hearadh. **5** (*a*) Ceart. (*b*) Tha Seòras agus Iseabail à Leòdhas. (*c*) Tha Eilidh Chamshron às a' Ghearasdan. **6** (*b*) Tha Catrìona às a' Ghearasdan. (*c*) Tha Sìne à Muile. (*d*) Tha Tormod à Inbhir Nis. (*e*) Tha Mairead à Glaschu. (*f*) Tha Dòmhnall às an Eilean Sgitheanach.

Aonad 2

Obair 1 (*a*) Tha Seonag a' dol a Bharraigh. (*b*) Tha Dòmhnall ag obair ann an oifis. (*c*) Ceart. (*d*) Tha am plèan glè bheag. **2** (*a*) Tha Alasdair à Barraigh. (*b*) Tha e ag obair ann an taigh-òsda (ann am Barraigh). (*c*) Tha. Tha Seonag a' dol a Bharraigh. (*d*) Tha Dòmhnall a' fuireach ann am Pàislig.

Obair eile 1 (*a*) Phàislig (*b*) chidsin (*c*) Barraigh (*d*) oifis **2** (*a*) Tha cidsin anns an taigh-òsda. (*b*) Tha Pàislig ann an Alba. (*c*) Tha Pòl ag obair ann an oifis. (*d*) Tha am plèan a' dol a Bharraigh. **3** (*a*) (v); (*b*) (iv); (*c*) (ii); (*d*) (i); (*e*) (iii). **5** (*a*) 'S mise Mairead Ghrannd. Tha mi a' fuireach ann an Steòrnabhagh agus tha mi ag obair ann am port-adhair. Tha mi a' dol a Ghlaschu. (*b*) 'S mise Iain MacIomhair. Tha mi a' fuireach ann an Dùn Eideann agus tha mi ag obair ann an

oifis. Tha mi a' dol a dh'Inbhir Nis. **6** (a)
– Tha i fliuch. ● Tha. Tha i glè fhliuch. –
'S mise Tòmas. ● Hallo, a Thòmais. 'S
mise Eilidh. Ciamar a tha sibh? – Tha gu
math, tapadh leibh, Eilidh. Ciamar a tha
sibh fhèin? ● Meadhanach math, tapadh
leibh. Càit' a bheil sibh
a' dol an-diugh? – Tha mi a' dol a
Ghlaschu. ● A bheil sibh a' fuireach ann
an Glaschu? – Tha. Tha mi ag obair ann
an taigh-òsda ann an Glaschu. Càit' a
bheil sibh fhèin a' dol? ● Tha mise a' dol
dhan Oban. Tha mi a' fuireach ann am
Muile, ach tha mi ag obair ann am bàr
anns an Oban. (b) – Tha i fliuch. ● Tha.
Tha i glè fhliuch. – 'S mise Anna. ● Hallo,
Anna. 'S mise Calum. Ciamar a tha sibh?
– Tha gu math, tapadh leibh, a Chaluim.
Ciamar a tha sibh fhèin? – Meadhanach
math, tapadh leibh. Càit' a bheil sibh
a' dol an-diugh? – Tha mi a' dol a Bhogha
Mòr. ● A bheil sibh a' fuireach ann am
Bogha Mòr? – Chan eil, ach tha mi ag
obair ann an oifis ann an Ile. Càit' a bheil
sibh fhèin a' dol? ● Tha mise a' dol dhan
taigh-òsda. Tha mi a' fuireach anns an
taigh-òsda, agus tha mi ag obair anns a'
chidsin.
(c) – Tha i fliuch. ● Tha. Tha i glè
fhliuch. – 'S mise Seumas. ● Hallo, a
Sheumais. 'S mise Seonag. Ciamar a tha
sibh? – Tha gu math, tapadh leibh, a
Sheonag. Ciamar a tha sibh fhèin?
● Meadhanach math, tapadh leibh. Càit' a
bheil sibh a' dol an-diugh? – Tha mi a'
dol a Leòdhas. ● A bheil sibh a' fuireach
ann an Leòdhas? – Tha. Tha mi
a' fuireach agus ag obair ann an
Steòrnabhagh. Càit' a bheil sibh fhèin
a' dol? ● Tha mise a' dol a Dhùn Eideann.
Tha mi a' fuireach ann an Dùn Eideann
agus tha mi ag obair ann an taigh-òsda.

Aonad 3

Obair 1 (a) Tha Seumas pòsda. (b) Ceart.
(c) Tha Alasdair bàn. (d) Tha Seumas a'
fuireach anns an Eilean Sgitheanach.
2 (a) Tha Seumas MacAmhlaigh sia air
fhichead. (b) Tha nighean aig Seumas.
(c) Tha Sìne NicAmhlaigh trì bliadhna a

dh'aois. (d) Tha Catrìona NicAmhlaigh
a' fuireach aig 14 Rathad na Mara,
Rànaiseadar anns an Eilean Sgitheanach.
Obair eile 1 (a) agaibh; (b) oirre;
(c) agam; (d) aige. **2** (a) (ii); (b) (i); (c) (iv);
(d) (iii). **3** (a) – A bheil teaghlach agaibh,
a Dhòmhnaill? ● Tha. Tha nighean agam.
– Dè 'n t-ainm a tha oirre? ● Ealasaid. –
Dè 'n aois a tha i? ● Tha i deich bliadhna
a dh'aois. (– Cò ris a tha i coltach? ● Tha
i ___ . – A bheil i modhail? ● ___ .)
(b) – A bheil teaghlach agaibh, Anndra? ●
Tha. Tha dà mhac agam. – Dè 'n t-ainm a
tha orra? ● Iain agus Ailean. – Dè 'n aois
a tha iad? ● Tha Iain ochd agus tha
Ailean còig bliadhna a dh'aois. (– Cò ris a
tha iad coltach? ● Tha Iain ___ agus tha
Ailean ___ . – A bheil iad modhail.
● ___) (c) – A bheil teaghlach agaibh, a
Fhlòraidh? ● Tha. Tha mac agus nighean
agam. – Dè 'n t-ainm a tha orra? ● Cailean
agus Sìne. – Dè 'n aois a tha iad? ● Tha
Cailean fichead agus tha Sìne sia bliadhn'
deug a dh'aois. (– Cò ris a tha iad coltach?
● Tha Cailean ___ agus tha Sìne ___ .
– A bheil iad modhail? ● ___ .) (d) – A
bheil teaghlach agaibh, a Sheonag? ● Tha.
Tha dà nighean agam. – Dè 'n t-ainm a
tha orra? ● Anna agus Una. – Dè 'n aois a
tha iad? ● Tha Anna ceithir agus tha Una
seachd bliadhna a dh'aois. (– Cò ris a tha
iad coltach? ● Tha iad ___ . – A bheil iad
modhail? ● ___ .) **4** (a) Tha Oighrig Nic
an t-Saoir a' fuireach ann an Dalabrog.
(b) Ceart. (c) Ceart. (d) Tha Calum Iain
a' dol dhan cholaisde ann an
Steòrnabhagh. Tha an nighean a' dol
dhan sgoil ann an Lìonacleit. (e) Tha
Oighrig ag obair ann am bùth. **5** (a) Tha
Oighrig à Uibhist a Deas. (b) Tha i a'
fuireach aig a seachd Dalabrog. (c) Tha dà
mhac agus nighean aice. (d) Calum Iain,
Mìcheal agus Mòrag Anna. (e) Tha
Mìcheal beag agus bàn. (f) Tha Mòrag
Anna trì deug. (g) Chan eil. Chan eil
Cailean ag obair/Chan eil obair aig
Cailean.

Aonad 4

Obair 1 (a) Ceart. (b) 'S toil le Catrìona

biadh Innseanach. (c) Tha Calum agus
Seonaidh a' dol a-mach aig ochd uairean.
(d) Tha an còmhlan 'Turraman' a' cluich
aig an dannsa. (e) Ceart. 2 (a) Tha Una
agus Raonaid a' seinn aig a' chèilidh.
(b) Chan eil Catrìona a' dol dhan chèilidh.
(c) 'S toil le Una an còmhlan 'Turraman'.
(d) 'S toil le Calum a bhith a' dannsadh.
Obair eile 1 (a) leam; (b) leis; (c) leotha;
(d) leatha; (e) leinn. **2** (a) ann; (b) còmhla;
(c) riutha; (d) uabhasach; (e) Cuin. **3** (d) (a)
(b) (e) (c). **4** (a) Ceart. (b) Tha bàta a' dol a
dh'Uibhist aig sia uairean feasgar. (c) Tha
sinn a' dol a Bharraigh air a' phlèan aig dà
uair dheug. (d) Tha iad a' dol a Leòdhas
air a' bhàta aig còig uairean feasgar.
5

Aite	Bus	Trean
Inbhir Nis	10.00	13.00
An Gearasdan	16.00	17.00
Dùn Eideann	14.00	15.00
Pàislig	11.00	18.00

6 (a) Ealasaid/Donnchadh; (b) Cha/
Ealasaid; (c) Donnchadh/a' cluich; (d) Is/
snàmh; (e) Cha/Màiri Ceit.

Aonad 5

Obair 1 (a) Tha i fuar. (b) Ceart. (c) Tha
Oighrig ag iarraidh crogan beag cofaidh.
(d) Tha uighean ùra (gu leòr) aig
Murchadh. **2** (a) Chan eil. Tha i ag
iarraidh aran donn. (b) 'S toil le Oighrig
càise dearg. (c) Tha a' chlann ag iarraidh
còc. (d) Tha na suiteis fichead sgillinn an
urra.
Obair eile 1 (a) cana; (b) crogan; (c) leth-
dusan; (d) donn. **2** (a) Tha i fuar an-diugh.
(b) Chan eil iad ag iarraidh cofaidh. (c) Is
toil leam suiteis. (d) Latha math, a
Mhurchaidh. **3** (a) not; (b) not agus dà
fhichead sgillinn; (c) ceithir fichead
sgillinn 's a deich; (d) not agus leth-cheud
sgillinn 's a h-ochd; (e) trì fichead sgillinn
's a h-ochd deug. **4** (a) fhichead; (b) deug;
(c) not; (d) leth-cheud. **5** (a) (ii); (b) (v); (c)
(iv); (d) (iii); (e) (i). **6** (a) masculine; (b), (c),
(d), (e) feminine. **7** (a) Barra (b) Plane
(c) 11.00 (d) 12.00 (e) Tuesday (f) £68
(g) 2 (h) £136. **8** (a) – Càit' a bheil sibh a'
dol? ● Tha mi a' dol dhan Ghearasdan.

Cuin a tha bus a' dol ann? – Aig sia
uairean feasgar. ● Cuin a tha am bus anns
a' Ghearasdan? – Aig deich uairean
feasgar. An toil leibh an Gearasdan? ● O,
's toil. Tha e snog. Dè a phrìs a tha am
bus? – Naoi notaichean 's leth-cheud
sgillinn. A bheil sibh ag iarraidh ticead?
● Tha. Tha mi ag iarraidh trì ticeadan. –
Cuin a tha sibh a' falbh? ● Diluain. Dè tha
sin uile gu lèir? – Ochd notaichean air
fhichead not agus leth-cheud sgillinn. (b) –
Càit' a bheil sibh a' dol? ● Tha mi a' dol a
Thiriodh. Cuin a tha bàta a' dol ann? –
Aig sia uairean sa' mhadainn. ● Cuin a
tha am bàta ann an Tiriodh? – Aig deich
uairean sa' mhadainn. An toil leibh
Tiriodh? ● O, 's toil. Tha e snog. Dè a'
phrìs a tha am bàta? – Ochd notaichean
agus còig sgillinn. A bheil sibh ag
iarraidh ticead? ● Tha. Tha mi ag iarraidh
ceithir ticeadan. – Cuin a tha sibh a'
falbh? ● Diciadain. Dè tha sin uile gu lèir?
– Trì notaichean deug air fhichead. (c) –
Càit' a bheil sibh a' dol? ● Tha mi a' dol
dhan Oban. Cuin a tha trèan a' dol ann? –
Aig uair feasgar. ● Cuin a tha an trèan
anns an Oban? – Aig ceithir uairean
feasgar. An toil leibh an t-Oban? ● O, 's
toil. Tha e snog. Dè a' phrìs a tha an
trèan? – Deich notaichean agus dà
fhichead sgillinn. A bheil sibh ag iarraidh
ticead? ● Tha. Tha mi ag iarraidh dà
thicead. – Cuin a tha sibh a' falbh? ●
Dimàirt. Dè tha sin uile gu lèir? – Fichead
not agus ceithir fichead sgillinn.

Aonad 6

Obair 1 (a) Ceart (b) Tha Marsaili a'
smaoineachadh gu bheil Iain a' snàmh
feasgar Dihaoine. (c) Ceart (d) Tha màthair
Marsaili a' fònadh a-nochd. **2** (a) Tha
Marsaili agus Raonaid a' bruidhinn air a'
fòn. (b) Chan eil mòran idir. (c) Tha
consairt ann feasgar Dihaoine. (d) Tha a
màthair a' tighinn air chèilidh air
Marsaili.
Obair eile 1 (a) (iii); (b) (i); (c) (iv); (d) (ii).
2 (a) Chan eil mòran. (b) Diciadain.
(c) Chan eil. (d) Raonaid. **3** tha a'
bruidhinn?; Chan eil mòran./a tha thu?; eil

mòran.; Tha.; Ceart/fònadh. Mar sin leat.
4 (a) Tha Iain a' smaoineachadh gu bheil
bus ann aig ochd uairean. (b) Chan eil mo
mhac a' smaoineachadh gu bheil Inbhir
Nis snog. (c) Tha Catrìona ag ràdh nach
eil i a' fuireach ann an Ile a-nis. (d) Tha
Marsaili ag ràdh gu bheil consairt ann
Diluain. (e) Chan eil mi a' smaoineachadh
gu bheil i sa' chidsin. (f) Tha mo chèile
a' smaoineachadh nach eil Alasdair
coltach ri Cailean idir. (g) Tha Seònaid ag
ràdh nach eil teaghlach aice. 5 (a) nach eil
(b) nach eil (c) nach toil (d) a bheil (e) an
toil (f) nach eil. 6 F: Ailein? A: Cò tha a'
bruidhinn? F: Fionnlagh. Tha gèam ball-
coise ann aig trì uairean Disathairne. Tha
mi a' smaoineachadh gu bheil bus ann
anns a' mhadainn. A: Tha sin glè mhath.
F: Tha mi ag iarraidh a dhol ann. A: Tha
mise ag iarraidh a dhol ann cuideachd.
F: Tha mi a' smaoineachadh gu bheil am
bus còig notaichean an urra agus gu bheil
an gèam còig notaichean an urra. Sin
deich notaichean gu lèir. A: Chan eil deich
notaichean agam. F: Fòn a-màireach ma
tha thu a' dol dhan ghèam. Mar sin leat.

Aonad 7

Obair 1 (a) Faodaidh Fearchar bruidhinn
ri Aonghas. (b) Chan eil Aonghas a'
cluinntinn ceart gu leòr. (c) Ceart. (d) Tha
Aonghas ag iarraidh air Fearchar fònadh
air ais. 2 (a) Am faod mi bruidhinn ri
Aonghas? (b) An tusa a tha ann? (c) Chan
eil mi gad chluinntinn. (d) Tha iad gam
chluinntinn. (e) A bheil sin nas fheàrr?
Obair eile 1 (a) Hallo, 's mise Catrìona
Nic a' Phì. Am faod mi bruidhinn ri
Mairead NicSuain? (b) Hallo, 's mise
Seumas Friseal. Am faod mi bruidhinn ri
Cailean Mac an Tòisich? (c) Hallo, 's mise
Flòraidh Chaimbeul. Am faod mi
bruidhinn ri Iain Stiùbhart?
2 (a) Faodaidh. (b) Chan fhaod. (c) Chan
fhaod. (d) Faodaidh. 3 (a) Chan eil mi ga
chluinntinn idir. (b) A bheil Mairead gar
n-iarraidh? (c) Nach eil sibh gam faicinn?
(d) Tha iad ga dhèanamh an-diugh.
(e) Chan eil sinn gan tuigsinn. 4 (a) Tha
mi gan cluinninn. (b) Tha mi ga leughadh.

(c) Tha mi ga iarraidh. (d) Tha mi ga
tuigsinn. 5 (a) Tha Gàidhlig gu leòr aig
an nighean. (b) Tha an gille ag iarraidh
leabhraichean Gàidhlig. (c) Tha e ag
ionnsachadh Gàidhlig anns an sgoil.
(d) Tha daoine a' bruidhinn uabhasach
luath. (e) Chan eil. Chan eil an gille gan
tuigsinn. 6 Tha gille a' bruidhinn ri
nighean ann am bùth. Tha an gille ag
ràdh 'Gabhaibh mo leisgeul' agus tha e
a' faighneachd a bheil Gàidhlig aig an
nighean. Tha an nighean ag ràdh gu bheil
Gàidhlig gu leòr aice. Tha an gille
a' faighneachd a bheil leabhraichean
Gàidhlig anns a' bhùth. Tha an nighean
ag ràdh gu bheil gu leòr. Tha i a'
faighneachd dhan ghille a bheil e ag
ionnsachadh Gàidhlig. Chan eil an gille ga
tuigsinn. Tha an nighean a' faighneachd
a-rithist. Tha an gille ga tuigsinn a-nis
agus tha e ag ràdh gu bheil e ag
ionnsachadh Gàidhlig anns an sgoil. Tha
an nighean ag ràdh gu bheil e a' dèanamh
glè mhath. Tha an gille ag ràdh gu bheil
e fhathast ag ionnsachadh agus gu bheil
daoine a' bruidhinn uabhasach luath.
Chan eil e gan tuigsinn. 7 Rachel
Morrison is 20. She lives in Edinburgh,
works in a shop and likes it. Her husband,
Donnie, is a Gaelic-speaker from Skye.
She is learning Gaelic with help from her
husband. He wants to return to Skye to
live, but she is not sure. She says she
doesn't have (know) enough Gaelic yet.

Aonad 8

Obair 1 (a) 'S e Muileach a tha ann an
Dòmhnall. (b) 'S e eilean beag a tha ann
am Barraigh. (c) 'S e clèireach a tha ann
an Seònaid. (d) Ceart. 2 (a) Tha Dòmhnall
à Muile. (b) 'S e. 'S e eilean (uabhasach)
brèagha a tha ann am Muile. (c) Tha
Seònaid ag obair aig a' Chomhairle. (d) 'S
e clèireach a tha innte. (e) 'S e. 'S e clann
laghach a tha anns an àrdsgoil.
Obair eile 1 (a) 'S e Ileach a tha ann an
Cailean agus 's e dotair a tha ann. (b) 'S e
Ban-Uibhisteach a tha ann am Mairead
agus 's e gruagaire a tha innte. (c) 'S e
Rosach a tha ann an Niall agus 's e saor a

tha ann. 2 (*a*) baile mòr (*b*) dùthaich mhòr (*c*) eilean mòr/dùthaich mhòr (*d*) eilean beag (*e*) dùthaich bheag.
3 (*b*) annad; (*c*) annam; (*d*) ann; (*e*) annainn; (*f*) annta. 4 (*a*) (ii); (*b*) (i); (*c*) (iii).
5 (*a*) 'S e Ban-Chollach a tha ann an Raonaid. (*b*) 'S e sgrìobhaiche a tha ann an Seumas. (*c*) 'S e Hearach a tha ann an Donnchadh. (*d*) 'S e Ban-Ghearmailteach a tha ann an Karin. (*e*) 'S e neach-teagaisg a tha ann an Iain. 6 (*a*) Tha mi a' fuireach anns a' bhaile. (*b*) Tha obair ùr aig an t-saor. (*c*) 'S toil leam am biadh seo. (*d*) A bheil Donnchadh ag èisdeachd ris a' phrògram? (*e*) Chan eil mi a' dol ann còmhla ris. 7 (*a*) cailleachail;
(*b*) tlachdmhor; (*c*) mì-earbsach; (*d*) dùinte.
8 Tha Sìle NicAmhlaigh dà fhichead bliadhna a dh'aois. Tha i bàn. Tha i à Nis ann an Leòdhas agus tha i pòsda aig Màrtainn. Tha mac agus nighean aca. Tha iad a' fuireach ann an Comar nan Allt. 'S e gruagaire a tha ann an Sìle. Tha i ag obair ann am bùth bheag. Tha an obair a' còrdadh rithe. 'S toil leatha snàmh agus dannsadh. Tha Comar nan Allt a' còrdadh rithe ach tha i ag iarraidh fuireach ann an Nis. 9 (*a*) 'S e/Chan e Albannach a tha annam. (*b*) Tha mi à/às (followed by the name of the place you come from). (*c*) Tha/Chan eil a' Ghàidhlig a' còrdadh rium. (*d*) Tha/Chan eil mi a' smaoineachadh gu bheil i furasda. (*e*) Tha/Chan eil daoine gam thuigsinn anns a' Ghàidhlig. (*f*) 'S e (followed by the name of the job you do) a tha annam. (*g*) Tha/Chan eil an obair a' còrdadh rium. (*h*) 'S e/Chan e leabhar math a tha seo.

Aonad 9

Obair 1 (*a*) Ceart. (*b*) Tha banca ri taobh an taigh-òsda air an t-Sràid Aird. (*c*) Tha garaids anns a' bhaile. (*d*) Ceart (*e*) 'S e togalach mòr, geal a tha anns an talla.
2 (*a*) Tha oifis a' phuist dìreach mu choinneimh na h-eaglaise. (*b*) Tha an stòr faisg air an t-Sràid Aird. (*c*) Tha a' chlann a' dol dhan phàirc. (*d*) Tha ionad-slàinte agus taigh-bìdh ri taobh an talla.
3 (*a*) (iii); (*b*) (iv); (*c*) (i); (*d*) (ii).

Obair eile 1 (*a*) an talla; (*b*) taobh; (*c*) faisg; (*d*) beulaibh; (*e*) eaglais.

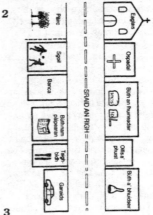

4 (*a*) Cum air an rathad seo, gabh a' chiad shràid gu do làimh cheàrr. Tionndaidh sìos an dàrna sràid gu do làimh cheart. Tha a' gharaids mu mheadhan na sràide sin air an làimh chlì. (*b*) Cum dìreach sìos an rathad seo, gabh an treas sràid gu do làimh cheart agus an treas sràid gu do làimh cheàrr. Tha a' phàirc aig ceann na sràide seo. (*c*) Theirig dìreach sìos an rathad seo. Gabh an treas sràid gu do làimh cheàrr agus a' chiad shràid gu do làimh cheart. Tha oifis a' phuist an-sin air an làimh cheart. 5 (*a*) (iv); (*b*) (v); (*c*) (ii); (*d*) (i); (*e*) (iii). 6 (*a*) a' bhanca; (*b*) na pàirce; (*c*) an t-ospadal; (*d*) an t-sràid; (*e*) a' gharaids. 7 (*a*) Gilleasbaig Caimbeul; (*b*) Dòmhnall Peutan; (*c*) Ruith; (*d*) Ailean MacIllEathain, 25th, High Jump Seonaidh Boid, 25th, Long Jump; (*e*) Seòras Greumach. 8 (*a*) Tha iad airson a dhol a shnàmh. (*b*) A bheil sibh airson falbh? (*c*) Chan eil sinn airson a dhol dhan dannsa. (*d*) A bheil thu airson fònadh dhachaigh? (*e*) Tha i airson a dhol a chluich. 9 (*a*) seinn (*b*) mu (*c*) falbh (*d*) dhol (*e*) slat.

Aonad 10

Obair 1 (*a*) Cha robh Siùsaidh air falbh

as t-Samhradh idir. (*b*) Bha a' chlann aig Caitlin aig campa anns na Crìochan. (*c*) Bha Caitlin agus Daibhidh glè sgìth a' tilleadh dhachaigh. (*d*) Chaidh Siùsaidh agus Alasdair gu Tenerife airson cola-deug anns an Dùbhlachd. **2** (*a*) Bha Caitlin air falbh air saor-làithean as t-Earrach agus as t-Fhoghar. (*b*) Bha Siùsaidh agus Alasdair trang le luchd-turais as t-Samhradh. (*c*) Bha Caitlin agus Daibhidh ann an Dùn Eideann anns an Dàmhair. (*d*) Bha Daibhidh a' cluich golf a h-uile latha ann an Cill Rìmhinn. (*e*) Bha Rhoda agus an duine aice ag ràdh nach robh Tenerife ro theth idir.

Obair eile 1 (*a*) cheannaich; (*b*) Cha robh; (*c*) Cha do dh'èirich; (*d*) Chluich/sheinn; (*e*) Dh'fhuirich. **2** (*a*) Ghlan mi am bòrd. (*b*) Dh'fhosgail mi an uinneag. (*c*) Thiormaich mi na soithichean. (*d*) Sgioblaich mi an rùm agam. (*e*) Chuir mi a-mach am cù. (*f*) Leugh mi an leabhar agam. **3** (*a*) Chluich; (*b*) Leugh; (*c*) Sgrìobh; (*d*) Dh'òl; (*e*) Dh'fhòn; (*f*) Shreap. **4** Sgrìobh Cairistìona litir gu Iomhar. Chuir i an litir anns a' bhocsa-litrichean. Thog am post na litrichean às a' bhocsa. Chuir e ann am poca iad. Chaidh e air ais gu oifis a' phuist anns a' bhan. Choimhead duine ann an oifis a' phuist air na seòlaidhean air na litrichean. Thilg an duine an litir aig Iomhar anns a' bhaga aig post eile. Chaidh am post eile gu taigh Iomhair leis an litir. Chuir e an litir a-steach air an doras. Leugh Iomhar an litir aig Cairistìona. **5** (*a*) Bha an duine aig Shona ag ràdh gun robh Cill Rìmhinn àlainn. (*b*) Bha mi a' smaoineachadh nach robh thu a' tighinn. (*c*) Cha robh iad a' smaoineachadh gun robh e ro dhaor. (*d*) Bha Coinneach ag ràdh nach robh an dannsa dona. (*e*) Tha Sìm a' smaoineachadh nach robh Iseabail aig an fhèis. (*f*) Bha mo phiuthar ag ràdh gun robh sibh uabhasach trang. **6** Bha Ailios a' bruidhinn ri Fiona. Bha Fiona ag ràdh gun robh i a' dol dhan bhaile. Bha i airson a dhol dha na bùithean. Bha aodach a dhìth oirre. Bha Fiona ag iarraidh air Ailios a dhol còmhla rithe. Bha Ailios ag ràdh nach robh airgead gu

leòr aice airson a' bhus. Bha Fiona a' smaoineachadh gun robh airgead gu leòr aicese airson dà thicead ach bha Ailios ag ràdh nach robh i airson airgead a ghabhail bho Fiona. **7** (*a*) an Dùbhlachd. (*b*) an Earrach. (*c*) a' Chèitean. (*d*) an t-Samhain. (*e*) an Dàmhair. **8** (*a*) Crìochan/cola-deug; (*b*) seanair/thoilichte; (*c*) laigh/ro; (*d*) cuairt/cho; (*e*) rinn/sheachdain.

Aonad 11

Obair 1 (*a*) Tha Ailig an dòchas nach bi a' chuairt ro fhada. (*b*) Ceart (*c*) Ceart (*d*) Chan fhòn Doilidh dhan taigh-chluich airson ticeadan. (*e*) Tha Ailig a' smaoineachadh gum bi e a' snàmh feasgar. **2** (*a*) Tha Ailig agus Doilidh a' dol cuairt timcheall a' bhaile anns a' bhus fhosgailte. (*b*) Bidh. Bidh am bus a' stad aig àiteachan àraidh. (*c*) Coisichidh. Coisichidh Ailig agus Doilidh dhan stèisean. (*d*) Bidh an taigh-cluich fosgailte aig aon uair deug. (*e*) Cha bhi. Cha bhi Ailig a' dol dha na bùithean còmhla ri Doilidh feasgar.

Obair eile 1 (*a*) (iv); (*b*) (iii); (*c*) (i); (*d*) (ii). **2** (*a*) bhi; (*b*) Postaidh; (*c*) Leughaidh; (*d*) Chan/ol. **3** (*a*) Am; (*b*) Cha; (*c*) Chan; (*d*) Cha; (*e*) am. **4** (*a*) Am bi sibh a' dol a chadal tràth? (*b*) An gabh thu cofaidh? (*c*) Am faigh Crìsdean dhachaigh Dihaoine? (*d*) Am fosgail thu an doras dhomh? (*e*) An tèid Lena agus Dòmhnall Iain a-null thairis am bliadhna? **5** (*a*) Tha Karen ag ràdh gum bi i a' cluich badminton a-nochd. (*b*) Tha Diarmad a' smaoineachadh nach bi Deirdre ro thoilichte. (*c*) Tha mi 'n dòchas gum bi latha math ann. (*d*) Chan eil Mina a' smaoineachadh gum bi a' bhùth fosgailte. (*e*) Bidh do mhàthair an dòchas nach bi ticeadan ann airson an disco. (*f*) Bidh am bodach ag ràdh nach bi e a' cluinntinn. **6** (*a*) (ii); (*b*) (iii); (*c*) (iv); (*d*) (i). **7** (*a*) Feumaidh mi a dhol dhan bhanca. (*b*) Am feum thu dreasa eile a cheannach? (*c*) Chan fheum mi càr ùr am bliadhna. (*d*) Feumaidh sinn Gàidhlig a bhruidhinn. (*e*) Cuin a dh'fheumas iad falbh? **8** 0.800 depart Inverness; around

10.00 stop in Perth; 13.00 lunch; 14.15 depart Perth; around 15.00 arrive in Stirling; 19.00 dinner in hotel; around 20.00 go to sports centre; 22.30 be back in hostel. 9 (a) Sweep the floor; wash the dishes; clean the bedroom; make the beds. (b) Go up to the castle and go shopping. (c) Trip around town. (d) They will leave their bags at the youth centre. (e) On the way back to the youth centre from the swimming-pool.

Aonad 12

Obair 1 (a) Ceart. (b) Chan eil còtaichean goirid a' tighinn ri Sìne. (c) Ceart. (d) 'S fheàrr le Seòras lèintean geala. 2 (a) Chan fheàrr. Chan fheàrr le Sìne còtaichean goirid. (b) Tha Una a' dol a cheannach lèine do Sheòras. (c) Bha Seòras ag ràdh nach robh lèintean gu leòr aige. (d) 'S fheàrr le Seòras feadhainn gheala/lèintean geala.

Obair eile 1 (a) (iv); (b) (iii); (c) (i); (d) (ii). **2** (a) uimpe; (b) ort; (c) thuca; (d) oirnn. **3** (a) (i); (b) (v); (c) (iii); (d) (iv); (e) (ii). **4** (a) Thèid Alasdair a dh'obair dhan bhaile mhòr. (b) Chì sinn sibh aig doras na h-eaglaise àirde. (c) Bha mac Chaluim dhuibh sa' bhùth an-diugh. (d) Fàgaidh sinn an càr anns a' phàirc mhòir. (e) Tha rèidio mo mhic òig briste. **5** (a) Tha sinn an dòchas gun cuidich iad sinn. (b) Tha Eilidh ag ràdh gum fuirich i a-staigh. (c) Tha e a' smaoineachadh nach innis iad an fhìrinn. (d) Tha iad an dòchas gun lorg iad taigh ùr. (e) Cha chreid mi nach ceannaich mi càr. **6** (a) briogais ghlais/ briogaise glaise; (b) a' chòta mhòr; (c) t-seacaid ghuirm; (d) taidh dheirg/ taidhe deirge; (e) gheala. **7** (a) tè mhòr; (b) tè gheal; (c) tè ùr; (d) an tè aig Ina; (e) am fear sin. **8** (a) a blue jacket, black trousers; (b) a red jacket, grey trousers; (c) a grey coat, a reddish-brown skirt. **9** (a) Anns an Fhasan (b) MacLeòid agus Caimbeul (c) Bùth Catrìona (d) Light coats.

Aonad 13

Obair 1 (a) Tha na cùirtearan gorma trì fichead òirleach a dh'fhaid. (b) Ceart. (c) Tha na cùirtearan ruadha nas tighe na an fheadhainn ghlasa./Tha na cùirtearan ruadha cho tiugh ris an fheadhainn ghlasa. (d) Ceart. 2 (a) Chan eil. Chan eil na cùirtearan gorma ro fhada./Tha na cùirtearan gorma ro ghoirid. (b) 'S toil. 'S toil le Mairead na cùirtearan glasa. (c) 'S e na cùirtearan ruadha as tighe. (d) Thèid. Thèid an fheadhainn ruadha leis a' phàipear ùr.

Obair eile 1 Alasdair, Donnchadh, Eilidh, Ealasaid, Anna, Calum, Seònaid. **2** (a) 'S e Mòrag as àirde. (b) Chan eil. Chan eil Catrìona nas àirde na Calum./Tha Calum nas àirde na Catrìona. (c) Chan eil. Chan eil Mòrag nas lugha na Catrìona./Tha Catrìona nas lugha na Mòrag. (d) 'S e Catrìona as lugha. **3** Doilidh, Caitlin, Beasag, Pàdraig, Mata, Pòl. **4** (a) Tha an còta liath nas saoire na an còta donn./Tha an còta donn nas daoire na an còta liath. (b) Ceart. (c) Chan e an sgiorta as saoire./'S e an lèine dhearg as saoire. (d) Ceart. (e) Ceart. **5** (a) 'S e Mìcheal as òige. (b) 'S e Donnchadh as motha./'S e Eachann as lugha. (c) 'S e am plèan as ùire./'S e am bus as sine. (d) 'S e Glaschu as motha./'S e an Gearasdan as lugha. **6** (a) nas; (b) cho; (c) as; (d) nas/na. **7** (a) nas; (b) as; (c) ri; (d) na. **8** Annag's bedroom: 12 feet long by 10 feet wide by 10 feet high; Living room: 13 feet long by 10 feet wide by 10 feet high; Màiri-Sìne's Bedroom: 9 feet long by 8 feet wide by 10 feet high; Calum-Iain's Bedroom: 13 feet long by 8 feet wide by 10 feet high; Bathroom: 13 feet long by 5 feet wide by 10 feet high **9** (a) chàr; (b) mhionaid; (c) uinneig; (d) chaileig. **10** (a) Criosaidh/ Chrissie; Fiesta; smaller, nicer/more beautiful/not so dear. (b) Dòmhnall/ Donald; Peugeot; faster, bigger. (c) Seumas/James; Volkswagen; strongest, fastest.

Aonad 14

Obair 1 (a) Chan eil Carina a' smaoineachadh gu bheil i nas blàithe an-diugh. **or** Tha Carina a' smaoineachadh nach eil i cho blàth 's a bha i an-dè. (b) Cha do thilg Dòmhnall a bhaga a-mach air an uinneig. (c) Ceart. (d) Tha Carina ag ràdh gum bi athair Dhòmhnaill fiadhaich. 2 (a) Bha an sgoil a' fònadh gu Carina. (b) Bidh a' chlann ri mì-mhodh air a' bhus. or Bidh a' chlann a' cur am bagaichean a-mach air an uinneig. (c) Tha baga Dhòmhnaill anns an loch a-nis. (d) Bidh athair Dhòmhnaill airson a pheanasachadh.

Obair eile 1 (a) (iv); (b) (v); (c) (i); (d) (ii); (e) (iii). **2** (b) Càit' an do chaill thu am baga agad? (c) Cha chreid mi gu bheil an tidsear aige a' còrdadh ris. (d) Chan eil a' bhùth aca fosgailte idir a-nis. (e) Fhuair mi an càr agam ann an Dùn Eideann. (f) Bha an t-òran agaibh uabhasach brèagha. **3** (a) athair, mhàthair; (b) bràthair; (c) n-athair; (d) phàrantan; (e) seanmhair. **4** (a) (ii); (b) (v); (c) (iv); (d) (i); (e) (iii). **5** (a) Eachann, Annag; Morag; (b) Niall, Catrìona nighean Sheumais; Calum, Seonag; (c) Murchadh, Murchadh Beag; Ruairidh, Mairead; (d) Iain Alasdair, Seòras, Ceitidh. **6** (b) . . . mac Mòraig . . . (c) . . . taigh Dhùghaill . . . (d) . . . clann Chaluim . . . (e) . . . bean Mhàrtainn . . . (f) . . . càr Anna . . . **7** (a) Bha Sìne airson d' fhiathachadh ann. (b) A bheil thu airson a leughadh? (c) Cuin a tha thu airson m' fhaicinn? (d) Tha mac Sheumais airson òl. (e) An robh sibh airson a fosgladh? (f) Chan eil iad airson ar n-iarraidh ann. **8** (a) Bha Pàdraig air a thogail ann an Ile. (b) Chaidh e a dh'fhuireach a Ghlaschu nuair a dh'fhàs e sgìth dhen eilean. (c) Chan eil. Chan eil Glaschu nas fheàrr na bha e. or Chan eil. Tha Glaschu cho math 's a bha e. (d) Thàinig. Thàinig mòran dhaoine a dh'fhuireach a dh'Ile. (e) Bha Dòmhnall Bàn a' fuireach ann an taigh Phàdraig an toiseach. (f) Cha robh. Cha robh Pàdraig aig an taigh o chionn ghoirid. **9** (b) Tha Sìle ag ràdh gu bheil iad air am fiathachadh chun a' phartaidh. (c) Tha/Bha Mìcheal ag ràdh gun robh e air a thogail ann am Barraigh. (d) Tha Ealasaid ag ràdh gum bi mi air mo pheanasachadh airson sin. (e) Tha/Bha Artair ag ràdh nach robh sinn air ar n-iarraidh an-seo. or Tha/Bha Artair ag ràdh nach robh mi air m' iarraidh an-seo.

Aonad 15

Obair 1 (a) Ruigidh Seònaid is Niall Ibiza anns a' mhadainn. (b) Tha Niall a' dol a cheannach cupa cofaidh. (c) Ceart. (d) Ceart. (e) 'S toil le Anna Paris. **2** (a) Cha do chaidil. Cha do chaidil Anna a-raoir. (b) Bha dùil aig Dùghlas biadh a ghabhail. (c) Tha eagal oirre gum bi i tinn air a' phlèan. (d) Than ann ann an Cannes a bha Anna./'S ann ann am Paris a bha Anna. (e) Bha. Bha iad sgìth an dèidh Paris.

Obair eile 1 (a) (iii); (b) (i); (c) (iv); (d) (ii). **2** (a) dh'èisdeas; (b) chanas; (c) dh'fhàgas (d) dh'itheas. **3** (b) chuireas; (c) dh'òlas; (d) chluicheas; (e) ruigeas. **4** (a) cairteal an dèidh a sia; (b) leth-uair an dèidh a ceithir; (c) cairteal gu trì; (d) fichead mionaid an dèidh a còig; (e) deich mionaidean gu naoi; (f) còig mionaidean an dèidh aon uair deug. **5** A h-uile latha o Dhiluain gu Dihaoine bidh mi ag èirigh aig cairteal an dèidh a seachd. Bidh mi a' gabhail mo bhracaist aig ochd uairean. Bidh mi a' faighinn a' bhus aig leth-uair an dèidh a h-ochd agus bidh e a' toirt mu leth-uair a thìde a ruighinn a' bhaile. Bidh mi a' tòiseachadh ag obair mu naoi uairean. Bidh sinn a' gabhail biadh mu chairteal gu uair. Bidh sinn a' dol air ais a dh'obair aig cairteal an dèidh uair. Bidh mi a' tilleadh dhachaigh air a' bhus aig cairteal gu sia. **6** (a) nas; (b) na b'; (c) na bu; (d) a b'. **7** (a) Cha chreid mi nach eil Cairistìona nas bòidhche a-nis. (b) Bha dùil agam gun robh an taigh na bu ghlaine na sin. (c) Am b' e Alasdair a b' fheàrr? (d) Feuch am bi thu nas modhaile an-diugh. **8 Hitches:** Marsaili had been knocked down by a car and couldn't go on holiday. There was no hostel in Stornoway. She was worried she wouldn't have enough money. She couldn't visit the light-house. She left her camera in Inverness. **Highpoints:** She was surprised by Stornoway; it was bigger and busier than she had expected. She got a place in a family home near the town centre. She was very pleased to see the Standing Stones of Callanish; they were taller, older and more beautiful than she had expected.

Aonad 16

Obair 1 (*a*) Bha Dùghall airson a dhol gu disco no gu dannsa. (*b*) Ceart. (*c*) Ceart. (*d*) 'S toil le Magaidh dealbhan-cluich MhicThòmais. (*e*) Ceart. **2** (*a*) Bha i air a casan fad an latha. (*b*) Cha bhi. Cha bhi iad a' dol a-mach tric còmhla. (*c*) Tha Dùghall a' faicinn dè tha dol sa' bhaile anns a' phàipear. (*d*) Cha toil. Cha toil le Raibeart Clann Ulaidh. **or** Cha toil. 'S lugha air Raibeart Clann Ulaidh. (*e*) Tha dealbh-chluich ùr le Eideard MacThòmais anns an taigh-chluich.

Obair eile 1 (i) (*b*); (ii) (*d*), (*f*); (iii) (*c*), (*e*); (iv) (*a*). **2** (*a*) cuir; (*b*) Cha; (*c*) fhosgail; (*d*) bhruidhinn; (*e*) shuidh. **3** (*a*) Nach fhòn sinn/sibh thuca a-nochd? (*b*) Nach tèid sibh dhan taisbeanadh còmhla ruinn? (*c*) Nach gabh thu cèic? (*d*) Nach innis sinn/sibh dhaibh gu bheil ticeadan air fhàgail? (*e*) Nach freagair thu am fòn? **4** (*a*) Nach gabh thu cupa cofaidh? (*b*) Dè mu dheidhinn a dhol gu dannsa? (*c*) Am bu toil leat an càr sin a cheannach? (*d*) Bu chòir dhomh an lèine ùr iarnaigeadh. (*e*) B' fheàrr leotha coiseachd dhachaigh. **5** (*a*) Màrtainn, she is sorry, she has a cold; (*b*) Murchadh, play a couple of tunes on the pipes; (*c*) Tormod, Anna, too hot then; (*d*) Cairistìona, Mìchael, buy another bottle of wine; (*e*) Cailean, invite Calum and Marsaili to the party, they like parties; (*f*) Eòghan, go to sleep early, yes, has to get up early. **6** – Nach fhòn thu gu Peigi an-dràsda, Una. ● Cha bhi i a-staigh gu còig uairean, a Choinnich. (*b*) – Dè mu dheidhinn a dhol dhan bhaile Dimàirt, Iseabail? ● Bhiodh sin math, a Chatrìona. Feumaidh mi còta ùr a cheannach. (*c*) – Bu chòir dhut an leabhar seo a leughadh, Eachainn. ● Tha e ro fhada, a Pheadair. Chan eil tìde agam. (*d*) – Nach èisd sinn ris an rèidio a-nochd, a Dhaibhidh. ● Eisdidh, a Chaitlin. Tha consairt math air aig leth-uair an dèidh a h-ochd. (*e*) – Dè mu dheidhinn litir a sgrìobhadh gu do charaid ann an Lunnainn, Ailios? ● B' fheàrr leam fònadh

thuice, Uilleim. (*f*) – Bu chòir dhuinn coiseachd dhan stèisean, a Fhlòraidh. ● Tha mi cho sgìth, a Dhonnchaidh. Bha mi air mo chasan fad an latha. **7** (*a*) (iv); (*b*) (iii); (*c*) (i); (*d*) (v); (*e*) (ii). **8** (*e*) (*b*) (*c*) (*d*) (*a*). **9** (*a*) Ceart; (*b*) Ceàrr; (*c*) Ceàrr; (*d*) Ceart; (*e*) Ceart. **10**

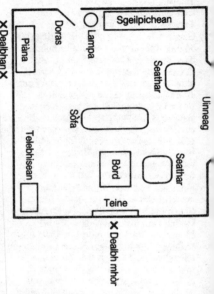

Aonad 17

Obair 1 (*a*) B' fheàrr leis na Frangaich rùm le leabaidh dhùbailte. (*b*) 'S urrainn do na Frangaich Beurla a bhruidhinn. (*c*) Ceart. (*d*) Ceart. **2** (*a*) Tha dà rùm falamh aig Beasag. (*b*) 'S urrainn. 'S urrainn do Fiona Frangais a bhruidhinn. (*c*) Tha prògram de dh'òrain air an rèidio. (*d*) Tha Beasag a' dol gu coinneamh san Talla Choimhearsnachd aig leth-uair an dèidh seachd.

Obair eile 1. (*a*) (iii); (*b*) (v); (*c*) (ii); (*d*) (i); (*e*) (iv). **2** (*a*) An urrainn dhut èirigh? (*b*) An tèid agad air tadhal Diardaoin? **or** Cuin a thèid agad air tadhal? (*c*) Am b' urrainn do Mhata tighinn? (*d*) An tèid aice air gluasad? (*e*) Am b' urrainn dhi fuaigheal?

3

Activities	K	R	S	D	S	P
Snàmh	√		√			√
Sgitheadh	√				√	√
Sgitheadh air uisge			√	X		X
Seinn	X	√	X			√
Dannsadh			X		√	√
Teanas			X		√	X
Ball-coise					√	X
Snucar		X				
Fighe	X	√			X	X
Fuaigheal	X		X		√	X
Còcaireachd	X	√				

4 (a) (iii); (b) (iv); (c) (v); (d) (i); (e) (ii).
5 (a) èisdeachd; (b) ar coinneachadh; (c) sgrìobhadh; (d) do thuigsinn; (e) a thogail. 6 (a) Tha i ag ràdh gun urrainn do Thormod ceòl a leughadh. (b) Tha Ciaran a' smaoineachadh nach urrainn dha tighinn a-màireach. (c) Tha Eleanor ag ràdh gun tèid aice air fònadh thugainn às an ospadal. (d) Tha iad a' smaoineachadh nach tèid aca air ar cuideachadh idir. (e) Bha e ag ràdh gum b' urrainn dha an telebhisean a chàradh. (f) Bha sinn a' smaoineachadh nach b' urrainn dhaibh ar tuigsinn. 7 (b) Cha tèid aig Iomhar air lèine iarnaigeadh. (c) An tèid agad air cèic a dhèanamh? (d) Thèid aice air a' chlàrsach a chluich. (e) Cha tèid aig Lisa air ceòl a leughadh. (f) An tèid agaibh air an uinneag fhosgladh? 8 (a) aice; (b) aige; (c) aca; (d) aige; (e) againn; (f) aice. 9 (a) Dùghall, phone the office, before 5. (b) Marsaili, get up, 7.30 in the morning. (c) Peigi, meet Sheila, 7.45. (d) Ailig, watch television, 9.30. (e) Lachlann, go to hospital, 11.00. (f) Iseabail, take Alison to the health centre, 12.15. 10 (b) Tha aig Beathag ri dhol a choimhead orra. (c) Chan eil againn ris an taigh a ghlanadh an-dràsda. (d) A bheil agad ri ticead a cheannach? (e) Tha aig Bobaidh ri deise a chur air. (f) Chan eil aca ri tilleadh a-nochd. (g) A bheil agaibh ris an dotair fhaicinn?

Aonad 18

Obair 1: (a) B' àbhaist dha na balaich a bhith a' cruinneachadh anns an taigh-chèilidh. (b) Ceart. (c) Bha Murchadh na sheòladair a-mach à Grianaig. (d) Ceart. 2 (a) 'S àbhaist dhi/do Mhairead a bhith a' coimhead an telebhisein. (b) B' àbhaist. B' àbhaist dha na balaich a bhith mì-mhodhail. (c) Bha Murchadh ag obair air a' bhàta-smùid o naoi ceud deug trì deug air fhichead gu naoi ceud deug ochd deug air fhichead. (d) Bha. Bha gillean eile às an sgìre anns an Arm aig àm a' chogaidh. (e) Cha b' àbhaist. Cha b' àbhaist dha na saighdearan a bhith a' faighinn fòrlagh. **Obair eile 1** (a) dhomhsa; (b) dhaibh; (c) dhut; (d) dhuinn; (e) dhuibh. 2 (b) Tha Magaidh ag ràdh gur àbhaist dhi a bhith ag ithe iasg Dihaoine. (c) Tha Niall ag ràdh nach àbhaist dhaibh a bhith a' coimhead an telebhisein. (d) Tha Ceiteag ag ràdh nach b' àbhaist dhi fhèin 's do Mhurchadh a bhith a' falbh air làithean-saora idir. or Tha Ceiteag ag ràdh nach b' àbhaist dhaibh a bhith a' falbh air làithean-saora idir. (e) Tha Seumas ag ràdh gum b' àbhaist dha a bhith a' dràibheadh bus eadar Inbhir Nis agus Obar Dheadhain. 3 (a) Ailean: B' àbhaist dhomh a bhith ag obair ann an Canada. (b) Marsaili: Chan àbhaist dhomh a bhith ag èisdeachd ri ceòl. (c) Na Balaich: Cha b' àbhaist dhuinn a bhith dìcheallach anns an sgoil. (d) Siùsaidh: 'S àbhaist dhomh a bhith a' dol a shnàmh a h-uile seachdain. (e) Oighrig: B' àbhaist dhuinn a bhith ag ionnsachadh Laideann nuair a bha sinn òg. 4 (a) (ii); (b) (v); (c) (iii); (d) (iv); (e) (i). 5 (a) Tha am balach againn na dhotair. (b) Bha a' chaileag na clèireach aig a' Chomhairle. (c) An robh na gillean nan oileanaich? (d) Am b' àbhaist dhut a bhith ag obair nad chlachair? (e) Cha robh sibhse nur n-iasgairean, an robh? 6 (a) Donna; (b) Sheòras; (c) dhuibh; (d) dhomh; (e) iad. 7 (b) Tha mise nam thidsear. (c) Tha Sìne na h-oileanach. (d) Tha Iseabail na dotair. (e) Tha sibhse nur n-iasgairean. (f) Tha Raibeart na chìobair. (g) Tha Ealasaid agus Anna nan nursaichean. (h) Tha Steaphan agus Raghnall nam breabadairean. (i) Tha sinne nar n-oileanaich. (j) Tha thusa nad sheinneadair.

8 (*a*) (vi); (*b*) (iii); (*c*) (v); (*d*) (ii); (*e*) (iv); (*f*) (i). **9 Dòmhnall Ailig** 1972 left college and started teaching, 1978 left job as salesman in England and returned to work with a big company in Edinburgh, 1983 took over parents' croft in Ross-shire. **Seònaid** 1975 left university and went to work in America, 1984 returned to Aberdeen to work as an engineer with an oil company. **Anndra** 1979 left school and worked as a stonemason, 1986 got married and went to live in Dingwall. **Fionnlagh** 1979 left school and worked as a fisherman at Ullapool, 1990 got job as salesman with Inverness fish company.

Aonad 19

Obair 1 (*a*) Ceart. (*b*) Tha cuimhn' aig Pàdraig air Anna NicArtair. (*c*) Tha an nighean aig na Caimbeulaich nas sine na an gille aca. (*d*) Thuirt Anna nach fhaca i fhathast na daoine ùra a th' aig ceann shìos na sràide. (*e*) Ceart. **2** (*a*) Thachair Cairistìona ri Anna NicArtair aig àm dìnneir. (*b*) Thàinig na Caimbeulaich a dh'fhuireach a thaigh nan Granndach. (*c*) Thuirt Anna nach do thòisich iad air an taigh ùr aca a thogail. (*d*) Thuirt Anna gun do phòs an nighean as òige aig Cathaidh agus Tomaidh o chionn cola-deug. (*e*) Bha Anna ag innse do Chairistìona gun deach an gille aig Cathaidh agus Tomaidh a ghoirteachadh ann an tubaist-rathaid agus gun robh e greis san ospadal.
Obair eile 1 (*a*) robh; (*b*) do; (*c*) gum; (*d*) innse; (*e*) smaoineachadh. **2** (*a*) Bha Aonghas ag ràdh nach robh sin ceart. (*b*) Thuirt Alison gun do phost i na litrichean. (*c*) Bha an nurs ag ràdh gun robh am bodach na chadal. (*d*) Bha Granaidh ag ràdh nach do dh'èirich a' chlann fhathast. (*e*) Thuirt Niall gun tàinig na Granndaich an-dè. (*f*) Thuirt an dràibhear nach fhaca e an càr eile. **3** (*b*) Thuirt Eòsaph nach do chaidil e ro mhath idir. (*c*) Thuirt Seonag nach robh i a' bruidhinn riutha fhathast. (*d*) Thuirt Artair gun do dh'fhalbh iad tràth sa' mhadainn. (*e*) Thuirt Cathaidh gun do rug

na poilis air dithis. (*f*) Thuirt Alasdair nach do ràinig am bàta gu aon uair deug. **4** (*a*) Cailean: 'Choisich mi dhachaigh.' (*b*) Eilidh: 'Cha robh mi gan tuigsinn.' (*c*) Fionnghal: 'Bha mi a' sgitheadh Disathairne.' (*d*) Dùghall: 'Chunnaic cuideigin uilebheist Loch Nis an-diugh.' (*e*) Shona: 'Cha deach sinn a dh'iasgach idir.' (*f*) Fionnlagh: 'Thug mi na h-iuchraichean dhi.' **5** Time of accident: around quarter to one in the morning. Location: near Loch an Eilein. Vehicle involved: a car. Persons involved: two boys and two girls from Inbhir Mòr. Injuries sustained: one person with bad head injuries. Reason for accident: car speeding. **6** Kevin: Thuirt e air an rèidio gun deach i a-mach an toiseach aig leth-uair an dèidh a sia. Morna: Thuirt e air an rèidio gun do dh'fhuirich a' helicopter faisg air a' bhàta gus an do ràinig bàta-sàbhalaidh Mhalaig. Patricia: Thuirt e gun d' fhuair iad an duine a bha air chall air Beinn Ailiginn mu mhìle troigh o mhullach na beinne. Gilleasbaig: Tha mi a' smaoineachadh gun tuirt e air an rèidio gun do thuit an duine leth-cheud troigh agus gun do bhris e a chas. Morna: Bha e ag innse air na naidheachdan gun do thog a' helicopter an duine agus gun tug iad e gu Ospadal an Rathaig Mhòir ann an Inbhir Nis. **7** (*a*) A bheil cuimhn' agad dè thachair? (*b*) Cha robh cuimhn' aig Mata mun chèilidh. (*c*) Chan eil cuimhn' aca idir air na Granndaich. (*d*) Bha cuimhn' aig Somhairle gun do ghlas e an doras. (*e*) Tha cuimhn' agam fhaicinn roimhe an àite air choireigin. **8** Niall (i) when the bridge opened; Ceit (i) when she first saw a plane; Seonaidh (ii) fishing in the river with his father and grandfather. **9** (*a*) Tha cuimhn' aig Criosaidh air na seann sgeulachdan agus air a' chiad uair a bha i aig cèilidh. Chan eil cuimhn' aice a bhith a' cluinntinn Aonghas Camshron a' seinn. (*b*) Tha cuimhn' aig Iomhar air a sheanair agus a sheanmhair, agus a bhith a' coiseachd gu bùth nam pàipearan còmhla ri a sheanair. Chan eil cuimhn' aige cò bha a' fuireach ann an taigh nan Caimbeulach. (*c*) Tha cuimhn' aig Màiri air a' chiad tidsear aice agus air an latha

a dh'fhosgail an t-ospadal. Chan eil
cuimhn' aice carson a chaidh na
Stiùbhartaich a Ghlaschu.

Aonad 20

Obair 1 (a) Tha companaich Flòraidh
NicEacharna an dòchas nach ith 's nach òl
i cus aig a' phartaidh. (b) Ceart. (c) Bha
Eairdsidh agus Peigi Stiùbhart deich
bliadhna fichead pòsda an-dè. (d) Ceart.
2 (a) Bidh Caitlin Nic a' Mhaoilein còig
bliadhn' deug a dh'aois a-màireach.
(b) Tha a sheanair agus a sheanmhair ann
an Lacasdal a' cur dùrachd gu Donaidh
MacAsgaill. (c) Tha Alasdair
MacAonghais an dòchas nach fhada gus
am bi Seòras air ais dhachaigh agus ann
an deagh shlàinte. (d) Tha Sìne agus
Calum MacRath an dòchas gum bi an
aimsir fàbharach oir tha rèis eathraichean
sa' Phloc a-nochd.
Obair eile 1 (a) (iv); (b) (v); (c) (ii);
(d) (iii); (e) (i). **2** (a) Tha an tidsear an
dòchas gum bi a' chlann modhail. (b) Tha
an nurs an dòchas gun tig an dotair gu
sgiobalta. (c) Tha na h-iasgairean an
dòchas nach èirich a' ghaoth. (d) Tha a'
bhana-chlèireach an dòchas gum faigh i
pàigheadh nas fheàrr anns an obair ùir.
(e) Tha an saor an dòchas nach bi e ag
obair anmoch Disathairne. **3** (i) won't
have to go abroad this year (ii) that it
won't be long until he gets out of hospital
(iii) Helen (iv) the boys (v) to speak to him
at the meeting. **4** (a) Tha mi 'n dòchas
gum bi turadh ann. (b) Tha mi 'n dòchas
nach ith thu/sibh cus. (c) Tha mi 'n
dòchas gum faigh thu/sibh na
h-iuchraichean. (d) Tha mi 'n dòchas gum
bi co-latha-breith sona agad/agaibh
Dimàirt. (e) Tha mi 'n dòchas nach fhada
gus an tig/stad càr.
5 (a) naidheachd; cead. (b) dhùrachd;
ospadal. (c) mòran; bliadhna. (d) sona.
(e) h-uile. (f) thugad. **6** (a) Bu mhath leam
rudeigin a ràdh. (b) Am bu mhath leibh
èisdeachd ris an rèidio? (c) Tha e coltach
nach d' fhuair iad an litir againn. (d) Cha
bu mhath leinn dragh a chur orra. (e) Tha
e coltach nach fhaca duine càil. **7** (a) (iv);

(b) (i); (c) (v); (d) (ii); (e) (iii). **8** (a) Bu
mhath leam snàmh. (b) Cha bu mhath
leatha seinn. (c) Am bu mhath leat golf a
chluich? (d) Cha bu mhath le Teàrlach
smocadh. **9** (a) Moira and Fiona are going
to Sleat next morning to see the Clan
Donald Centre and then to Sabhal Mòr
Ostaig in the afternoon. They are returning
to the youth hostel the next night. The
following morning they are going to
Dunvegan Castle, then on to Kilmuir in the
afternoon to see Flora MacDonald's grave
and the nearby museum. They hope to
spend the night in the Uig Youth Hostel.
(b) Angus and Dougie intend to climb
Blaven the next day. The day after they
are going swimming in Portree pool in the
morning, then on to Staffin in the
afternoon to see the Old Man of Storr and
the Quirang. They will spend the night in
Uig Youth Hostel.

Aonad 21

Obair 1 (a) Ceart. (b) Bhiodh a' chlann/an
fheadhainn mhòra a' falbh dhan sgoil.
(c) 'S e obair chruaidh a bh' aig na
nursaichean à Alba. (d) Ceart. (e) Tha
cruaidh fheum air nursaichean ann an
Romàinia. **2** (a) Bhiodh na nursaichean
a' coimhead as an dèidh agus a' feuchainn
ri an dèanamh cho cofhurtail 's a b'
urrainn dhaibh. (b) Bhiodh Mairead gu
fannachadh leis an sgìths feasgar. (c) Cha
bhiodh. Cha bhiodh biadh gu leòr aig na
tuathanaich dhaibh fhèin. (d) Nuair a
ràinig Mairead bha an t-ospadal ann an
staid a bha sgreataidh. (e) Bhiodh Mairead
deònach tilleadh a Romàinia oir tha an
obair riatanach agus fàsaidh duine
cleachdte ri rud sam bith.
Obair eile 1 (a) Bhithinn; (b) biodh;
(c) bhiomaid; (d) Am; (e) bhiodh. **2** (a) Bha
Sìne cinnteach gum bithinn airson a dhol
dhan eaglais. (b) An robh sibh an dòchas
gum biodh latha brèagha ann? (c) Chuala
mi Dòmhnall ag ràdh nach biomaid ag
obair gu cruaidh feasgar. (d) Cò bha
a' smaoineachadh nach biodh airgead gu
leòr aca? (e) Bha fhios agam nach biodh
tu toilichte le sin. **3** (a) Bhiodh. (b) Bhiodh.

(c) Cha bhiodh. (d) Bhiodh. (e) Cha bhiodh.
4 (b) Thuirt Mòr gum biodh a' chlann
a' goid rudan às a' bhùth. (c) Thuirt
Seumas nach biodh iad ag obair a h-uile
Disathairne idir. (d) Thuirt Ciorstaidh
nach biodh i deònach a dhol ann còmhla
riutha. (e) Thuirt Barabal gum biodh i
uabhasach toilichte nam biodh iad ann.
(f) Thuirt Artair nach biodh ise a' fuireach
ann am Barraigh. 5 (a) Dòmhnall
'Bhithinn glè riaraichte leis an tuarasdal.'
(b) Fionnlagh 'Cha robh mi a' creidsinn
gum biodh iad ann.' (c) Ealasaid 'Chuala
mi nach biodh iad a' falbh a-null thairis
am bliadhna.' (d) Anna 'Bha mi
a' smaoineachadh gum biodh iad aig an
dannsa feasgar.' (e) Dùghlas agus Eilidh
'Cha bhiomaid deònach a dhèanamh.'
6 (a) 'S e sàr dhotair a th' ann an Seòras.
(b) 'S e droch nàbaidhean a bh' anns na
Granndaich. (c) Bha deagh shìde ann an-
dè. (d) Bhiodh ar seann chàirdean
a' tighinn a dh'fhuireach còmhla ruinn.
(e) Bhiodh Murchadh na fhìor amadan aig
amannan nuair a bha e òg. 7 Nuair a bha
mi air saor-làithean a' campachadh anns
an Roinn-Eòrpa bhithinn a' dèanamh an
ìre mhath an aon rud a h-uile latha. An
dèidh dhuinn èirigh bhiomaid uile
a' gabhail blasad bìdh. An uair sin bhiodh
againn ris an teanta a thoirt a-nuas agus
a chur anns a' phoca. Nuair a bha sinn
deiseil aig a' champa bhiomaid
a' dèanamh air an stèisean agus
a' faighinn a-mach cuin a bhiodh trèan
ann. Bhiomaid a' gabhail a' chiad trèan a
bhiodh a' dol an taobh a bhiomaid ag
iarraidh agus thadhail sinn ann an
iomadach àite annasach. Nuair a bha sinn
anns a' Ghearmailt agus anns an Olaind
bha na trèanaichean fìor mhath, ach cha
bhiodh iad a' nochdadh ro thric anns
a' Ghrèig, agus bhiodh againn ris an
oidhche a chur seachad ann an stèiseanan
an-dràsda 's a-rithist. Cha do chòrd sin
ruinn idir, oir ged a bhiodh i blàth tron
latha, bhiodh i glè fhuar air an oidhche.
Bha sinn trì seachdainean air falbh, ach
ged a chunnaic sinn tòrr, cha bhithinn
airson a dhol air ais air saor-làithean mar
siud a-rithist. 8 Positive: visited many
unusual places, German and Dutch trains,

warm during the day, saw a lot; Negative:
Greek trains, spending the night in
stations, cold weather at night.

Aonad 22

Obair 1 (a) Bha Fearghas airson gum
falbhadh iad còmhla airson deireadh
seachdain. (b) Ceart. (c) Chòrdadh e ri
Lorna a dhol a Lunnainn. (d) Rachadh iad
sìos a Lunnainn Oidhche Ardaoin agus
thilleadh iad Oidhche Luain. (e) Ceart.
2 (a) Bha Dànaidh agus Lorna a' dol a
dh'fhàgail na cloinne còmhla ri an seanair
is an seanmhair. (b) Is toil le piuthar
Ceiteig clann. or Tha i glè dhèidheil air
clann. (c) Bhiodh Lorna agus Ceiteag
airson a dhol dha na bùithean ann an
Lunnainn. (d) Dh'fhaodadh Fearghas
tadhal ann an ionad-siubhail latha sam
bith oir tha ionad-siubhail glè fhaisg air
an oifis far a bheil e ag obair. (e) Bhiodh e
na b' fheàrr a dhol a Lunnainn aig
deireadh an Dàmhair oir cha bhi e cho
trang le luchd-turais an uairsin.
Obair eile 1 (a) (ii) (iii); (b) (i) (ii) (iii);
(c) (i) (iii); (d) (ii) (iii); (e) (i) (ii). 2 (a) (v); (b)
(iii); (c) (i); (d) (ii); (e) (vi); (f) (iv).
3 (a) Thilleadh. (b) Chan èisdeadh.
(c) Chan fhuiricheadh. (d) Fhreagradh.
(e) Cha phàigheadh. 4 (a) Bha Agnes ag
ràdh gun coinnicheadh i sibh aig a' port-
adhair. (b) Thuirt Seonaidh Ailig nach
iarradh e latha dheth idir. (c) Bha Iomhar
ag innse dhomh gum bruidhneadh e
Gearmailtis. (d) Bha Seasaidh ag ràdh
nach rachadh i dhan oilthigh am bliadhna.
(e) Bha Mr MacAonghais
a' smaoineachadh nach fhaiceadh e mòran
dhen bhaile. 5 (a) creideadh; (b) fhaodadh;
(c) fhaigheadh; (d) èisdeadh; (e) toireadh.
6 (a) We; It is too hot then. (b) would tell;
you about it. (c) on that colour at all; I
can't stand it. (d) I; The day is so
beautiful. (e) would not stay; in the house
by herself at night. 7 (a) Chan òladh e
càil. Bha e a' dràibheadh. (b) Stadamaid
ann am Peairt. Tha càirdean againn ann.
(c) Dh'fhanadh a' chlann còmhla ri Anna.
Tha iad eòlach oirre. (d) Chuidicheadh
Aonghas thu leis na bocsaichean. Bidh e

aig an taigh co-dhiù. (e) Cha tigeadh iad a-steach. Bha cabhag orra. 8 (a) (iii); (b) (iv); (c) (i); (d) (v); (e) (ii). 9 (a) coisich; (b) fòn; (c) còrdadh; (d) b' fhiach; (e) fhaodadh.

Aonad 23

Obair 1 (a) 'S ann le Fionnlagh a tha an taigh. (b) Tha còignear a' fuireach anns an taigh. (c) Chaidh an taigh a thogail o chionn deich bliadhna air fhichead. (d) Feumar seòmar-cadail eile a chur ris an taigh. (e) Gheibh Fionnlagh rudeigin/cuideachadh-airgid. 2 (a) Tha an t-oifigeach duilich a bhith a' faighneachd uiread de cheistean. (b) Cha deach sian/mòran a dhèanamh air taigh Fhionnlaigh. (c) Tha dà sheòmar-cadail ann an taigh Fhionnlaigh. or Chan eil ach dà sheòmar-cadail ann an taigh Fhionnlaigh. (d) Tha an t-oifigeach an dòchas gum faigh Fionnlagh airgead. (e) Cluinnidh Fionnlagh mun chuideachadh-airgid ann am beagan sheachdainean.
Obair eile 1 (a) (v); (b) (ii); (c) (iv); (d) (iii); (e) (i). 2 (a) 'S ann le Donnchadh a tha an càr. (b) 'S ann leis an dotair a tha an taigh. (c) 'S ann le Cairistìona a tha an t-uaireadair. (d) 'S ann leis a' chlèireach a tha an rèidio. (e) 'S ann leis na h-iasgairean a tha am bàta. 3 (b) A bheil Iain bodhar? (c) Chan eil Alasdair a' dol a dh'obair. (d) Tha mi a' smaoineachadh gu bheil Sìne ag èisdeachd ri ceòl. (e) Tha Marsaili a' fuireach ann am Baile a' Ghobhainn. (f) A bheil na Greumaich air saor-làithean? 4 (a) 'S ann. 'S ann ann am flat a tha Ealasaid a' fuireach.
(b) Chan ann. Chan ann leis a' chàr a bhios Fionnlagh a' dol a dh'obair. or Chan ann. 'S ann leis a' bhus a bhios Fionnlagh a' dol a dh'obair. (c) 'S ann. 'S ann a' dol dhan sgoil a tha Cailean. (d) 'S ann. 'S ann ag obair anns an ospadal a tha Siùsaidh. (e) Chan ann. Chan ann anns an Arm a tha Eòsaph. or Chan ann. 'S ann na iasgair a tha Eòsaph. 5 (a) Ceart. (b) Cha robh daoine glè thoilichte leis an tùr. (c) Chaidh duine no dhà a mharbhadh nuair a bha an tùr ga thogail. (d) Ceart.

(e) Chaidh an Taj Mahal a dhèanamh de mhàrbal geal. or Tha e air a thogail le màrbal geal. (f) Tha Caisteal Dhùn Eideann air a thogail air mullach cnuic mhòir. (g) Chan e aon togalach mòr a tha anns a' chaisteal. or Chaidh uiread de thogalaichean eile a chur ris a' phàirt as sine. 6 (b) Tha Dòmhnall a' creidsinn gum feumar oifisean ùra fhosgladh. (c) Feumar rathad eile a thogail a dh'aithghearr. (d) Bhathar ag ràdh nach robh an sgoil freagarrach idir. (e) Chan fhaodar càil a ràdh aig an ìre seo. 7 (a) ris; (b) anns; (c) ris; (d) dhan; (e) às

Revision

1 Depart Glasgow at 0800 for Loch Lomond via Dumbarton. Stop at one or two places on the loch side for photographs if weather permits. Proceed from Loch Lomond via Loch Long and Loch Fyne to arrive in Inveraray around 0930. Tour of Inveraray Castle lasting around an hour followed by coffee in a restaurant near the pier. Free to go sightseeing from 1115 to 1230. Optional visit to tourist exhibition at Inveraray Jail. 1230 Lunch. 1330 Depart Inveraray for Oban via Loch Awe and Loch Etive. Stop at Dunstaffnage Castle. Arrive in Oban around 1515. Free to go sightseeing to MacCaig's Tower, go sailing in Oban Bay or go round the shops. Depart Oban at 1800. Return to Glasgow via Crianlarich and Loch Lomond. 2030 Dinner in Glasgow. 2 Your brief account of the day trip should be something like this: Chaidh sinn air chuairt gu Earra-Ghaidheal an-diugh. Dh'fhàg sinn Glaschu aig ochd uairean sa' mhadainn agus chaidh sinn a-mach seachad air Dùn Breatann. Chunnaic sinn an dùn on bhus. Stad am bus aig Loch Laomainn agus thog sinn dealbhan. An uairsin ghabh sinn an rathad taobh Loch Long agus chunnaic sinn Beinn Artair agus iomadh beinn eile. Ràinig sinn Inbhir Aora mu leth-uair an dèidh naoi. Chaidh sinn chun a' chaisteil an toiseach agus thug neach-tròrachaidh timcheall sinn. Ghabh sinn cofaidh an dèidh sin

agus chaidh sinn a dh'fhaicinn seann phrìosan far a bheil taisbeanadh airson luchd-turais. Fhuair sinn ar diathad mus do dh'fhàg sinn Inbhir Aora. Chaidh sinn à Inbhir Aora dhan Oban agus chunnaic sinn Loch Obha agus Loch Eite air an rathad. Stad sinn aig Caisteal Dhùn Stafhainis faisg air an Oban. Bha sinn san Oban airson còrr is dà uair gu leth. Choisich sinn suas gu Tùr 'IcCaoig agus fhuair sinn seallaidhean brèagha dhen dùthaich mun cuairt. Chaidh sinn dha na bùithean airson luchd-turais cuideachd. Gu mì-fhortanach, cha robh ùine againn a dhol air chuairt ghoirid ann am bàta. Bha feasgar àlainn ann agus bha an t-Oban eireachdail. Dh'fhàg sinn an t-Oban mu shia uairean agus thill sinn a Ghlaschu taobh Chrìon Làraich. Chunnaic sinn Loch Laomainn air fad. Bha sinn gu math sgìth an dèidh ar cuairt ach chòrd e ruinn uabhasach math.

FACLAIR
Vocabulary

- The gender and plural of each noun is given in the dictionary below.
- The root of each verb is followed by its verbal noun and the gender of that noun.
- Where an adjective does not form its comparative form (the *-er* part) regularly, the comparative is given after the adjective.

à *from, out of*
a *that, which, who; her*
a (lenites) *to; his*
a bharrachd *moreover, either*
a bheil *am, are, is?*
a bhith *to be*
a deas *south*
a dhìth air *needed by, lacked by*
a dh'aindheoin (+ genitive) *despite, in spite of*
a dh'àite *anywhere* (motion)
a dh'àirde *in height*
a dh'aithghearr *soon*
a dh'aois *of age*
a dh'fhaid *in length*
a h-uile *every*
a leud *in width*
a thìde *of time, in duration*
a tuath *north*
a' (sign of a participle, equivalent to *-ing*)
a' (lenites) *the*
a' bhòn-dè *the day before yesterday*
a' chiad (lenites) *the first*
a' cur a-mach na loidhne *precenting*
a' dol *going*

a' tighinn *coming*
a-mach *out, outwards* (motion)
a-màireach *tomorrow*
a-muigh *outside* (location)
a-nis *now*
a-nochd *tonight*
a-nuas *up, down*
a-null *over* (towards somewhere)
a-null thairis *abroad* (motion)
a-raoir *last night*
a-rithist *again*
a-staigh *inside* (location)
a-steach *inside* (motion)
abair, ràdh (m) *say, saying*
abairt (f), abairtean *phrase, saying*
abhainn (f), aibhnichean *river*
aca *at them*
ach *but*
acarsaid (f), acarsaidean *anchorage*
achadh (m), achaidhean *field*
acras (m) *hunger*
actair (m), actairean *actor*
ad (f), adan *hat*
adhbhar (m), adhbharan *reason, cause*
agad *at you* (singular, familiar)

agaibh *at you* (plural, formal)
againn *at us*
agam *at me*
agus *and*
ag ràdh *saying*
aice *at her, at it*
aig *at*
aige *at him, at it*
aighearach *light hearted, lively*
aimsir (f) *weather*
ainm (m), ainmean *name*
ainmeil *famous*
ainmich, ainmeachadh (m) *name, naming*
ainneamh *seldom*
air *on; on him, on it*
air ais *back*
air beulaibh (+ genitive) *in front of*
air chèilidh *to visit*
air cho *no matter how*
air choireigin *some . . . or other*
air chuairt *on a trip*
air cùlaibh (+ genitive) *behind*
air fad *entirely*
air falbh *away*
air feadh (+ genitive) *throughout*
air fhàgail *left (over)*
air leth *separate(ly)*
air mo dhòigh *pleased*
àirde (f), àirdean *height*
àireamh (m), àireamhan *number*
airgead (m) *silver, money*
airidh (+ air) *worthy of, deserving of*
airson (+ genitive) *for*
aiseag (m) aiseagan *ferry*
àite (m), àiteachan *place*
àiteigin *somewhere*
àite-còmhnaidh (m), àiteachan-
  còmhnaidh *place of residence*
àite-obrach (m), àiteachan-obrach *place of
  work*
àlainn, nas àille *beautiful, more beautiful*
Albannach (m), Albannaich *Scot, Scottish*
am *their; the*
am bi . . ? *will . . . be?*
am biodh . . ? *would . . . be?*
am biomaid . . ? *would we be?*
am bitheadh . . ? *would . . . be?*
am bitheamaid . . ? *would we be?*
am bithinn . . ? *would I be?*
am bliadhna *this year*
am faca . . ? *did . . . see?*
am faic . . ? *will . . . see?*

am faod . . ? *may?*
am feum . . ? *must?*
àm (m), amannan *time*
àm-dìnneir (àm-dìnnearach) (m) *dinner-
  time*
amadan (m), amadain *fool*
amar-snàmh (m), amaran-
  snàmh *swimming pool*
ambulans (m), ambulansan *ambulance*
an *their; the*
an àite *anywhere* (location)
an ann *is it?*
an ath *the next* (lenites)
an ath oidhch' *tomorrow night*
an caomh le . . ? *does . . . like?*
an còrr (m) *(any) more*
an cuala . . ? *did . . . hear?*
an dara *the second*
an dàrna *the second*
an deach . . ? *did . . . go?*
an dèidh (+ genitive) *after*
an dòchas *hoping*
an d' fhuair . . ? *did . . . get?*
an e? *is?, is it?*
an ear *east*
an fheàrr le. . ? *does . . . prefer?*
an iar *west, western*
an ìre mhath *nearly, almost, more or less*
an làrna-mhàireach *the day after
  tomorrow*
an robh . . ? *was?, were?*
an tàinig . . ? *did . . . come?*
an tèid . . ? *will . . . go?*
an tèid agad . . ? *can you (manage) . . ?*
an tig . . ? *will . . . come?*
an toil le . . ? *does . . . like?*
an toir . . ? *will . . . give?*
an toiseach *at first, first of all*
an treas *the third*
an tug . . ? *did . . . give?*
an tuirt . . ? *did . . . say?*
an uairsin *then*
an urra *each*
an urrainn do . . ? *can . . ?*
an-dè *yesterday*
an-diugh *today*
an-dràsda *at the moment, just now*
an-seo *here*
an-sin *there*
an-siud *there*
an-uiridh *last year*
anmoch *late*

ann *in; there*
ann an *in, in a*
ann no às *. . . or not*
annam *in me*
annad *in you* (singular, familiar)
annaibh *in you* (plural, formal)
annainn *in us*
annasach *unusual*
anns (followed by 'the') *in the*
anns an dealachadh *finally, in closing*
annta *in them*
antaidh (f), antaidhean *aunt*
aodach (m) *clothes*
aoigheachd (f) *hospitality*
aois (f), aoisean *age*
aon *one*
aonach (m), aonaich *large imposing hill or mountain*
aonad (m), aonadan *unit*
aonaichte *united*
aon deug *eleven*
aon uair deug *eleven o'clock*
aosda *aged, old*
aotrom, nas aotraime *light, lighter* (weight)
ar *our*
àraidh *special, unusual*
aran (m) *bread*
àrd *high, tall*
àrdsgoil (f), àrdsgoiltean *secondary school*
arm (m), airm *army*
as *before an adjective, equivalent to -est*
as dèidh (+ genitive) *after*
às *from, out of*
as t-Earrach *in the Spring*
as t-Fhoghar *in the Autumn*
as t-Samhradh *in the Summer*
astar (m), astaran *distance, speed*
Astràilianach (m),
  Astràilianaich *Australian*
ath- (lenites) *before a verb, equivalent to re-; next*
athair (m), athraichean *father*
atharraich, atharrachadh (m) *change, changing*

b' àbhaist dhomh *I usually (did)*
b' àill leibh? *pardon?*
b' ann *it was*
b' e *it was*
b' fheàrr le . . . . . . *would prefer*
b' fhiach do . . . . . *it would be worth while*

b' urrainn do . . . *could . . .*
bad (m), badan *place, part, area*
baga (m), bagaichean *bag*
bàgh (m), bàigh *bay*
baidhseagal (m), baidhseagalan *bicycle*
baile (m), bailtean *village, town, city*
bainne (m) *milk*
balach (m), balaich *boy*
balgam (m), balgaman *a mouthful of a drink, a drop*
ball (m), buill *ball, member*
balla (m), ballachan *wall*
ball-coise (m), buill-choise *football*
ban (lenites) *female prefix eqivalent to -ess*
bàn *fair-haired*
banacharaid (f), banacharaidean *female friend, female relation*
banais (f), bainnsean *wedding*
bana-chlèireach (f), bana-chlèirich *clerkess, secretary (female)*
banca (m), bancaichean *bank*
banrigh (f), banrighean *queen*
bàr (m), bàraichean *bar*
bàrd (m), bàird *poet*
bàrdachd (f) *poetry*
bargan (m), barganan *bargain*
Barrach (m), Barraich *someone from Barra*
barrachd (f) *more*
bata (m), bataichean *stick*
bàta (m), bàtaichean *boat*
bàt'-aiseig (m), bàtaichean-aiseig *ferry (boat)*
bàt'-iasgaich (m), bàtaichean-iasgaich *fishing boat*
bàta-sàbhalaidh (m), bàtaichean-sàbhalaidh *lifeboat*
bàta-smùid (m), bàtaichean-smùid *steam boat, steamer, puffer*
beachd (m), beachdan *opinion*
beag, nas lugha *small, smaller*
beagan (m) *a little*
bealach (m), bealaichean *pass*
bean (f), mnathan *woman, wife*
bean-stiùiridh (f), mnathan-stiùiridh *female director*
bean-teagaisg (f), mnathan-teagaisg *teacher (female)*
beannachd (f), beannachdan *blessing*
beàrn (m), beàrnan *gap*
beatha (f), beathannan *life*
beinn (f), beanntan *mountain*

beir, breith (f) (+ air) *catch, catching*
beò *alive*
beud (m), beudan *loss, damage*
Beurla (f) *English language*
bha *was, were*
bhan (f), bhanaichean *van*
Bhatarsach (m), Bhatarsaich *someone from Vatersay*
bheir *will give*
bhidio (f) *video*
bhiodh, bhitheadh *would be*
bhiomaid, bhitheamaid *we would be*
bhios *will be*
bhithinn *I would be*
bho, bhon *from, from the; since, since the*
bhuaibh *from you* (plural, formal)
bhuainn *from us*
bhuaipe *from her, from it*
bhuaithe *from him, from it*
bhuam *from me*
bhuapa *from them*
bhuat *from you* (singular, familiar)
biadh (m) *food, a meal*
biadh, biadhadh (m) *feed, feeding*
bidh, bithidh *will be*
bileag (f), bileagan *leaf, leaflet*
binn *pleasant sounding, melodious*
blàr (m), blàir *field, battle, battlefield*
blasad (m) *taste, bite*
blasda *tasty*
blàth *warm*
bliadhna (f), bliadhnaichean *year*
blobhsa (m), blobhsaichean *blouse*
bò (f), bà *cow*
bòcan (m), bòcain *ghost*
bochd, nas bochda *poor, ill*
bocsa (m), bocsaichean *box, accordion*
bocsa-litrichean (m), bocsaichean-litrichean *letter-box*
bodach (m), bodaich *old man*
bodhar, nas boidhre *deaf, deafer*
bog, nas buige *damp, moist, soft*
bog, bogadh (m) *soak, soaking*
bòidheach, nas bòidhche *beautiful*
boireannach (m), boireannaich *woman*
bòrd (m), bùird *table*
botal (m), botail *bottle*
bracaist (f), bracaistean *breakfast*
bradan (m), bradain *salmon*
bràigh (m), bràighean *upper part, upland*
bràthair (m), bràithrean *brother*
breab, breab(adh) (m) *kick, kicking*

breabadair (m), breabadairean *weaver*
breac, nas brice *speckled*
breac (m), bric *trout*
brèagha *beautiful, lovely*
briogais (f), briogaisean *trousers*
bris, briseadh (m) *break, breaking*
briste *broken*
bròg (f), brògan *shoe*
brot (m) *broth, soup*
broilleach (m), broillichean *chest (body)*
bruach (f), bruaichean *bank of river*
bruidhinn, bruidhinn (f) *speak, speaking*
bu *was, it was*
bu chaomh le . . . *. . . would like*
bu chòir do . . . *. . . should*
bu mhath le . . . *. . . would like*
bu mhòr am beud *it was a great pity*
bu toil le . . . *. . . would like*
buail, bualadh (m) *hit, hitting; crash, crashing*
buail basan, bualadh bhasan (m) *applaud, clap*
buailteach *inclined to; susceptible*
buidhe *yellow*
buidheann (f) buidhnean *group*
bùidsear (m), bùidsearan *butcher*
buileach *absolute(ly); fully*
buntàta (m) *potato*
bus (m), busaichean *bus*
bùth (f), bùithean/bùitean/bùithnean/bùthan *shop*

cabar (m), cabraichean *pole*
cabhag (f) *hurry, rush*
càch (m) *the rest, the others*
cafaidh (m), cafaidhean *cafe*
caidil, cadal (m) *sleep, sleeping*
càil (f) *anything*
caileag (f), caileagan *girl*
caill, call (m) *lose, losing*
cailleach (f), cailleachan *old woman*
cailleachail *old-womanish*
càirich, càradh *fix, fixing; repair, repairing*
cairteal (m), cairtealan *quarter*
cairt-phuist (f), cairtean-puist *postcard*
càise (m) *cheese*
Càisg (f), Càisgean *Easter*
caisteal (m), caistealan *castle*
càit'?, càite *where?*
cala/caladh (m), calaichean *harbour*
call (m) *loss, harm*

caman (m), camain *stick*
camanachd (f) *shinty*
camara (m), camarathan *camera*
campa (m), campaichean *camp* (noun)
campaich, campachadh (m) *camp* (verb)
can, cantainn/cantail (f) *say, saying*
cana (m), canaichean *can, tin*
cànan (m), cànanan *language*
caol *thin, slender*
càr (m), càraichean *car*
caraid (m), càirdean/caraidean *friend, relation*
càraid (f), càraidean *couple*
caran (m) *rather, a bit, a little*
càrn (m), cùirn *cairn*
carson? *why?*
cas *steep*
cas (f), casan *foot, leg*
cat (m), cait *cat*
cead-dràibhidh (m) *driving licence*
ceann (m), cinn *head*
ceannaich, ceannach (m) *buy, buying*
ceannaiche (m) *salesman*
ceann shìos (m) *lower end*
ceann shuas (m) *upper end*
ceann-uidhe (m), cinn-uidhe *destination*
ceàrnag (f), ceàrnagan *square*
ceàrr *wrong, left*
ceart *right, correct*
ceart gu leòr *all right, okay*
ceart ma tha *right then*
ceasnaich, ceasnachadh (m) *interrogate, interrogation*
cèic (f), cèicean *cake*
cèile (m) *spouse*
cèilidh (m), cèilidhean *visit, ceilidh*
Ceilteach (m), Ceiltich *Celt, Celtic*
ceist (f), ceistean *question*
ceistear (m), ceistearan *questioner*
an Cèitean (m) *May*
ceithir *four*
ceithir deug *fourteen*
ceithir fichead (m) *eighty*
ceò (m) *mist, fog, smoke*
ceòl (m) *music*
ceòlmhor *musical*
ceud (m), ceudan *hundred*
cha bhi *won't be*
cha bhiodh, cha bhitheadh *wouldn't be*
cha chaomh le . . . . . . *doesn't like*
cha chuala *didn't hear*
cha deach *didn't go*

cha d' fhiach e *it isn't worth it*
cha d' fhuair *didn't get*
cha robh *wasn't, weren't*
cha tàinig *didn't come*
cha tèid *won't go*
cha tèid agam *I can't (manage)*
cha tig *won't come*
cha toil le . . . *doesn't like*
cha toir *won't give*
cha tug *didn't give*
cha tuirt *didn't say*
chaidh *went*
chan ann *isn't, it isn't*
chan e *isn't, it isn't*
chan eil *am not, are not, is not*
chan fhaca *didn't see*
chan fhaic *won't see*
chan fhaigh *won't get*
chan fhaod *may not*
chan fhaodar *one may not, one can not*
chan fheàrr le . . . . . . *doesn't prefer*
chan fheum *doesn't have to, don't have to*
chan urrainn do . . . . . . *can't*
chèile *one another*
chì *will see*
cho *as, so*
cho fad 's *as long as*
chuala *heard*
chun (+ genitive) *to (the)*
chunnaic *saw*
cia mheud? *how much?, how many?*
cia ta *however*
ciallaich, ciallachadh (m) *mean, meaning*
ciamar (a)? *how?*
cianalas (m) *homesickness, longing, nostalgia*
cidhe (m), cidheachan *quay, pier*
cidsin (m), cidsinean *kitchen*
cill (f), cilltean *church, cell*
cilo (m) *kilo*
cinnt (f) *certainty*
cinnteach, nas cinntiche *certain, sure*
cìobair (m), cìobairean *shepherd*
ciontach *guilty*
ciùin *peaceful, calm*
clach (f), clachan *stone*
clachair (m), clachairean *stonemason*
cladach (m), cladaichean *shore*
claidheamh (m), claidhnean *sword*
clann (f) *children*
claoidhte *exhausted*
clàrsach (f), clàrsaichean *harp*

cleachdte ri   *accustomed to, used to*

clèireach (m), clèirich   *clerk, secretary;*
presbyterian

clò (m)   *cloth*

Clò Hearach (m)   *Harris tweed*

Clò Mòr (m)   *Harris tweed*

clò-bhuail, clò-bhualadh (m)   *print,*
printing

clò-bhualadair (m), clò-
bhualadairean   *printer*

cluich, cluich (f)   *play, playing*

cluinn, cluinntinn (f)   *hear, hearing*

cnatan (m)   *cold* (illness)

cnoc (m), cnuic   *hill*

cò?   *who?*

cò às?   *where from?*

co-cheangailte ri   *connected to*

co-dhiù   *anyway*

co-ogha (m), co-oghaichean   *cousin*

co-latha-breith (m), co-làithean-
breith   *birthday*

còc (m)   *'cola' drink*

còcaireachd (f)   *cooking*

cofaidh (m), cofaidhean   *coffee*

cofhurtail   *comfortable*

cogadh (m), cogaidhean   *war*

coibhneil   *kind*

còig   *five*

còig deug   *fifteen*

coille (f), coilltean   *wood, forest*

coimhead, coimhead (m)   *watch, watching*

coimhearsnachd (f),
coimhearsnachdan   *community*

coineanach (m), coineanaich   *rabbit*

coinneamh (f), coinneamhan   *meeting*

coinnich, coinneachadh (m)   *meet, meeting*

coire (m), coireachan   *kettle*

coisich, coiseachd (f)   *walk, walking*

colaisde (f), colaisdean   *college*

cola-deug (m)   *fortnight*

coltach (+ ri)   *similar (to), like*

coma   *couldn't care less, not bothered*

comann (comunn) (m),
comainn   *association, society*

comataidh (m), comataidhean   *committee*

coma leat   *never mind* (singular, familiar)

coma leibh   *never mind* (plural, formal)

comhairle (f), comhairlean   *advice, counsel,*
council

comhairliche (m), comhairlichean
councillor, adviser

còmhla (+ ri)   *together (with)*

còmhlan (m), còmhlain   *group*

còmhradh (m),
còmhraidhean   *conversation*

companach (m), companaich   *companion,*
colleague, pal

companaidh (m), companaidhean   *company*

computar (m), computaron   *computer*

connrag (f), connragan   *consonant*

consairt (m), consairtean   *concert*

còrd ri, còrdadh ri (m)   *please, pleasing;*
enjoy, enjoying

cosg, cosg (m)   *cost, costing; use, using*

cost (m), costaichean   *coast*

còta (m), còtaichean   *coat*

cothrom (m), cothroman   *chance,*
opportunity

cràdh (m)   *pain*

crann-ola (m), croinn-ola   *oil rig*

creag (f), creagan   *rock*

creid, creidsinn (f)   *believe, believing; think,*
thinking

cridhe (m), cridheachan   *heart*

croch, crochadh (m)   *hang, hanging*

crogan (m), crogain   *jar, tin*

croit (f), croitean   *croft*

croitear (m) croitearan   *crofter*

croitearachd (f)   *crofting*

crom, cromadh (m)   *bend, bending*

cruaidh   *hard*

cruaidh fheum (m)   *a 'crying' need*

cruinnich, cruinneachadh (m)   *gather,*
gathering

cù (m), coin   *dog*

cuairt (f), cuairtean   *trip*

cuairt-mhara (f), cuairtean-mara   *cruise*

cuan (m), cuantan   *ocean*

cudrom (m)   *weight*

cudromach   *important, key*

cuid (f)   *amount, share*

cuideachadh-airgid (m)   *financial*
assistance

cuideachd   *also, too*

cuideigin   *somebody*

cuidich, cuideachadh (m)   *help, helping*

cuide (+ ri)   *together (with)*

cuimhne (f)   *memory*

cuimhneachan (m),
cuimhneachain   *memorial, souvenir*

Cuimreach (m), Cuimrich   *Welsh person*

Cuimris (f)   *Welsh language*

cuin?   *when?*

cuir, cur (m)   *put, putting; plant, planting*

cuir air, cur air (m) *put on, putting on; bother, bothering*

cuir air dòigh, cur air dòigh (m) *arrange, organise, sort; . . . -ing*

cuir ceart *correct*

cuir còmhla *put together*

cuir cuairt, cur cuairt (m) (+ air) *visit, visiting; go round, going round*

cuir gu, cur gu (m) *send to, sending to*

cuir mu, cur mu (m) *dress, dressing*

cuir ri, cur ri (m) *add to, adding to*

cuir seachad, cur seachad (m) *spend (time), spending (time)*

cùirtear (m), cùirtearan *curtain*

cùis (f), cùisean *matter, affair, business, thing*

cum, cumail (m) *keep, keeping*

cumhang *narrow*

cunnartach *dangerous*

cupa (m), cupannan *cup*

cùrsa (m), cùrsaichean *course*

cur na mara (m) *sea sickness*

cur-seachad (m), cur-seachadan *pastime, hobby, leisure activity*

cus (m) *too much*

Cuspainn (f) *Customs*

d' *your (singular, familiar)*

dà (lenites) *two*

dà dheug *twelve*

dà fhichead (m) *forty*

dà reug *twelve o'clock*

dachaigh (f), dachaighean *home*

dad (m) *any, anything*

dall, nas doille *blind, blinder*

an Dàmhair (m) *October*

dàn (m) *song*

dàna *forward, bold*

danns, dannsadh (m) *dance, dancing*

dannsa (m), dannsaichean *dance*

daor *dear, expensive*

darach (m), daraichean *oak tree*

dath (m), dathan *colour*

dathach *coloured*

dà uair dheug *twelve o'clock*

de (lenites) *of*

dè? *what?*

dè tha dol? *what's doing?*

deagh (lenites) *good*

dealaich, dealachadh (m) *separate, separating*

dealbh (f), dealbhan/deilbh *picture*

dealbh, dealbhadh (m) *design, designing*

dealbh-chluich (f), dealbhan-cluich *play, drama*

dealbhadair (m), dealbhadairean *designer*

dèan, dèanamh (m) *make, making; do, doing*

dèan a' chùis *suffice*

dèan air, dèanamh air (m) *make for, making for*

dèan an gnothach *suffice*

dearg, nas deirge *red, total*

deich *ten*

dèideadh (m) *toothache*

dèideag (f), dèideagan *toy*

dèidheil air *keen on, fond of*

deireadh seachdain (m) *weekend*

deise (f), deiseachan *suit*

deiseil *ready*

deise-shnàmh (f), deiseachan-snàmh *swimsuit*

deoch (f), deochannan *drink*

deònach *willing*

deug *-teen*

dha *to; to him, to it; for, for him/it*

dhà (lenites) *two*

dhachaigh *home(wards)*

dhaibh *to them; for them*

dhan *to the*

dheth *of him, of it*

dhi *to her, to it; for her/it*

dhinn *of us*

dhiobh *of you (plural, formal)*

dhiom *of me*

dhiot *of you (singular, familiar)*

dhith *of her, of it*

dhiubh *of them*

dhomh *to me; for me*

dhuibh *to you (plural, formal)*

dhuinn *to us; for us*

dhut *to you (singular, familiar)*

Diardaoin (m) *Thursday*

diathad (f) *lunch*

dìcheallach *hard working*

Diciadain (m) *Wednesday*

Didòmhnaich (m) *Sunday*

Dihaoine (m) *Friday*

Diluain (m) *Monday*

Dimàirt (m) *Tuesday*

dìnnear (f), dìnnearan *dinner*

dìochuimhnich, dìochuimhneachadh (m) *forget, forgetting*

dìreach, nas dìriche *just; straight*

Disathairne (m) *Saturday*
dithis (f) *two people*
Diùrach (m), Diùraich *someone from Jura*
do (lenites) *your (singular, familiar); to; for*
dòchas (m) *hope*
dòigh (f), dòighean *method, system, way*
dòigheil *fine*
doirbh, nas dorra *difficult, more difficult*
dona, nas miosa *bad, worse*
donn, nas duinne *brown, more brown*
doras (m), dorsan *door*
dorcha, nas duirche *dark*
dorsair (m), dorsairean *janitor*
dotair (m), dotairean *doctor*
dragh (m) *bother*
dràibh, dràibheadh (m) *drive, driving*
dràibhear (m), dràibhearan *driver*
dram/drama (m), dramaichean *dram, drink*
dreasa (m), dreasaichean *dress*
droch (lenites) *bad*
drochaid (f), drochaidean *bridge*
druim (m), dromannan *back; ridge*
duais (f), duaisean *prize*
duan (m), duain *song*
dùbailte *double*
dubh *black*
an Dùbhlachd (f) *December*
dùil (f) *expectation, intention*
duilgheadas (m), duilgheadasan *difficulty*
duilich, nas duilghe *sorry, sorrier; difficult, more difficult*
dùin, dùnadh (m) *close, closing*
duin'-eigin *someone (male)*
duine (m), daoine *person, man, husband*
dùinte *shut*
dùisg, dùsgadh (m) *wake, waking*
dùn (m), dùin *fort, hill-fort, hill*
dùrachd (f), dùrachdan *request, wish*
dusan (m), dusanan *dozen*
dùthaich (f), dùthchannan *country*

e, esan *he, him*
each (m) eich *horse*
eachdraidh (f) *history*
Eadailtis (f) *Italian language*
eadar *between*
eadaraibh *between you*
eadarainn *between us*
eagal (m) *fear*
eaglais (f), eaglaisean *church*

earbsach *trustworthy*
Earrach (m), Earraichean *Spring*
earrann (f), earrannan/earrainnean *part, passage*
èasgaidh (+ gu) *willing, obliging (to)*
eatarra *between them*
eathar (f), eathraichean *boat*
èigh, èigheach (f) *shout, shouting*
eile *other*
eilean (m), eileanan *island*
einnsean (m), einnseanan *engine*
einnseanair (m), einnseanairean *engineer*
eireachdail *magnificent*
Eireannach (m), Eireannaich *Irish person*
èirich, èirigh (f) *rise, rising; get up, getting up*
èisd, èisdeachd (f) *listen, listening*
eòlach (+ air) *acquainted (with)*

fàbharach *favourable*
facal (m), facail/faclan *word*
faclair (m), faclairean *dictionary, vocabulary*
fad (+ genitive) *during, the whole*
fad (m), faid *length*
fad às *far away (from)*
fada, nas fhaide *long, longer; far, farther*
fadalach *late*
fàg, fàgail (m) *leave, leaving; render, rendering*
faic, faicinn (m) *see, seeing*
faiceallach *careful*
faigh, faighinn (f) *get, getting*
faighnich, faighneachd (f) *ask, asking*
fàilte (m) *welcome*
fàinne (f), fàinneachan *ring*
fairich, faireachdainn (f) *feel, feeling*
faisg (+ air) *near (to)*
faisg air làimh *nearby*
falamh *empty*
falbh, falbh (m) *go (away), going (away)*
falt (m) *hair*
fan, fantainn/fantail (f) *remain, stay, wait*
fannaich, fannachadh (m) *faint, fainting*
faodaidh *may*
am Faoilleach (m) *January*
far *where*
farpais (f), farpaisean *competition*
fàs, fàs (m) *become, becoming; grow, growing*
fasan (m), fasanan *fashion*
feadhainn (f) *some (people)*

fear (m), fir *man, one*

fear togail an fhuinn, fir thogail an fhuinn *precentor*

fear-lagha (m), fir-lagha *lawyer* (male)

fear-teagaisg (m), fir-teagaisg *teacher* (male)

feareigin *someone* (male)

feasgar (m), feasgair *afternoon, evening; in the evening, p.m.*

fèileadh (m), fèilidhean *kilt*

fèill (f), fèillean *sale*

fèis (f), fèisean *festival*

feòil (f) *meat*

feuch *make sure*

feuch, feuchainn (f) *try, trying*

feum (m) *need, use, good*

feumaidh *must*

feumar *one must, one needs, one has to*

feur (m) *grass, hay*

fhad 's *as long as*

fhalbh *go away*

fhathast *still, yet*

fhèin *self*

fhìn *self*

fhuair *got*

fiadh (m), fèidh *deer*

fiadhaich *wild, angry*

fiathachadh (m), fiathachaidhean *invitation*

fichead (m), ficheadan *twenty*

fidheall (f), fidhlean *fiddle, violin*

figh, fighe (m) *knit, knitting*

film (m), filmichean *film*

fìon (m) *wine*

fìor (lenites) *very*

fìor *true*

fios (m) *knowledge*

fiosrachadh (m), fiosrachaidhean *information*

firinn (f), fìrinnean *truth*

fliuch, nas fluiche *wet*

flùr (m) *flour*

Foghar (m), Foghair *Autumn*

foillsich, foillseachadh (m) *publish, publishing; publicise, publicising*

foillsichear (m), foillsichearan *publisher*

fòn, fònadh (m) *phone, phoning*

fòn (f/m), fònaichean *phone*

fòrlagh (m) *leave (holidays)*

fortanach *fortunate*

fosgail, fosgladh (m) *open, opening*

fosgailte *open*

Frangach (m), Frangaich *French person*

Frangais (f) *French* (language)

freagair, freagairt (f) *answer, answering*

freagair air, freagairt air (f) *suit, suiting*

freagairt (f), freagairtean *answer*

freagarrach *suitable*

fuachd (m) *cold* (temperature)

fuaigh, fuaigheal (m) *sew, sewing*

fuaimnich, fuaimneachadh (m) *pronounce, pronunciation*

fuaimreag (f), fuaimreagan *vowel*

fuar, nas fhuaire *cold*

fuaran (m), fuarain *spring (water)*

fuineadair (m), fuineadairean *baker*

fuirich, fuireach (m) *live, stay, wait*

furasda, nas fhasa *easy, easier*

furm (m), furmaichean *form*

ga *at her, at its*

ga (lenites) *at his, at its*

gabh, gabhail (m) *take, taking*

gabh mo leisgeul *excuse me* (singular, familiar)

gach *each, every*

gad (lenites) *at your* (singular, familiar)

Gaeilge (f) *Irish Gaelic*

Gaidheal (m), Gaidheil *Gaelic-speaker, Highlander*

Gàidhlig (f) *Gaelic (language)*

gàire (f) *smile, laugh*

gàirnealaireachd (f) *gardening*

gam *at their*

gam (lenites) *at my*

gan *at their*

gaoth (f), gaothan *wind*

gar *at our*

garaids (f), garaidsean *garage*

garbh *wild, rough*

gàrradh (m), gàrraidhean *garden*

gàrradh-iarainn (m), gàrraidhean-iarainn *construction yard*

gasda *excellent*

geal, nas gile *white, whiter*

gealach (f), gealaichean *moon*

geall, gealltainn (f) *promise, promising*

gèam (m), geamachan *game*

geamair (m), geamairean *gamekeeper*

Geamhradh (m), Geamhraidhean *Winter*

geansaidh (m), geansaidhean *jumper, jersey*

gearain, gearain (f) *complain, complaining*

Gearmailtis (f) *German language*

an Gearran (m) *February*
geata (m), geataichean *gate*
ged (a) *although*
gheibh *will get*
an Giblean (m) *April*
gille (m), gillean *lad, boy*
gin *any, anything*
glac *catch*
glaiste *locked*
glan *clean, fine*
glan, glanadh (m) *clean, cleaning*
glas *grey*
glas, glasadh (m) *lock, locking*
glè (lenites) *very*
gleann (m), gleanntan *valley, glen*
glic *wise, sensible*
gloinne, gloinneachan (f) *glass, barometer*
gluais, gluasad (m) *move, moving*
gnìomhachas (m) *industry*
gnog, gnogadh (m) *knock, knocking*
gnothach (m), gnothaichean *affair, business, matter*
gobha (m), gobhannan *smith*
goid, goid (f) *steal, stealing*
goirid, nas giorra *short, shorter*
goirt *sore*
goirtich, goirteachadh (m) *injure, injuring*
golf (m) *golf*
gòrach *silly, stupid*
gorm, nas guirme *blue, more blue*
gràmar (m) *grammar*
greas, greasad (m) (+ air) *hurry, hurrying*
greim (f), greimean *grip, hold; bite*
greim bìdh (f), greimean bìdh *snack*
greis (f), greisean *while, short time*
grian (f) *sun*
grod *rotten*
gruag (f) *hair*
gruagaire (m), gruagairean *hairdresser*
grunnan (m) *a few*
gu *to; placed before adjective makes adverb*
gu bheil *that ... am, that ... are, that ... is*
gu dearbh *indeed, of course*
gu lèir *entirely*
gu leòr *plenty, enough*
gu math *well, fairly, very*
gu sònraichte *especially*
guidh, guidhe (f) *wish, wishing; pray, praying*

gum bi *that ... will be*
gun robh *that it was*
gun teagamh *certainly, without doubt*
gur *at your (plural, formal)*
gur e *that it is*
gus *until*
guth (m), guthan *voice, a word*

hallo *hello*
hama (m) *ham, bacon*
Hearach (m), Hearaich *someone from Harris*

i, ise *she, her*
iad, iadsan *they, them*
iarnaig, iarnaigeadh (m) *iron, ironing*
iarr, iarraidh (m) *ask for, asking for; want, wanting*
iarrtas (m), iarrtasan *request*
iasg (m), èisg *fish*
iasgaich, iasgach (m) *fish, fishing*
iasgair (m), iasgairean *fisherman*
idir *at all*
ìm (m) *butter*
inbhir (m), inbhirean *river mouth*
inneal-nigheadaireachd (m), innealan-nigheadaireachd *washing machine*
innis, innse (f) *tell, telling*
innis (f), innsean/innseachan *island, meadow*
Innseanach (m), Innseanaich *Indian*
innte *in her, in it*
inntinn (f), inntinnean *mind*
inntinneach *interesting*
iomadach (+ singular noun) *many*
iomadh (m) *many*
iomain (f) *shinty*
ionad-òigridh (m), ionadan-òigridh *youth centre*
ionad-siubhail (m), ionadan-siubhail *travel agency*
ionad-slàinte (m), ionadan-slàinte *health centre*
ionad-spòrs (m), ionadan-spòrs *sports centre*
ionadail *local*
iongnadh (m), iongnaidhean *surprise, wonder*
ionndrainn, ionndrainn (f) *miss, missing*
ionnsaich, ionnsachadh (m) *learn, learning*
ìosal, nas ìsle *low, lower*

ìre (f), ìrean *level, stage, standard*
is *am, are, is; and*
is caingeis le... ... *doesn't mind*
ìseal, nas ìsle *low, lower*
ith, ithe (m) *eat, eating*
iuchair (f), iuchraichean *key*
an t-Iuchar (m) *July*

laghach *nice*
Laideann (f) *Latin*
làidir, nas làidire *strong, stronger*
laigh, laighe (m) *lie, lying*
làmh (f), làmhan *hand*
làmh cheàrr (f), làmhan ceàrr *left hand*
làmh cheart (f), làmhan ceart *right hand*
làmh chlì (f), làmhan clì *left hand*
làmh dheas (f), làmhan deas *right hand*
lampa (m), lampaichean *lamp*
làn *full*
làr (m), làir *floor*
latha (m) làithean *day*
lath'-eigin *some day*
Latha Buidhe Bealltainn (m) *May Day*
latha fèille (m), làithean fèille *festive day; holiday of obligation*
Latha na Bliadhn' Uire *New Year's Day*
Latha na Sàbaid (m) *Sunday, Sabbath*
làithean-saora (m pl) *holidays*
le *with*
le meas *yours faithfully*
leabaidh (f), leapannan *bed*
leabhar (m), leabhraichean *book*
leabhran (m), leabhrain *booklet*
leag, leagail (m) *knock down, knocking down*
leam *with me*
lean, leantainn *follow*
leann (m) *beer*
leat *with you* (singular, familiar)
leatha *with her, with it*
leathann, nas leatha *broad, broader; wide, wider*
leibh *with you* (plural, formal)
leig a leas, leigeil a leas (f) *need to*
leig air, leigeil air (f) *pretend, pretending*
leig dhìot do dhreuchd, leigeil ... (f) *retire, retiring*
leig le, leigeil le (f) *allow, allowing*
lèine (f), lèintean *shirt*
leinn *with us*
leis *with, with him, with it*
leis fhèin *on his own*

leisgeul (m), leisgeulan *excuse*
leitir (m), leitirean/leitrichean *broad slope of a hill*
Leòdhasach (m), Leòdhasaich *someone from Lewis*
leotha *with them*
leth- (lenites) *half*
leth-cheud (m) *fifty*
leth-phunnd (m), leth-phuinnd *half a pound*
leth-uair (f), leth-uairean *half an hour*
leud (m), leòid *width, breadth*
leugh, leughadh (m) *read, reading*
leum, leum (m) *leap, leaping; jump, jumping*
liath, nas lèithe *grey, more grey; light blue, lighter blue*
linn (f), linntean *century*
lìon, lìonadh (m) *fill, filling*
Liosach (m), Liosaich *someone from Lismore*
litir (f), litrichean *letter*
litrich, litreachadh (m) *spell, spelling*
lobhta (m), lobhtaichean *loft*
loch (m), lochan *loch, lake*
lof (f/m), lofaichean *loaf*
loidhne (m), loidhnichean *line*
lorg, lorg (m) *look for, looking for; find, finding*
luach (m) *value*
luath *fast, quick*
lùchairt (f), lùchairtean *palace*
luchd-ionnsachaidh (m pl) *learners*
luchd-turais (m pl) *tourists*
an Lùnasdal (m) *August*

m' *my*
ma *if*
ma 's e do thoil e *please* (singular, familiar)
ma 's e ur toil e *please* (plural, formal)
mac (m), mic *son*
madainn (f), maidnean *morning*
mair, mairsinn/maireachdainn (f) *last, lasting*
màl (m) *rent*
man *like, as*
map (m), mapaichean *map*
mar (lenites) *like, as*
mar sin leat *goodbye* (singular, familiar)
mar sin leibh *goodbye* (plural, formal)
maraiche (m), maraichean *mariner*

màrbal (m) *marble (stone)*
marbh, marbhadh (m) *kill*
am Màrt (m) *March*
math, nas fheàrr *good, better*
ma tha *then*
math air *good at*
math fhèin *excellent*
màthair (f), màthraichean *mother*
meadhan (m), meadhanan *middle, centre*
meadhan latha (m) *midday, noon*
meadhan oidhche (m) *midnight*
meadhanach *central, medium, reasonably*
meal do naidheachd *congratulations*
  (singular, familiar)
meala-naidheachd (m) *congratulations*
mealaibh ur naidheachd *congratulations*
  (plural, formal)
meall (m), mill *lump*
measail (+ air) *fond (of)*
mi, mise *I, me*
mì- (lenites) (negative prefix; equivalent
  to *mis-*)
mì-chiatach *dreadful*
mì-earbsach *untrustworthy*
mì-fhortanach *unfortunate*
mì-mhodh (m) *bad manners,
  misbehaviour*
mì-mhodhail *badly-behaved*
mìle (f), mìltean *thousand; mile*
mìneachadh (m),
  mìneachaidhean *explanation,
  explaining*
ministear (m), ministearan *minister*
mionaid (f), mionaidean *minute*
mìos (m), mìosan *month*
mo (lenites) *my*
mocheirigh (f) *an early rise*
mòd (m), mòdan *festival, gathering*
modh (m), modhan *manners, method*
modhail *well-behaved*
mol, moladh (m) *praise, praising;
  recommend, recommending*
monadh (m), monaidhean *upland, moors*
mòr, nas motha *big, bigger; great, greater*
mòran (m) *many, much*
mu (lenites) *about*
mu choinneimh (+ genitive) *opposite*
mu dheidhinn (+ genitive) *about*
mu dheireadh *last, lastly*
mu thràth *already*
Muileach (m), Muilich *someone from Mull*
muileann (f/m), muilnean *mill*

muillean *one million*
muillear (m), muillearan *miller*
muir (f), marannan *sea*
mullach (m), mullaichean *top, summit,
  roof*
mun cuairt (+ genitive) *around*
mur *if not, unless*
mus *before*

na *in her, in its; don't; than; the*
na (lenites) *in his, in its*
nàbaidh (m), nàbannan/nàbaidhean
  neighbour
nach do *didn't, that . . . didn't*
nach e *that it isn't, isn't it*
nach eil *that . . . am not, that . . . are not,
  that . . . is not*
nach urrainn do . . . . . . *can't?*
nad (lenites) *in your* (singular, familiar)
nad chomain *obliged to you, in your debt*
  (singular, familiar)
nàdar (m) *nature*
naidheachd (f), naidheachdan *news*
nàirich, nàrachadh (m) *shame, shaming*
nàiseanta *national*
naoi *nine*
naoi deug *nineteen*
nam *in their; of the* (plural)
nam (lenites) *in my*
nan *in their; of the* (plural)
nar *in our*
nas *before an adjective, equivalent to -er*
nas fheàrr *better*
nas miosa *worse*
neach-treòrachaidh (m), luchd-treorachaidh
  guide
neo- (lenites) *negative prefix; equivalent to*
  un-
neo-chiontach *innocent*
neo-stuama *not sober*
nì *will do*
nì (m), nithean *thing*
nigh, nighe (m) *wash, clean*
nighean (f), nigheanan/
  nìghnean *daughter, girl*
no *or*
nochd, nochdadh (m) *appear, appearing*
Nollaig (f), Nollaigean *Christmas*
not (m), notaichean *pound (money)*
nuair a *when*
nur *in your* (plural, formal)
nur comain *obliged to you; in your debt*

(plural, formal)
nurs (m), nursaichean *nurse*

o, on *from, since; from the, since the*
o chionn (+ genitive) *ago*
o chionn 's *because*
o chionn ghoirid *recently*
obair (f), obraichean *work, working*
obair-taighe (f) *housework*
obh obh *oh dear*
obraich, obair (f)/obrachadh (m) *work,
    working*
ochd *eight*
ochd deug *eighteen*
òg *young*
an t-Ogmhìos (m) *June*
oidhche (f), oidhcheannan *night*
Oidhche Challainn (f) *Hogmanay, New
    Year's Eve*
Oidhche Shamhna (f) *Halloween*
oifigeach (m), oifigich *official*
oifigear (m), oifigearan *officer*
oifis (f), oifisean *office*
oifis a' phuist (f), oifisean a' phuist *post
    office*
òigridh (f) *young people*
oileanach (m), oileanaich *student*
oilthigh (f), oilthighean *university*
òinseach (f), òinsichean *fool* (female)
oir *because, for*
oirbh *on you* (plural, formal)
òirleach (m), òirlich *inch*
oirnn *on us*
oirre *on her, on it*
oisean (f), oisnean *corner*
òl, òl (m) *drink, drinking*
ola (f) *oil*
òr (m) *gold*
òran (m), òrain *song*
òran luaidh (m), òrain luaidh *waulking
    song*
orm *on me*
orra *on them*
ort *on you* (singular, familiar)
os cionn (+ genitive) *above*
osdail òigridh (m), osdailean
    òigridh *youth hostel*
ospadal (m), ospadalan *hospital*

pacaid (f), pacaidean *packet*
paidhleat (m), paidhleatan *pilot*
pàigh, pàigheadh (m) *pay, paying*
pàipear (m), pàipearan *paper*

pàirc (f), pàircean *park, field*
pàirt (f) pàirtean *part*
pàrant (m), pàrantan *parent*
partaidh (m), partaidhean *party*
pathadh (m) *thirst*
peann (m), pinn *pen*
peanasaich, peanasachadh (m) *punish,
    punishing*
peant (m), peantaichean *paint*
peant, peantadh (m) *paint, painting*
peantair (m), peantairean *painter*
peasan (m), peasain *pest, brat*
peatrail (m) *petrol*
piàna (m) *piano*
pile (m), pilichean *pill*
pinnt (m), pinntean *pint*
pìob (f), pìoban *pipe*
pìob mhòr (f), pìoban mòra *bagpipe*
pìobaire (m), pìobairean *piper*
pìobaireachd (f) *bagpipe music; playing
    bagpipes*
pìos (m), pìosan *piece, bit*
piseag (f), piseagan *kitten*
piuthar (f), peathraichean *sister*
plana (m), planaichean *plan*
plèan (m), plèanaichean *plane*
poblach *public*
poca (m), pocannan *bag*
pòcaid (f), pòcaidean *pocket*
pòg, pògadh (m) *kiss, kissing*
poileas (m), poilis *police, police officers*
port (m), puirt *tune; port*
port-a-beul (m), puirt-a-beul *mouth music*
port-adhair (m), puirt-adhair *airport*
pòs, pòsadh (m) *marry, marrying*
pòsda (aig) *married (to)*
post, postadh (m) *post, posting*
post (m), puist *postman*
prìs (f), prìsean *price*
pròbhaist (m), pròbhaistean *provost*
prògram (m), prògraman *programme*
puirt-a-beul *mouth music*
punnd (m), puinnd *pound* (weight)
put, putadh (m) *push*

rabaid (m), rabaidean *rabbit*
rach, dol (m) *go, going*
rach fodha, dol fodha (m) *sink, sinking*
rag *stiff*
ràinig *reached, arrived*
rathad (m), rathaidean *road*
rè (+ genitive) *throughout*

reic *sell*
rèidio (m) *radio*
rèis (f), rèisean *race*
rèiseamaid (f), rèiseamaidean *regiment*
ri *up to, involved in; with; to*
ri taobh (+ genitive) *beside*
riabhach *brindled*
riadh (m) *interest (on money)*
riaghaltas (m), riaghaltasan *government*
riamh *ever*
riaraichte *satisfied*
riatanach *essential, necessary*
rìgh (m), rìghrean *king*
rinn *did, made*
rionnag (f), rionnagan *star*
ris *to him, to it; to the*
rium *to me*
riut *to you* (singular, familiar)
riutha *to them*
rithe *to her, to it*
ro (lenites) *too; before*
roimhe *before him, before it*
roimhpe *before her, before it*
roinn (f), roinnean *share, division, department, region*
rola (m), rolaichean *bread roll*
romhad *before you* (singular, familiar)
romhaibh *before you* (plural, formal)
romhainn *before us*
romham *before me*
romhpa *before them*
ròpa (m), ròpannan *rope*
ro-ràdh *introduction*
ruadh *reddish brown, russet, red-haired*
rubha (m), rubhannan *headland, point*
rud (m), rudan *thing*
rudeigin (m) *something*
rug *caught*
rugbaidh (m) *rugby*
ruig, ruighinn/ruigheachd (f) *reach, reaching; arrive, arriving*
ruibh *to you* (plural, formal)
ruinn *to us*
Ruiseanach (m), Ruiseanaich *Russian*
Ruiseis (f) *Russian language*
ruith, ruith (f) *run, running*
rùm (m), rumannan *room*
rùm-cadail (m), rumannan-cadail *bedroom*
rùnaire (m), rùnairean *secretary*

sa' (lenites) *in the*

sa' mhadainn *in the morning, a.m.*
sabaid, sabaid (f) (+ ri) *fight, fighting*
sàbhail, sàbhaladh (m) *save, saving*
sabhal (m), saibhlean *barn, steading*
sagart (m), sagartan *priest*
saighdear (m), saighdearan *soldier*
salm (m), sailm *psalm*
sam bith *any*
sàmhach *quiet*
samhail (m) *like, likeness*
an t-Samhain (f) *November*
Samhradh (m), Samhraidhean *Summer*
san *in the*
san spot *immediately*
sanas (m), sanasan *notice, advertisement*
saoghal (m), saoghail *world*
saoil, saoilsinn (f) *think, thinking*
saoil? *do you think so?*
saor (m), saoir *joiner*
saor *free, cheap*
saor-làithean (m pl) *holidays*
sàr (lenites) *excellent*
sàraich, sàrachadh (m) *annoy, annoying*
Sasannach (m), Sasannaich *English person*
seacaid (f), seacaidean *jacket*
seachad (air) *past*
seachd *seven*
seachd deug *seventeen*
seachd searbh *fed up*
seachd sgìth *exhausted*
seachdain (f), seachdainean *week*
seadh *yes, aye*
seall, sealltainn (f) *show, showing; look, looking*
sealladh (m), seallaidhean *view*
sean/seann (lenites), nas sine *old, older*
seann *old*
seanair (m), seanairean *grandfather*
seanmhair (f), seanmhairean *grandmother*
searbh, nas seirbhe *bitter, fed up*
searbhadair (m), searbhadairean *towel*
seas, seasamh (m) *stand, standing*
seathar (m), seathraichean *chair*
seinn, seinn (f) *sing, singing*
seinneadair (m), seinneadairean *singer*
seo *here, this; here is, this is*
seòl, seòladh (m) *sail, sailing*
seòl (m), siùil *sail*
seòladair (m), seòladairean *sailor*
seòladh (m), seòlaidhean *address,*

directions; sailing
seòmar (m), seòmraichean room
seòmar-cadail (m), seòmraichean-
cadail bedroom
seòmar-ionnlaid (m), seòmraichean-
ionnlaid bathroom
seòmar-suidhe (m), seòmraichean-
suidhe sitting-room, living-room
seòrsa (m), seòrsachan type, kind
sgath any
sgeilp (f), sgeilpichean shelf
sgeulachd (f), sgeulachdan story
sgian, sgeinean knife
sgillinn (m), sgillinnean penny, pence
sgioba (m), sgiobaidhean team
sgiobalta tidy, quick
sgioblaich, sgioblachadh (m) tidy, tidying
sgiorta (f), sgiortaichean skirt
sgìre (f), sgìrean area, district
sgith, sgitheadh (m) ski, skiing
sgìth tired
sgìths (m) tiredness
sgoil (f), sgoiltean school
sgoil-àraich (f), sgoiltean-àraich nursery
school
sgoinneil great, fantastic
sgòth (f), sgòthan cloud
sgreataidh disgusting
sgrìobh, sgrìobhadh (m) write, writing
sgrìobhaiche (m), sgrìobhaichean writer
sguab, sguabadh (m) sweep, sweeping
sgueathar square
sguir, sgur (m) (+ de/a) stop, desist
sgùrr (m), sgùrran sharp hill, pinnacle
shìos down (location)
shuas up (location)
sia six
sia deug sixteen
sian anything
siar western
sibh, sibhse you (plural, formal)
sìde (f) weather
sil, sileadh (m) rain, raining
sin that, there; that is, there is
sin thu fhèin good for you, that's the stuff
sìn, sìneadh (m) stretch, stretching
singilte single
sinn, sinne we, us
siorrachd (f), siorrachdan shire, county
sìos down (motion)
siubhail, siubhal (m) travel, travelling
siùcar (m), siùcaran sugar

siuthad go on
slàinte (f) health
slaodach slow
slat (f), slatan yard, rod
slighe (m), slighean way
sluagh (m), sluaghan people
smaoineachail amazing
smaoinich, smaoineachadh (m) think,
thinking
smoc, smocadh (m) smoke, smoking
snàmh, snàmh (m) swim, swimming
snàth (m) wool
sneachd (m) snow
snog nice
snucar (m) snooker
socair quiet, slow
sòfa (m) sofa
soilleir clear
soitheach (m), soithichean dish, vessel
solas (m) solais light
sona happy
Spàinnis (f) Spanish language
sporan (m) sporain purse
spòrs (m) sport, fun
sràid (f), sràidean street
srath (m), srathan wide valley, strath
sreap, sreap (m) climb, climbing
sròn (f), sròinean nose
stad, stad (m) stop, stopping
staidhre (f), staidhrichean stairs
stàit (f), stàitean state
stamp (m), stampaichean stamp
stèisean (m), stèiseanan station
stiùir, stiùireadh (m) steer, steering;
direct, directing
stòr (m), stòraichean store
stuama sober
stùc (m), stùcan rounded hill
stuth (m) stuthan anything, stuff
suas up (motion)
suidh, suidhe (m) sit, sitting
suidheachadh (m),
suidheachaidhean situation
sùil (f), sùilean eye
suiteas (m), suiteis a sweet
an t-Sultain (f) September
sunnd (m) mood
's am, are, is; and
's àbhaist dhomh I usually (do)
's ann it is
's beag air . . . really dislikes
's bochd sin that's a pity

's caingeis le ... *it doesn't matter to ...*
's caomh le ... *...likes*
's dòcha *maybe, perhaps*
's e *is, it is*
's fheàrr le ... *...prefers*
's lugha air ... *...loathes*
's math sin *that's good*
's mise ... *I am ...*
's toil le ... *...likes*
's urrainn do ... *...can*

tachair, tachairt (f) *happen, happening; meet, meeting*
tacsaidh (m), tacsaidhean *taxi*
tadhail, tadhal (m) *visit, visiting; call in, calling in*
tagh, taghadh (m) *choose, choosing; elect, electing*
taghta *fine, OK*
taic (f) *support*
taiceil *supportive*
taidh (f), taidhean *tie*
taigh (m), taighean *house*
taigh beag (m), taighean beaga *toilet*
taigh-bìdh (m), taighean-bìdh *restaurant*
taigh-cèilidh (m), taighean-cèilidh *meeting house*
taigh-cluich (m), taighean-cluich *theatre*
taigh-gloinne (m), taighean-gloinne *greenhouse*
taigh-òsda (m), taighean-òsda *hotel*
taigh-solais (m), taighean-solais *light-house*
taigh-staile (m), taighean-staile *distillery*
taigh-tasgaidh (m), taighean-tasgaidh *museum*
taing (f) *thanks*
taisbeanadh (m), taisbeanaidhean *exhibition*
talamh (f) *land, earth*
talla (m), tallachan *hall*
tana, nas taine *thin, thinner*
taobh (+ genitive) *via, beside*
taobh (m), taobhan *side, direction*
taobh thall (m) *the other side*
tapadh leat *thank you* (singular, familiar)
tapadh leibh *thank you* (plural, formal)
tapaidh *hardy*
tarraing, tarraing (f) *pull, pulling*
tè (f) *female one, one* (feminine), *woman*
teagaisg, teagasg (m) *teach, teaching*
teaghlach (m), teaghlaichean *family*
teanas (m) *tennis*

teansa (m), teansaichean *chance*
teanta (m), teantaichean *tent*
tè-eigin *someone* (female)
teine (m), teintean *fire*
teip (f), teipichean *tape*
telebhisean (m), telebhiseanan *television*
teth, nas teotha *hot*
tha *am, are, is*
thàinig *came*
thall *over (there)* (location)
thall thairis *abroad* (location)
thar (+ genitive) *across*
thèid *will go*
thèid aig... *...can* (manage)
their *will say*
theirig, dol (m) *go, going*
thig *will come*
thig, tighinn (f) *come, coming*
thig ri, tighinn ri (f) *suit, suiting*
thu, thusa *you* (singular, familiar)
thuca *to them*
thug *gave*
thugad *to you* (singular, familiar)
thugaibh *to you* (plural, formal)
thugainn *to us; come along*
thugam *to me*
thuice *to her, to it*
thuige *to him, to it*
thuirt *said*
tì (f) *tea*
ticead (m), ticeadan *ticket*
tìde (f) *time*
tidsear (m), tidsearan *teacher*
tilg, tilgeil (f) *throw, throwing*
till, tilleadh (m) *return, returning*
tìm (m) *time*
timcheall (+ genitive) *round, around, round about*
tinn *ill, sick*
tìodhlac (m), tìodhlacan *present, gift*
tionndaidh, tionndadh (m) *turn, turning*
tiormaich, tiormachadh (m) *dry, drying*
Tirisdeach (m), Tirisdich *someone from Tiree*
tiugh, nas tighe *thick, thicker*
tlachd (f) *pleasure*
tlachdmhor *pleasant*
tog, togail (f) *lift, build, raise*
tog dealbh, togail dealbh (f) *take a photo, taking a photo*
togair, togairt (f) *desire, desiring; wish, wishing*

togalach (m), togalaichean *building*
toilichte *pleased*
toir, toirt (f) *give, giving, taking* (time)
toir sùil (+ air), toirt sùil (f) *have a look*
toiseach (m), toisichean *start, beginning*
tòisich, tòiseachadh (m) *start, starting*
toitean (m), toitein *cigarette*
tomhais (f), toimhsean *measurement*
tòrr (m) *much, many, a lot*
tòrr (m), tòrran *imposing hill*
traidiseanta *traditional*
tràigh (f), tràighean *beach*
trang *busy*
tràth *early*
trèan (f), trèanaichean *train*
trèan, trèanadh (m) *train, training*
treòraich, treòrachadh (m) *guide, guiding*
trì *three*
trì deug *thirteen*
trì fichead (m) *sixty*
tric *frequent, often*
trìd (+ genitive) *through*
triubhas (m) *trews*
tro (lenites) *through*
trobhad *come*
trod, trod (m) *argue, arguing*
troigh (f), troighean *foot* (measurement)
troimhe *through him, through it*
troimhpe *through her, through it*
trom, nas truime *heavy*
tromhad *through you* (singular, familiar)
tromhaibh *through you* (plural, formal)
tromhainn *through us*
tromham *through me*
tromhpa *through them*
tron *through the*
truagh *sad, pathetic*
tuarasdal (m) *salary, wages*
tuathanach (m), tuathanaich *farmer*
tuathanas (m), tuathanais *farm*
tubaist (f), tubaistean *accident*
tubhailt (f) tubhailtean *towel, tablecloth*
tuig, tuigsinn (f) *understand, understanding*
tuilleadh (m) *more*
tuilleadh is *more than, excessively*
tuit, tuiteam (m) *fall, falling*
tulach (m), tulaichean *small green hill*

tùr (m), tùir *tower*
turadh (m) *dry weather*
turas (m), tursan *journey, trip*
turasachd (f) *tourism*
tursachan (m pl) *standing stones*

uabhasach *terrible, terribly*
uaibh *from you* (plural, formal)
uaigh (f), uaighean *grave*
uaine *green*
uainn *from us*
uaipe *from her, from it*
uair (f), uairean *hour, o'clock; once; one o'clock*
uaireadair (m), uaireadairean *watch (clock)*
uaireigin *sometime*
uaithe *from him, from it*
uam *from me*
uapa *from them*
uat *from you* (singular, familiar)
ud *that*
ugh (m), uighean *egg*
Uibhisteach (m), Uibhistich *someone from Uist*
ùidh (f), ùidhean *interest*
uile *all*
uile gu lèir *all together*
uilebheist (f), uilebheistean *monster*
uill ma tha *well then*
uime *about him, about it*
uimpe *about her, about it*
ùine (f), ùineachan *while, time*
uinneag (f), uinneagan *window*
uiread (de) *so many (of)*
uisge (m), uisgeachan *water, rain*
uisge-beatha (m) *whisky*
ullaich, ullachadh (m) *prepare, preparing*
ullamh *finished, ready*
umad *about you* (singular, familiar)
umaibh *about you* (plural, formal)
umainn *about us*
umam *about me*
umpa *about them*
uncail (m), uncailean *uncle*
ur *your* (plural, formal)
ùr *new, fresh*
ùrachadh (m), ùrachaidhean *renewal*

AINMEAN
Appendix

Ainmean Aite (*Placenames*)

Abhainn Spè (f) *River Spey*
Abhainn Tatha (f) *River Tay*
Abhainn Tuaidh (f) *River Tweed*
An t-Achadh Mòr (m) *Achmore*
Afraca (m) *Africa*
Alba (f) *Scotland*
Alba Nuadh (f) *Nova Scotia*
Allt a' Bhonnaich (m) *Bannockburn*
Amaireaga (m) *America*
an t-Aonach Mòr (m) *Aonach Mor*
Astràilia (m) *Australia*

am Bàgh a Tuath (m) *Northbay*
Baile a' Ghobhainn (m) *Govan*
Baile Airneach (m) *Balerno*
Baile Mhàrtainn (m) *Balemartine*
Barraigh (m) *Barra*
a' Bheilg (f) *Belgium*
Beinn Ailiginn (f) *Ben Alligin*
a' Bheinn Bhàn (f) *Benvane*
Beinn Artair (f) *The Cobbler*
Beinn Ebherest *Mount Everest*
Beinn Laomainn (f) *Ben Lomond*
Beinn Nibheis (f) *Ben Nevis*
Bhaltos (m) *Valtos*
Bhatairnis (m) *Vaternish, Waternish*
Bhatarsaigh (m) *Vatersay*
a' Bhreatainn Bheag (f) *Brittany*
Blàbheinn (f) *Blaven*
Bodach an Stòrr (m) *Old Man of Storr*
  (pinnacle)
Bogha Mòr (m) *Bowmore*

Calanais (m) *Callanish*
an Caol (m) *Kyle*
Caol Loch Aillse (m) *Kyle of Lochalsh*

an Càrn Gorm (m) *Cairngorm*
Ceann a Deas Amaireaga (m) *South America*
Ceann a' Ghiùthsaich (m) *Kingussie*
Ceann a Tuath Afraca *North Africa*
Ceann Locha (m) *Kinloch*
Ceann Loch Chille Chiarain
  (m) *Campbeltown*
Ceap Breatainn (m) *Cape Breton*
a' Cheapach (f) *Keppoch*
Cill Mhearnaig (f) *Kilmarnock*
Cille Mhoire (f) *Kilmuir*
Cill Rìmhinn (f) *St Andrews*
Colbhasa (m) *Colonsay*
Colla (m) *Coll*
Comar nan Allt (m) *Cumbernauld*
an Còrn (m) *Cornwall*
Crannag a' Mhinisteir (f) *Pulpit Hill*
na Crìochan (f pl) *the Borders*
Crìon Làraich (m) *Crianlarich*
an Cuiltheann (m) *the Cuillins*
a' Chuimrigh (f) *Wales*
a' Chuithraing (f) *Quirang*

Dail Mhàillidh (f) *Dalmally*
Dalabrog (m) *Daliburgh*
Diùra (m) *Jura*
An Dùn Beag (m) *Dunbeg*
Dùn Bheagain (m) *Dunvegan*
Dùn Breatann (m) *Dumbarton*
Dùn Deagh (m) *Dundee*
Dùn Eideann (m) *Edinburgh*
Dùn Stafhainis (m) *Dunstaffnage*

an Eadailt (f) *Italy*
an Ear Mheadhan (f) *The Middle East*

Earra-Ghaidheal (m) *Argyll*
Eilean Mhanainn (m) *Isle of Man*
an t-Eilean Sgitheanach (m) *Isle of Skye*
Eirinn (f) *Ireland*

an Fhraing (f) *France*

a' Ghaidhealtachd (f) *Highlands, Gaelic-speaking areas*
an Gearasdan (m) *Fort William*
a' Ghearmailt (f) *Germany*
Glaschu (m) *Glasgow*
Gleann Comhan (m) *Glencoe*
An Gleann Dubh (m) *Glendhu*
Gleann Sìdh (m) *Glenshee*
a' Ghrèig (f) *Greece*
Grianaig (m) *Greenock*

na Hearadh *Harris*

Ile (f) *Islay*
Inbhir Air (m) *Ayr*
Inbhir Aora (m) *Inveraray*
an t-Inbhir Beag *Inverbeg*
Inbhir Ghòrdain (m) *Invergordon*
Inbhir Narann (m) *Nairn*
Inbhir Nis (m) *Inverness*
Inbhir Pheofharain (m) *Dingwall*
Innis Choluim (m) *Inchcolm*
Innis Tìle (f) *Iceland*
na h-Innsean (f pl) *India*

Lacasdal (m) *Laxdale*
an Leachd (f) *the Lecht*
Leòdhas (m) *Lewis*
Linne Chluaidh (f) *Firth of Clyde*
an Linne Latharnach (f) *Firth of Lorne*
Lìonacleit (m) *Liniclete*
Liosmòr (m) *Lismore*
Loch Abar (m) *Lochaber*
Loch Alainn (m) *Lochaline*
Loch Baghasdail (m) *Lochboisdale*
an Loch Dubh (m) *Lochdhu*
Loch Eite (m) *Loch Etive*
Loch Fìne (m) *Loch Fyne*
Loch Laomainn (m) *Loch Lomond*
Loch Long (m) *Loch Long*
Loch Mhùrlaig (m) *Loch Morlich*
Loch Obha (m) *Loch Awe*
Loch Tatha (m) *Loch Tay*
Lunnainn (m) *London*

Malaig (m) *Mallaig*
am Monadh Ruadh (m) *the Cairngorms*
Muile (m) *Mull*
a' Mhuir Mheadhain (f) *Mediterranean Sea*

Nirribhidh (f) *Norway*
Nis (m) *Ness*

an t-Oban (m) *Oban*
Obar Dheadhain (m) *Aberdeen*
an Olaind (f) *Holland*
Ostaig (m) *Ostaig*

Pàislig (m) *Paisley*
Patagòinia (m) *Patagonia*
Peairt (m) *Perth*
am Ploc (m) *Plockton*
Port Ilein (m) *Port Ellen*
Port Rìgh (m) *Portree*
Port Sgioba (m) *Port Charlotte*

an Rathaig Mòr (m) *Raigmore*
an Ròimh (f) *Rome*
an Roinn-Eòrpa (f) *Europe*
Romàinia (m) *Romania*
Ros (m) *Ross*
an Ruis (f) *Russia*

Sasann (m) *England*
Sgalpaigh (m) *Scalpay*
Slèite (m) *Sleat*
an Spàinnt (f) *Spain*
Srath Chluaidh (m) *Strathclyde*
An Srath Mòr (m) *Strathmore*
Srath Spè (m) *Strathspey*
Sruighlea (m) *Stirling*
Stafainn (m) *Staffin*
na Stàitean Aonaichte (f pl) *United States*
Steòrnabhagh (m) *Stornoway*

Taigh an Uillt (m) *Taynuilt*
an Taobh Sear (m) *Staffin*
Taobh Siar Rois *Wester Ross*
Tiriodh (m) *Tiree*
Toirbheartan (m) *Torridon*

Uibhist (f) *Uist*
Uibhist a Deas (f) *South Uist*
Uibhist a Tuath (f) *North Uist*
Uige (m) *Uig (Skye)*
Ulapul (m) *Ullapool*

Ainmean baistidh (Forenames)

Ailean (m) *Alan*
Ailig (m) *Alec, Alex*
Ailios (f) *Alice*
Alasdair (m) *Alasdair, Alexander*
Anna (f) *Ann, Anna*
Anndra (m) *Andrew*
Aonghas (m) *Angus, Innes*
Artair (m) *Arthur*

Barabal (f) *Barbara*
Beasag (f) *Bessie*
Beathag (f) *Beth*
Beitidh (f) *Betty*
Brìghde *Bridget, Bride*

Cailean (m) *Colin*
Cairistìona (f) *Christine, Christina*
Caitlin (f) *Cathleen, Kathleen*
Calum (m) *Calum, Malcolm*
Cathal (m) *Cathal*
Catrìona (f) *Catherine*
Ceana (f) *Kenna*
Ceit (f) *Kate*
Ceiteag (f) *Katie*
Ceitidh (f) *Katie*
Ciaran (m) *Kieran*
Ciorstaidh (f) *Kirsty*
Coinneach (m) *Kenneth*
Criosaidh (f) *Chrissie*
Crìsdean (m) *Christopher*

Daibhidh (m) *David*
Dànaidh (m) *Danny*
Deirdre (f) *Deirdre*
Diarmad (m) *Diarmid*
Doileag (f) *Dolina*
Doilidh (f) *Dolly*
Dòmhnall (m) *Donald*
Donaidh (m) *Donnie*
Donnchadh (m) *Duncan*
Dùghall *Dugald, Dougal*
Dùghlas (m) *Douglas*

Eachann (m) *Hector*
Eairdsidh (m) *Archie*
Ealasaid (f) *Elizabeth*
Eanraig (m) *Henry*
Eideard (m) *Edward*

Eilidh (f) *Helen*
Eòghan (m) *Ewan, Hugh*
Eòin (m) *Jonathan*
Eòsaph (m) *Joseph*

Fearchar (m) *Farquhar*
Fearghas (m) *Fergus*
Fionn (m) *Fingal*
Fionnghal (f) *Flora*
Fionnlagh (m) *Finlay*
Flòraidh (f) *Flora*

Gilleasbaig (m) *Archibald*
Gòrdan (m) *Gordon*
Greum (m) *Graham*

Iain (m) *Iain, John*
Iomhar (m) *Ivor*
Iseabail (f) *Isobel, Ishbel*

Lachlann (m) *Lachlan*

Magaidh (f) *Maggie*
Màili (f) *May*
Mairead (f) *Margaret*
Màiri (f) *Mary*
Maoilios (m) *Myles*
Mànas *Magnus*
Marc (m) *Mark*
Marsaili (f) *Marjory*
Màrtainn *Martin*
Mata (m) *Matthew*
Mìcheal (m) *Michael*
Mòr (f) *Marion*
Mòrag (f) *Morag*
Murchadh (m) *Murdo*

Nansaidh (f) *Nancy*
Niall (m) *Niall, Neil*

Oighrig (f) *Effie, Euphemia*

Pàdraig (m) *Patrick, Peter*
Peadar (m) *Peter*
Peigi (f) *Peggy*
Pòl (m) *Paul*

Raghnall (m) *Ranald, Ronald*

Raibeart (m) *Robert*
Raonaid (f) *Rachel*
Rob (m) *Robert*
Ruairidh (m) *Roderick, Ruairidh*
Rut (f) *Ruth*

Seasaidh (f) *Jessie*
Seoc (m) *Jack, Jock*
Seonag (f) *Joan*
Seònaid (f) *Janet*
Seonaidh (m) *Johnny*
Seòras (m) *George*
Seumas (m) *James*
Sìle (f) *Sheila*
Sìleas (f) *Julia*
Sìm *Simon*

Sìne (f) *Jane, Jean, Sheena*
Siùsaidh (f) *Susan*
Somhairle (m) *Samuel, Sorley*
Sorcha (f) *Claire*
Steaphan (m) *Steven*
Stiùbhart (m) *Stewart*

Teàrlach (m) *Charles*
Tòmas (m) *Thomas*
Torcuil (m) *Torquil*
Tormod (m) *Norman*

Uilleam (m) *William*
Uisdean (m) *Hugh*
Una (f) *Una, Agnes*

Ainmean sloinnidh *(Surnames)*

- The forms of surnames for women and men differ from each other in Gaelic.
- Where a man's surname begins with **Mac**, the woman's begins with **Nic**. The **Mac** forms are given below.
- With surnames other than those beginning with **Mac/Nic**, the female form of the surname is lenited, while the male form remains as below.

Bochanan *Buchanan*
Boid *Boyd*
Brus *Bruce*
Caimbeul *Campbell*
Camshron *Cameron*
Ceanadach *Kennedy*
Dùghlas *Douglas*
Fearghasdan *Ferguson*
Fionnlasdan *Finlayson*
Friseal *Fraser*
Grannd *Grant*
Greum *Graham*
Greumach *Graham*
Màrtainn *Martin*
Moireach *Murray*
Moireasdan *Morrison*
Peutan *Beaton*
Robasdan *Robertson*
Ros *Ross*
Ròs *Rose*
Rothach *Munro*

Siosal *Chisholm*
Siosalach *Chisholm*
Stiùbhart *Stewart, Stuart*

Mac a' Ghobhainn *Smith*
MacAlasdair *MacAllister*
MacAmhlaigh *MacAulay*
Mac a' Mhaoilein *MacMillan*
Mac an Aba *MacNab*
Mac an Tòisich *Macintosh*
Mac an t-Sagairt *MacTaggart*
Mac an t-Saoir *Macintyre*
Mac an t-Sealgair *Hunter*
MacAoidh *MacKay*
MacAonghais *MacInnes*
Mac a' Phearsain *MacPherson*
Mac a' Phì *MacPhee*
MacAsgaill *MacAskill*
MacArtair *MacArthur*
MacCaoig *MacCaig*
MacCoinnich *MacKenzie*

MacCruimein *MacCrimmon*
MacDhòmhnaill *MacDonald*
MacDhonnchaidh *Robertson*
MacDhùghaill *MacDougall*
MacEacharna *MacEachern, MacKechnie*
MacFhearghais *Ferguson*
MacFhionghain *MacKinnon*
MacFhionnlaigh *Finlayson, MacKinlay*
MacGriogair *MacGregor*
MacGuaire *MacQuarrie*
MacGumaraid *Montgomery*
MacIain *Johnson*
MacIllEathain *MacLean*
MacIlleMhaoil *MacMillan*
MacIllFhaolain *MacLellan*

MacIllFhinnein *MacLennan*
MacIllIosa *Gillies*
MacIomhair *MacIver*
MacLeòid *MacLeod*
MacMhuirich *MacVurich, Currie*
MacNeacail *Nicolson, MacNicol*
MacNèill *MacNeil*
MacPhàil *MacPhail*
MacPhàrlain *MacFarlane*
MacRath *MacRae*
MacRisnidh *MacRitchie*
MacSuain *MacSween*
MacTheàrlaich *MacKerlich*
MacThòmais *Thomson*
MacUalraig *Kennedy*

Macs

English	Gaelic
MacAllisters	Clann 'IcAlasdair
MacArthurs	Clann 'IcArtair
MacAskills	Clann 'IcAsgaill
MacAulays	Clann 'IcAmhlaigh
MacCaigs	Clann 'IcCaoig
MacDonalds	Clann 'IcDhòmhnaill
	Na Dòmhnallaich
MacGregors	Clann Griogair
	Clann 'IcGriogair
MacInneses	Clann 'IcAonghais
Macintoshes	Clann an Tòisich
Macintyres	Clann an t-Saoir
MacIvers	Clann 'IcIomhair
MacKays	Clann 'IcAoidh
MacKenzies	Clann 'IcCoinnich
MacKinnons	Clann 'IcFhionghain
MacLeans	Clann 'IcIllEathain
	Na Leathanaich
MacLellans	Clann 'IcIllFhaolain
MacLennans	Clann 'IcIllFhinnein
MacLeods	Clann 'IcLeòid
	Na Leòdaich
MacMillans	Clann 'IcIlleMhaoil
MacNabs	Clann an Aba
MacNeils	Clann 'IcNèill
MacPhersons	Clann 'Ic a' Phearsain
MacQuarries	Clann 'IcGuaire
MacRaes	Clann 'IcRath
MacSweens	Clann 'IcSuain
MacTaggarts	Clann 'Ic an t-Sagairt

Others

Beatons	Na Peutanaich
Bruces	Na Brusaich
Campbells	Na Caimbeulaich
Camerons	Na Camshronaich
Chisholms	Na Siosalaich
Douglases	Na Dùghlasaich
Fergusons	Na Fearghasdanaich
	Clann 'IcFhearghais
Finlaysons	Na Fionnlasdanaich
	Clann 'IcFhionnlaigh
Frasers	Na Frisealaich
Gillies(es)	Clann 'IcIllIosa
Grahams	Na Greumaich
Grants	Na Granndaich
Hunters	Clann an t-Sealgair
Kennedys	Na Ceanadaich
	Clann 'IcUalraig
Montgomeries	Clann 'IcGumaraid
Morrisons	Na Moireasdanaich
Munros	Na Rothaich
Murrays	Na Moirich
Nicolsons	Clann 'IcNeacail
Robertsons	Na Robasdanaich
	Clann 'IcDhonnchaidh
	Clann Donnchaidh
Rose(s)	Na Ròsaich
Ross(es)	Na Rosaich
Smiths	Clann a' Ghobhainn
Stewarts	Na Stiùbhartaich
Thomsons	Clann 'IcThòmais

GRAMMATICAL INDEX

First number refers to unit, second to page and M refers to Mìneachadh.